十里秦淮桥道志

濮小南 撰
濮仕坤 编

南京出版传媒集团
南京出版社

图书在版编目（CIP）数据

十里秦淮桥道志 / 濮小南撰；濮仕坤编．-- 南京：南京出版社，2018.11

ISBN 978-7-5533-2399-2

Ⅰ．①十…　Ⅱ．①濮… ②濮…　Ⅲ．①城市道路－史料－南京②桥－史料－南京　Ⅳ．① K925.31

中国版本图书馆 CIP 数据核字（2018）第 201694 号

书　　名：十里秦淮桥道志
作　　者：濮小南　撰；濮仕坤　编
出版发行：南京出版传媒集团
南　京　出　版　社

社址：南京市太平门街53号　　邮编：210016
网址：http://www.njcbs.cn　　电子信箱：njcbs1988@163.com
天猫1店：https://njcbcmjtts.tmall.com/　　天猫2店：https://nanjingchubanshets.tmall.com/
联系电话：025-83283893、83283864（营销）　025-83112257（编务）

出 版 人：项晓宁
出 品 人：卢海鸣
责任编辑：金　欣
装帧设计：王　敏
责任印制：杨福彬

制　　版：南京新华丰制版有限公司
印　　刷：南京工大印务有限公司
开　　本：890毫米×1240毫米　1/32
印　　张：7.375
字　　数：230千
版　　次：2018年11月第1版
印　　次：2018年11月第1次印刷
书　　号：ISBN 978-7-5533-2399-2
定　　价：49.00元

天猫1店　　天猫2店

凡　例

1. 本书系叙述南京内秦淮河上桥渡及沿河街巷的类书，因此，摘引古今书籍，只节录有关地名的部分，其余则大多不赘。

2. 全书正文采用宋体，所引书名及引文均采用楷体，以便于读者翻阅与检索。

3. 所引书籍，均注明卷数；不分卷者，则只录书名及引文。

4. 引文部分的按语、注释、人物简介等，均采用仿宋体，以示与引文的区别。

5. 人名索引附书后，按拼音开头字母检索。人名后括号内的数字，为所在页码。

序

金陵水脉，秦淮为纲。其水古名龙藏浦，有二源：一源自句容宝华山，一源自溧水东庐山。二水汇合于江宁方山埭，复西北流至通济门后，再分为二支，一支绕城西流为“外秦淮”，一支入东水关携杨吴城濠、青溪、小运河诸水穿城至西水关为“内秦淮”，二支于水西门外再合而为一，西流至三汊河入江。《读史方舆纪要》卷二十：“杨吴改筑金陵城，乃贯秦淮于城中。今秦淮二源流入方山埭，自方山之冈垅两崖，北流经正阳门（今光华门）外上方桥，又西入上水门，北经（通）大中桥与城濠合，又西接淮清桥与青溪合，又南经武定桥而西，历桐树湾（今朱雀桥），穿镇淮、饮虹、上下二浮桥，北通斗门桥，合运渎出下水门，经石头城入江，绵亘萦纡于京邑之内。”此即金陵城内著名的“十里秦淮”。自古以来，“十里秦淮”就是南京繁华之域，先贤哲人，记述丰夥。时至今日，往昔旧貌，早已荡然；崭新秦淮，闻名全国。拙笔不揣谫陋，求证方志古籍，博观约取；考察实地变迁，仔细认真。以津渡桥梁、右岸街巷、左岸街巷三题为经络，次第叙述，古今兼容，庶使湮废者得彰，而存续者能显也。杂沓成编，无以名之，犹豫再三，姑以“志”谓，曰：十里秦淮桥道志。是为序。

濮小南

2018年9月

目　录

卷一　津渡桥梁

卷二　右岸街巷

卷三　左岸街巷

卷一　津渡桥梁

东水关

“十里秦淮”起始处，位于南京古城东缘、淮水入城处，故名。六朝时期，城垣在北，南郊淮水径自西流，其址之东为汝南湾，其址之西有邀笛步（亦曰萧家渡）。唐末五代时期，杨吴筑金陵城垣，向南扩建，将秦淮匡入城内，城外更掘城濠。其城东门在今大中桥以西，上水门则在城濠之西。此城垣延至宋、元，数百年皆因之，宋代设粮仓于水关之侧。明初，重建南京城，向东扩建城垣，将杨吴城濠截而为二，在现址重建东水关至今。清末民初，迭有修整。民国时期，东水关与九龙桥之间辟建游泳池，且于东水关北侧建泵站，以防洪排涝。1949 年以后，数次浚修，并拆除泵站，改建成船闸。2001 年，辟建为东水关遗址公园。

《景定建康志》卷一六：汝南湾，在城东八里，当秦淮曲折处。晋汝南王［司马羕（284–329），字延年，河内温县（今河南温县）人，晋宣帝司马懿（字仲达，179–251）之孙，汝南王司马亮（字子翼，?–291）第三子。太康十年（289）受封西阳县公，其父被杀时，司马羕年仅 8 岁，获救得免于难。元康元年（291）进爵为王，历任步兵校尉、侍中、抚军将军、镇军将军等。永嘉元年（307），随东海王司马越（字元超，?–311）南渡江南，是“五马渡江”之一。支持琅琊王司马睿(字景文,276-322)称帝,倍受尊崇,官拜太宰、领太尉、录尚书事。建宅秦淮之曲,名汝南湾者,纪其父也。]渡江,因家于此,遂名汝南湾。齐·陆慧晓、刘巘宅并在湾前。又有东冶亭在湾之东南,乃晋太元中饯送之所。

《金陵杂咏》:汝南湾当秦淮曲折处,晋汝南王渡江,家于此,故名。齐·陆慧晓[陆慧晓(429-500),字叔明,吴郡吴(今江苏苏州)人。官宦世家,仕齐,历任尚书殿中郎、太傅东阁祭酒、太子洗马,累迁安西咨议、领冠军录事参军。与张融并宅汝南湾,其间有池,池上有二株杨柳。]、张融[张融(444-497),字思光,吴郡吴(今江苏苏州)人。世族出身,初仕宋,为封溪令;入齐,历任征北咨议、司徒从事郎中、黄门郎、太子中庶子、司徒左长史等。与陆慧晓并宅汝南湾。]、刘瓛[刘瓛(434-489),字子珪,沛郡相(今江苏徐州)人。仕宦世家,笃志好学,博通训义。仕齐,为中书郎、彭城郡丞、总明观祭酒等。永明初年(483),竟陵王萧子良(字云英,460-494)请为征北司徒记室、除步兵校尉,不拜,自此不复仕。怡然自乐,习业不废;聚徒教授,常有数十,当世推其为大儒。住在檀桥,瓦屋数间,上皆穿漏,学徒敬慕,不敢指斥,呼为青溪焉。]并居其间。

《六朝事迹编类》卷五:邀笛步,旧名萧家渡,在城东南青溪桥(即今淮青桥)之右,今上水闸是也。(杨吴时期上水闸在明东水关之西)《晋书》云:桓伊[桓伊(生卒不详),字叔夏,小字子野、野王,谯国铚县(今安徽濉溪)人。仕晋,历任大司马参军、淮南太守、历阳太守等,升建威将军,封宣城县子,进都督豫州诸军事,以淝水之功晋爵永修县侯。善吹笛,号称"江左第一",有"笛圣"之称。]善乐,尽一时之妙,为江左第一。有蔡邕[蔡邕(133-192),字伯喈,陈留郡圉(今河南开封)人。仕汉,历任司徒郎中、东观议郎、侍御史、治书御史、尚书、侍中,拜左中郎将,封高阳乡侯。善书法,精于篆、隶,尤以隶书造诣最深,对后世影响甚大。]柯亭笛,常自吹之。王徽之[王徽之(338-386),字子猷,山阴(今浙江绍兴)人,王羲之(字逸少,303-379)第五子。仕晋,历任车骑参军、大司马参军、黄门侍郎等。善书法,有《承嫂病不减帖》《新月帖》传世。]赴召京师，泊舟青溪侧。伊素不与徽之相识，自岸上过，船中客称伊小字曰：此桓野王也。徽之令人谕之曰：胜闻君善吹笛，为我一奏。伊是时贵显，素闻徽之名，便下车踞胡床，为作“三调弄”，毕，便上车去。客主不交一言，故今名为邀笛步也。[注：张敦颐(1097—1184)，字养正，新安婺源(今江西婺源)人。绍兴八年(1138)进士，授南剑州教授；升宣城倅(州副)，摄郡事。历任左奉议郎、江东安抚司干办公事、舒州知府、衡阳知府。著有《柳文音注编年》《六朝事迹编类》《衡阳图志》等。]

《至正金陵新志》卷五：萧家渡，即邀笛步。《乾道志》：在上水闸。王徽之泊舟青溪侧，邀桓伊奏笛处也。

《金陵世纪》卷二：邀笛步在桃叶渡之南，乃晋王徽之邀桓伊吹笛处。

《金陵世纪》卷一：初，伪吴杨行密[杨行密(852—905)，字化源，庐州合肥(今安徽长丰)人。唐末，历任庐州刺史、宣州观察使、淮南节度使。天复二年(902)，唐昭宗(李晔，867—904)任命杨行密为东面诸道行营都统、检校太师、中书令，封吴王，遂成五代十国时期吴国奠基人。]子溥[杨溥(900—938)，杨行密第四子，初封丹阳郡公。顺义七年(927)即吴国帝位；天祚三年(937)禅位徐知诰(李昪)，被尊为让皇帝。翌年，卒，谥：睿皇帝。]在唐末取升州，后将徐温[徐温(862—927)，字敦美，海州朐山(今江苏连云港)人。少以贩盐为业，后隶杨行密帐下，位列“三十六英雄”之一。先后受封温国公、齐国公，拜大丞相，总揽吴国政事。筑金陵城垣，自奉节俭，为政宽和，颇得民心。]自领升州，改筑城郭，比六朝宫城近南，截青溪水于内外，贯秦淮于城中。西据石头为二门，即今石城、三山；南接长干，即今聚宝门；东以白下桥为限，即今大中桥，为东门；北以玄武桥为限，即今北门桥，为北门。石晋天福元年，伪吴天祚二年，温假子知诰[徐知诰(888—943)，字正伦，原姓李，小字彭奴，彭城(今江苏徐州)人。六岁而孤，初被杨行密收容，后为徐温养子，改名徐知诰，温专吴国政，历任升州刺史、左仆射、参知政事。天祚三年(937)

废吴帝杨溥自立，国号大齐，年号升元。升元三年(939)，改国号为唐，复姓李，名昪。]改姓李，名昪，篡吴，国号“唐”，为都城。宋元城皆因之。

《景定建康志》卷二三：转般仓，淳熙六年(1179)置，在上水门外、淮水北岸。置监官一员。

《金陵世纪》卷三：南唐城濠，自大中桥，北通玄津，西绕北门桥。又，南自通济门外，缘城而西，过聚宝门又北流，自三山水门与秦淮合者，是也。

《金陵世纪》卷一：皇明定都，大建城阙。自旧东门处，截濠为城，开拓八里，增南门二，曰通济、正阳。

《建康古今记》卷一：《实录》：丙午八月庚戌朔，拓建康城。初，建康旧城西北控大江，东尽白下门，外距钟山既阔远，而旧内在城中，因元南台为宫，稍庳隘。上乃命刘基[刘基(1311–1375)，字伯温，青田(今浙江青田)人。元元统元年(1333)癸酉科汉人、南人榜三甲第二十名进士，授瑞州路高安县丞，迁江浙儒学副提举。明初，任太史令，旋迁御史中丞。佐朱元璋统一中国，参与制定明代诸法典。洪武三年(1370)，授弘文馆学士，封诚意伯。]等卜地，定作新宫于钟山之阳，在旧城东白下门之外二里许(按：今大中桥即白下门外桥。)故增筑新城，东北尽钟山之趾，延亘周回，凡五十余里。[注：顾炎武(1613–1682)，初名绛，字忠清，自署蒋山佣；明亡后，改名炎武，字宁人，号亭林，江苏昆山人。诸生，饱学不仕，广涉经史典籍，开一代朴学之风。著有《日知录》《天下郡国利病书》《肇域志》《亭林诗文集》《历代京宅记》《建康古今记》等。]

《同治上江两县志》卷四：东水关，旧上水闸也。(凡三十三券，三层，每层十一券，惟下十一券通水。康熙十一年壬子，以水患闭水关，仅余一孔。《武志》：宋乾道中，守臣张孝祥[张孝祥(1132–1170)，字安国，号于湖居士，和州历阳(今安徽和县)人。绍兴二十四年(1154)甲戌科廷试第一(状元)，授承事郎，签书镇东军节度判官。历任秘书省正字、秘书郎、著作郎，集英殿修撰、中书舍人，建康留守、广南西路安抚使、荆湖北路安抚使，以显谟阁直学士致仕。有《于湖集》《于湖词》。]言："秦淮旧上下水门展阔，自兵变后，砌叠稍狭，虽便于一时防守，实遏水源，流通不快。"自明初建城，改置通济水关，为偃月洞三十有六，水至此皆逡巡哽咽而入，其阻遏之弊，又不至止于孝祥所云矣。)淮水城濠相会处，其在城外者，亦杨吴城濠水。自明祖截濠筑城，濠分为二。

《光绪续纂江宁府志》卷七：东水关闸，光绪五年(1879)浚，并易闸板、闸夫住屋。

《秦淮感旧录》第一回：(秦淮)内河，由东水关入城，经城区南部，由西水关出城，与外河会合。[注：曹聚仁(1900—1972)，字挺岫，浙江浦江(今浙江兰溪)人，浙江省立第一师范毕业。1922年到上海，在暨南、复旦等校任教，为《申报》撰稿，参与《涛声》《太白》《芒种》等期刊的创办。抗战时期，任《正气日报》总编。1950年，任香港《星岛日报》编辑。著作等身，有《文坛五十年》《万里行记》《秦淮感旧录》等数十种。]

《南京百年风云》：1934，本年兴修东、西水关。《儒林外史》载："东水关到西水关足有十里，便是秦淮河。"清代曾因城内水患，两度闭塞东水关。鉴于因秦淮河东、西水关原有闸门年久失修已失去效用，政府于本年拨款加建东、西水关闸门，以资调节，春夏可防御江潮倒灌，冬季可避免河水流出，以保护秦淮河水源。

《南京明清建筑》：清光绪年间，左宗棠[左宗棠(1812—1885)，字季高、朴存，湖南湘阴人。道光十二年(1832)壬辰科湖南乡试第十八名举人，三赴会试均不第，后两次入湖南巡抚幕府。咸丰十年(1860)，随曾国藩(字伯涵，号涤生，1811—1872)襄办军务，后自组"楚军"入江西、浙江。咸丰十二年(1862)受任浙江巡抚，历任闽浙总督、陕甘总督、钦差大臣督办新疆军务、军机大臣、两江总督等。]在此附近的通济门建五石闸。民国二十四年(1935)，又加以改建。1949年以后，疏浚秦淮河，兴修了通济门水闸。

《首都志》卷五：市府亦尝建东、西水闸，未尝不于此兢兢也。加建东水关闸门，建筑费246.24元（银元），完工日期为二十二年（1933）六月。

《秦淮区志》：民国二十五年（1936）建成东水关泵站，用电动水泵进行排涝。

《新南京（民国）》：市立九龙桥游泳场。该场始创于民（国）十八年八月，设备虽因陋就简，然水源甚为清洁，且以其为市内仅有之游泳场，故每当开放时期，往游者甚为踊跃，平均每日有五六百人。该场位于通济门外九龙桥下，每年在开放时期，由市政府拨发管理费用。

《南京简志》：东水关船闸（上、下），1960年建；东水关三孔闸，1969年建；东水关九孔闸，1970年建。

《秦淮区志》：东水关，位于通济门西侧，为今秦淮风光带东部端点。五代杨吴拓城，在护城河与内秦淮连贯之处筑有上、下水关，以控制内秦淮水位。明代东水关是就南唐东水关旧址拓筑而成，它位于护城河与内秦淮连接之处，由水闸、桥道、藏兵洞三部分组成。清光绪年间，左宗棠在东水关附近的通济门建石闸；民国二十四年（1935）又加以改造。1949年后，人民政府疏浚秦淮河，兴修通济门水闸，结束十里秦淮沿岸屡受水患的历史。1982年，东水关列为市文物保护单位。

《南京市园林局（网页）》：重修东水关遗址工程于2001年1月20日全面开工建设，于9月15日竣工，总投资约6500万元。建设成后的东水关遗址公园占地4.15公顷，其中，陆地面积2.6公顷，水域面积1.55公顷。公园内，有修旧如旧的明城墙、东水关、古船闸、九龙桥遗址，还有新建的长廊、水上亭、弹石广场、园路、灯光亮化、绿化、园林小品等。形成秦淮石坊、石船流芳、临水平台、石桥夕照、船闸遗址、石川流铭等景点。

《秦淮地名概览》:◇东水关,旧称上水门、通济门,始建于后唐长兴三年(923),为秦淮河流入南京城的入口。明初,朱元璋筑应天府城,改筑成通济水关,即东水关。东水关为砖石结构,原设偃月洞3层,每层11券。上、中两层藏兵贮物,下层通水不通航。清光绪九年(1883),左宗棠在附近修建通济闸,加大淮水入城流量以冲洗内秦淮污水,3年即毁。1927年,市政当局在东水关内外修建水池以蓄洪。1936年,在偃月洞城外侧建东水关泵站。1960年至1961年,在偃月洞北侧建小型船闸。1969年,在九龙桥附近建3孔闸;同年,武定门排灌两用泵站建成,取代了东水关泵站。现为全国重点文物保护单位。◇东水关遗址公园,位于通济门桥以西,东水关以东,建于2001年,占地面积41500平方米,其中,陆地26000平方米,水面15500平方米,因东水关而命名。公园内有东水关古船闸、九龙桥等古迹,还有新建的长廊、临水平台、弹石广场、园林小品等。

文正桥

淮水西流约300米,有文正桥,原为铁路桥,于民国二十五年(1936)京市铁路向南延伸时建,该铁路建于清末,初名宁省铁路;辛亥革命(1911)后,改名江宁铁路;民国十七年(1928),改名京市铁路;1949年后,更名宁市铁路;1958年,宁市铁路废止运行,道轨拆除,该桥成为人行桥梁;1995年重建,命名为文正桥。清末,桥北八府塘建有文正书院。桥西北为青溪入淮处,古有丁字帘,丁字帘西为桃叶渡,2011年在青溪入淮处建石拱桥,名曰桃叶桥,所谓“渡江不用楫”也。桃叶渡西,原有利涉桥,清顺治江宁知府李正茂[李正茂(生卒不详),河北宛平(今北京西城区)人,拔贡,初授保定知县,顺治二年(1645)升任江宁知府,累官至湖广按察使司副使、荆西道。]命名,1958年拆除。嗣后,于其址偏西置橡胶坝,以截污。2000年,疏浚秦淮河,拆除橡胶坝。

《首都志》卷九:市铁路创于光绪三十三年(1907),至宣统元年(1909)始通车。今自城内中正街,经国府、无量庵、丁家桥、三牌楼、下关,至江口,凡七站。

《南京民国建筑》:宣统元年(1909)一月,全线通车,名宁省铁路。1912年,宁省铁路更名为江宁铁路。1927年,江宁铁路更名为京市铁路。1936年,京市铁路向南延伸至中华门,经八府塘、建康路、白鹭洲、武定门、石观音庵,从新辟的雨花门出城。

《新南京(民国)》:市铁路创于前清光绪三十三年(1907),至宣统元年,始正式通车。该路自城内中正街起,至下关江口止,共分中正街、国府、无量庵、丁家桥、三牌楼、下关、江口七站,全路共长八英里半。

《金陵杂志续集》:宁省火车,价目分三等:头等大洋四角,二等大洋三角,三等大洋二角。

《秦淮区志》:文正桥,地点:夫子庙东侧。结构样式:钢筋砼空心板,单孔,净跨径23米,桥长25.7米,桥宽26.6米。1995年建。

《里乘备识》:文正书院,改建学舍。奉新许文敏公振祎[许振祎(1827–1899),字仙屏,江西奉新人。拔贡,咸丰三年(1853)以内阁中书入曾国藩(字伯涵,号涤生,1811–1872,清朝重臣)幕。同治二年(1863)癸亥恩科殿试二甲第16名进士,授编修。历任陕甘学政、河南彰卫怀道、河南按察使、江宁布政使、(山)东河(南)河道总督、广东巡抚等。],承宣江宁时建。盖表率师事文正公遗意。在八府塘,既改为江宁府中学,旋改为江苏省立第一中学。[注:王孝煃(1875–1947),字东培,号寄沤,上元(今南京)

人。精诗文,擅书画,淡泊平生。著有《里乘备识》《乡饮脍谈》《游梁杂识》《秋梦录》《续冶城蔬谱》等。]

《金陵胜迹志》卷二:文正书院,在八府塘侧,为许方伯振祎所建,以奉曾公香火,并课士子文赋。园中亭宇花木最为幽旷,今为第一中学校。[注:胡祥翰(生卒不详),字寄凡,祖籍安徽绩溪,生于上海,系胡适(1891-1962)同宗族叔。嗜喜游览,留心掌故。初为教会译务(翻译),后专事方志撰述。自1921年至1942年间,著有《爱俪园》《西湖新志》《金陵胜迹志》《上海小志》《瞻园志》及《岁寒堂吟稿》等。]

《南京百年风云》:1890,本年江宁布政使许奉新为纪念曾国藩而建文正书院。黄体芳[黄体芳(1832-1899),字漱兰,号莼隐,浙江瑞安人。同治二年(1863)癸亥恩科殿试二甲第10名进士,选庶吉士,授编修,历官内阁学士、江苏学政、兵部左侍郎、左都御史等。致仕后,应聘主讲金陵文正书院,著有《漱兰诗葺》。]、张謇[张謇(1853-1926),字季直,号啬庵,江苏南通人。同治七年(1868)中秀才,此后,5次参加乡试不举。光绪二年(1876)入淮军庆字营幕府,十四年(1888)起,先后应聘主讲江宁文正书院、安庆经古书院、赣榆选青书院、崇明瀛洲书院等。光绪二十年(1894)甲午恩科殿试高中状元,授翰林院修撰。未几,甲午中日战争爆发,辞官归南通故里,创实业、办教育,以求报国图存。光绪二十五年(1899),建成大生纱厂,并不断扩大规模。光绪二十九年(1903),建成通州师范学校。宣统元年(1909),任江苏咨议局议长。辛亥革命以后,先任南京临时政府实业总长,后任北洋政府农商总长。有《张謇全集》。]等先后任山长。1901年废书院,于此设江宁府学堂。1903年,改为江宁府中学堂,聘濮文暹[濮文暹(1830-1909),字青士,号梅梅颠、瘦梅子,江苏溧水人。同治四年(1865)乙丑科殿试三甲第12名进士,授刑部主事,迁员外郎、郎中。后出守河南,历任南阳、开封、彰德等府知府,所至有政声。以丁母忧,不再出仕,归居金陵羊皮巷。著有《见在龛集》。]为总办。辛亥以后,成立南京府,即改称江宁府学堂,不久南京府取消,又改称江宁中学堂。1913年7月改归省立，定名为江苏省第一中学校。后改为江苏省立南京中学初中部。书院旧址，在今长白街。

《六朝事迹编类》卷五："《建康实录》：'吴赤乌四年(241)冬，凿东渠，名为青溪。'《寰宇记》云：'青溪在县东六里，阔五丈，深八尺，以泄真武湖水。'《舆地志》云：'青溪发源钟山，入于淮，连绵十余里。溪口有埭，埭侧有神祠，曰：青溪姑。'今县东有渠，北接覆舟山，以近后湖。里俗相传，此青溪也。其水迤逦西出，至今上水闸相近，皆名青溪。陶季直[陶季直(437-511)，人称聘君，丹阳秣陵(今江苏南京)人。历经宋、齐、梁三朝，淡于荣利，为官有操守，从比部郎、主簿，直至尚书左丞、黄门侍郎，不趋炎附势，不谋求财利，廉声誉于当时。]《京都记》云：'京师鼎族多在青溪埭。'尚书孙玚[孙玚(516-587)，字德琏，吴郡吴(今江苏苏州)人。仕梁，历任少府卿、散骑常侍、东莞太守、广州刺史等；仕陈，历任安南将军、湘州刺史、吴郡太守，官至五兵尚书、领右军将军、侍中。]，尚书令江总[江总(519-594)，字总持，济阳郡考城(今河南民权县)人。仕陈，历任法曹参军、尚书殿中郎、始兴内史、中书侍郎、司徒右长史、祠部尚书、吏部尚书、尚书令等。]宅，当时并列溪北。又《南史》：'齐永明元年(483)，望气者言，新林娄湖有王者气。帝乃筑青溪旧宫，作新林娄湖苑，以厌之。'又《建康实录》云：'郗僧施[郗僧施(?-412)，字惠脱，高平金乡(今山东金乡县)人。东晋官宦世家，袭爵南昌公，领宣城内史，入补丹阳尹。]泛舟溪中，每经一曲，作诗一首。'隋炀帝(杨广，569-618)平陈，斩张丽华(南朝陈后主之妃，559-589)、孔贵嫔(南朝陈后主之嫔，?-589)二人于此栅下。杨修之[杨备(生卒不详)，字修之，建平(今安徽郎溪)人。仕宦世家，荫补入官。天圣初(1023)至嘉祐末(1063)四十年间，历任长溪令、华亭令、恩州知府、虞部员外郎、郎中、知广德军、尚书郎中等。擅景物诗，有《姑苏百题诗》《金陵览古诗》。]有诗云：'倾城倾国两妃嫔，此地闻名不见人。潜想旧时红粉面，落花风里步香尘。'"

《金陵待征录》卷一：利涉桥，昔桃叶渡也。孝陵卫金云甫，少无赖，晚好佛，徙居渡口，见渡者多溺，捐建木桥。太守李正茂名之曰：利涉。后又倡募改石。[注：金鳌（生卒不详），原名登瀛，字伟军，一字晓六，江宁（今南京）人。道光年间（1821—1850）岁贡生，性情亢直，学问博洽；关注乡邦，著述甚富。有《金陵待征录》《湖熟小志》《金陵志地录》《重修祈泽寺志》等。]

《秦淮志》卷三：利涉桥，在贡院东。顺治三年，知府李正茂造木桥，康熙癸卯易以石。复以形象家言，易木。道光中修之，朱绪曾有记。同治十年，总督何璟[何璟（1816—1888），字伯玉，号小宋、筱宋，广东香山人。道光二十七年（1847）丁未科殿试二甲第53名进士，授翰林院庶吉士。历任顺天乡试同考官、江南道监察御史、户科给事中、工部掌印给事中、安徽庐凤道、安徽按察使、湖北布政使、湖北巡抚、山西布政使、江苏巡抚、两江总督、闽浙总督等。]重建。[注：夏仁虎（1874—1963），字蔚如，号枝巢、啸庵、枝翁，江宁（今南京）人。光绪二十一年（1895），选赴江阴南菁书院肄业；二十三年（1897），萃科考录为拔贡生；二十四年（1898），赴京参加朝考，优录派分刑部，复调商部、邮传部任记名御史。辛亥革命后，历任北洋政府财政次长、国务院秘书长等职。后隐迹讲学，专心著述，撰有《秦淮志》《玄武湖志》《岁华忆语》《南京明遗民录》《枝巢四述》《啸庵词》等。]

《金陵胜迹志》卷二：桃叶渡，相传晋王献之[王献之（344—386），字子敬，琅琊临沂（今山东临沂）人，王羲之第七子。仕晋，历任秘书郎、吴兴太守、中书令等。工书，有《鸭头丸帖》《洛神赋》等。]迎妾桃叶渡江处。其地昔在秦淮利涉桥，今移于淮青桥、利涉桥之间。

《东城志略》：丁字帘，对河，水港歧出，如丁字形，所谓帘前丁字水也。[注：陈作霖（1837—1920），字雨生，号伯雨、可园，江宁（今南京）人。咸丰二年（1852），入钟山书院肄业；六年（1856），补县学生员；光绪元年（1875）中举。诗词方志，无所不擅。著有《金陵通纪》《金陵通传》《凤麓小志》《东城志略》《炳烛里谈》《可园诗话》等。]

《秦淮区志》:利涉桥橡胶坝,净宽18米,标高:闸底4.3米、闸顶7.3米。建造年份:1988年。

《秦淮地名概览》:◇桃叶桥,位于淮清桥以南、文正桥西北,跨青溪丁字帘,桥东长白街,桥西桃叶渡。始建于2011年,单孔石拱桥,青石桥栏,娟秀灵动。◇文正桥,位于长白街南段,跨内秦淮河。桥以西20米原有利涉桥,建于清顺治三年(1646)。因利涉桥严重破损,民国二十五年(1936)在利涉桥东侧建成铁路桥。1958年拆除铁路,铁路桥改为人行桥。1971年,拆铁路桥,建水泥桥,仍称铁路桥。桥为单孔钢筋混凝土板梁桥,长24米,宽35米。1981年,因桥北八府塘旧有"文正书院",故更名文正桥。1995年重修。

平江桥

文正桥迤西270米,有平江桥,因连接平江府路,故名。该桥始建于1988年,2014年重建。桥东南侧数十米处,为小运河入淮口,乘舟可至白鹭洲水域。小运河入淮口,原建有涵闸,名金陵闸。1986年拆闸改建成桥,初名大石坝街桥,2006年重修,更名为东园桥。清代江宁名彦胡钟[胡钟(1743—1819),字山音、兰川,号晚晴,江宁人。16岁补邑学庠生,乾隆四十二年(1777)丁酉科江南乡试中举,初选于《四库会要》内廷、方略两馆任誊录,后议叙授云南太和知县,官至贵州遵义知府。嘉庆九年(1804)致仕告归,生平廉静,倡办义赈,多有善举。工隶楷分篆,尤善绘事。]、朱绪曾[朱绪曾(1805—1860),字述之,号北山,江宁人。道光二年(1822)壬午科江南乡试中举,以大挑知县,分发浙江,历任孝丰、武义、秀水、萧山、定海等县知县,官至嘉兴知府。好搜寻乡梓文献,喜交往秦淮乡贤,著有《续宋文鉴》《中论注》《论语义证》《金陵诗征》《金陵旧闻》《国朝金陵诗征》《开有益斋读书志》等。]居于金陵闸左右。

《秦淮地名概览》:平江府路,位于夫子庙东牌坊东侧,北起建康路,南至长乐路。全长约1000米,宽20米。因明代平江伯陈瑄府第在此而得名。陈瑄(1365—1433),字彦纯,合肥县(今安徽省合肥市)人。早年随徐达进行征战,后参与靖难之役,封平江伯。

《秦淮志》卷二:小运河水,明初开。《待征录》:古鹿苑(寺)前,今金陵驿地。明为留守后仓,仓前池塘为运河,受南冈以北水,汇五板、观音、藏经、采蘩、星福、小心六桥之流。有半边营,南岸皆河,北汇于东园,自金陵闸入淮。

《留都见闻录》:金陵栅(闸)口有五柳居,柳在水中罩笼轩楹,垂条可爱。[注:吴应箕(1594—1645),字次尾,号楼山,南直贵池(今安徽石台)人。万历二十一年(1613),补县学生员;崇祯十五年(1642),中副榜贡生;弘光元年(1645),率义军抗清,兵败被俘,不屈遭戮。熟读经史,著述甚丰,有《国朝记事本末》《东林本末》《留都见闻录》《读书止观录》《楼山堂集》等。]

《金陵胜迹大全》:白鹭洲公园,位于南京城区东南隅,南临长乐路,北接长白街,东贴明城墙,西止西石坝街,占地约270亩,其中水面约70亩,是南京城南地区最大的公园。该园历史上曾称为徐太傅园、徐中山园、东园,原因是曾为明朝开国勋臣徐达[徐达(1332—1385),字天德,濠州(今安徽凤阳)人。明朝开国勋臣,初封魏国公,卒赠中山王。]的花园。

《金陵待征录》卷三:明中山东园,在秦淮南,以长桥为界,西属教坊,东为园,今皆废败。然垂杨春媚,芦雪秋飞,雉堞近环,钟山远矗,小池倒浸,塔影宛然,至今尚为诗境。

《东城志略》:临石坝之首,有木板以蓄泄水,命曰金陵闸。胡太守钟之宅在其东(钟,字晚晴,以举人官至遵义知府,祀乡贤。

其子沛率合室死粤贼之难），朱太守绪曾之宅在其西（绪曾，字述之，以举人官至嘉兴知府，留心乡邦文献，其子桂模为刊遗书）。

《秦淮区志》：平江桥，河系：内秦淮河；地点：夫子庙。3孔，每孔净跨5.9米至11.1米。桥长26.8米，宽18.7米，始建于1988年。

《南京地名大全》：平江桥，位于夫子庙东侧，平江府路与内秦淮河交汇处。1988年10月，以路名“平江”二字得桥名。

《秦淮地名概览》：◊东园桥，位于大石坝街中段，跨小运河入淮口。此桥原为金陵闸，1986年拆闸，1989年建成混凝土桥，长30米，宽10米，因地处大石坝街而命名大石坝街桥。2006重修，饰筑青石桥栏，显得格外靓丽，并重新命名为东园桥。◊平江桥，位于夫子庙以东，平江府路上，跨内秦淮河，1988年新建。平江府，秦淮古巷名。《钟南淮北区域志》：“平江府，则割平江伯陈瑄宅益之。”该桥为3孔钢筋混凝土梁桥，长26.8米，宽18.7米。2014年重建，新建石桥栏，花岗岩铺桥面，桥形靓丽，堪称一景。

文源桥

位于平江桥以西130米处，该处初为渡口，明清时为不定期架设浮桥之址，南岸有贵池会馆，临河立忠节石牌坊。民国时期始建成木桥，名曰黄公桥。桥名说法有二：一说缘自当时黄姓乡绅捐建而得，一说因桥南堍之黄公祠而命名。1949年后，拆除重建，改名白鹭桥，1988年复改名文源桥至今。

《东城志略》：贡院对岸，每届大比之期，设浮桥以通中路焉。

《秦淮志》卷八：一门忠烈坊。石坝街有贵池会馆，祀明侍中黄观，妻雍（翁）夫人及二女配焉。有石坊临淮水，曰：一门忠烈。

《金陵胜迹大全》：白鹭桥，原名黄公桥，始建于民国二十年(1931)前后。关于它的来历曾有一段趣事,过去此处来往靠摆渡,设有石坝街摆渡口。一黄姓富绅某日渡河,忘携零钞,遭地痞船家百般羞辱,遂发誓造桥,以利民众,桥成,众人咸名之"黄公桥"。1965年拆除,复建为空腹式钢筋水泥双曲拱桥,桥型轻盈均称,因紧靠白鹭洲公园而取名白鹭桥,现代书家武中奇题字。

《南京地名大全》:白鹭桥,位于夫子庙东南,原名黄公桥,以近黄公祠而得名。民间传为一黄姓资本家于1927年出资建造,故名。1966年重建时,以临近白鹭洲公园而改称为白鹭桥。1988年,更名为文源桥。

《秦淮区志》:文源桥,河系:内秦淮河;地点:夫子庙。单孔,净跨20米,桥长23.3米,宽4.7米,1966年改建。

《秦淮地名概览》:文源桥,位于江南贡院南侧,跨内秦淮河,在文德桥以东。民国十六年(1927)建,二十年(1931)重修,后迭经整修,因桥南堍旧有"黄公祠",故初名黄公桥。黄公,名黄观[黄观(1364-1402),字澜伯,安徽贵池人。明洪武二十四年(1391)状元,官至礼部侍中。],与妻翁氏及二女俱死于朱棣靖难之变。1949年后,更名为白鹭桥,1986年整修桥梁时发现清同治八年(1869)所镌"黄文贞公传"石碑一块。1988年,以与文德桥东西相望,复更名文源桥至今。

文德桥

位于文源桥以西250米处、夫子庙泮池西侧,北至贡院街,南至大石坝街,是夫子庙与秦淮南岸的主要津梁。始建于明万历十四年(1586),初为木板桥,时任应天知府的太常寺少卿周继[周继(1539-?),字善卿、志斋,号行一,历城(今山东济南)人。明嘉靖四十四年(1565)乙丑科殿试三甲第52名进士,初授行人,旋任河南任丘知县,历官太常寺少卿、应天知府、应天巡抚、顺天府尹、南京户部右侍郎等。精通堪舆之术，著有《阳宅指掌》《阳宅真诀》。]在改建府学工程中，为拢住金陵文脉不致西泄，遂建桥以阻，因西南有武定桥，故以“文德”名。万历二十五年(1597)，桥圮，江南提学御史陈子贞[陈子贞(1547-1611)，字成之，号怀云，江西南昌人，万历八年(1580)庚辰科殿试三甲第210名进士，授吏部主事，改溧水县令。历官江南提学御史、福建巡按使、福建巡抚等。]改建成石桥，里人于桥畔建祠祀之。或言为乡绅钱宏业捐建，录以备考。清道光三年(1823)八月，桥栏倾覆，溺者伤亡甚巨。此后，桥栏多次倒塌，致有“文德桥的栏杆，靠不住”之民谚，流布至今。桥东为泮池，亦名“月牙池”。池北：文庙、学宫；池南：大照壁。自文正桥至文德桥之间，游船画舫，穿行如梭；沿河两岸，水榭河房，鳞次栉比。秦淮之胜，于斯为最。每年农历十一月十五日子时，在文德桥上俯看桥之东西两侧，水中各映一半月影，此即著名的“文德分月”，堪称金陵奇观。

《金陵琐事》卷三：万历十四年(1586)，府学前建一板桥，名文德。至万历丁酉(二十五年，1597)，桥圮，提学御史陈子贞更建，以石易木。[注：周晖(1546-1627)，字吉甫、吉父、漫士，号鸣岩山人，上元人(今南京)人。诸生一世，终身不仕；博学多通，旁及时事。著有《金陵琐事》《续金陵琐事》《二续金陵琐事》。]

《客座赘语》卷八：万历乙酉(十三年，1585)、丙戌(十四年，1586)间，太常少卿济南周公继，署府篆，公雅善《玄女宅经》，又以泮池河水不畜于下手，造文德木桥以止水之流。己丑(十七年，1589)焦公[焦竑(1540-1620)，字弱侯，号漪园、澹园，南京人。万历十七年己丑科殿试第一(状元)。]果应其占。[注：顾起元(1565-1628)，字太初、邻初、瞒初，号遁园居士，江宁(今南京)人。万历二十六年(1598)戊戌科殿试一甲第3名进士(探花)，授翰林院编修，历官南京国子监祭酒、詹事府少詹事、吏部左侍郎兼侍读学士等。后辞官，专事撰述，朝廷七征不起，谥：文庄。学通古今，著作颇丰，有《蛰庵目录》《客座赘语》《金陵古金石考》《说略》《懒真草堂集》等。]

《白下琐言》卷三：癸未（道光三年，1823）八月二十七日戌时（晚上8点－10点），城中钞库街回禄（失火）。文德桥上观者如堵，桥阑挤倒，溺死三十馀人，受伤者无算。

《同治上江两县志》卷四：文德桥在县学西，本木桥。万历中圮，里人钱宏业易以石；或云：万历二十六年（1598），提学陈子贞易焉。道光中，阑圮，溺人数十，兵燹桥毁。同治五年（1866），易以木板桥；九年、十一年，都府迭修之，并筑羊马桥。

《东城志略》：文德桥，跨文庙泮池之上，蒋山直面，青翠扑人。桥口有明督学陈公子贞祠，旧名芥子河亭，今为茶社。

《里乘备识》：光绪三十年甲辰（1904）夏五月端阳节，文德桥上因看月牙池竞龙舟，东面桥栏倾圮，堕水溺死者数十人。

《新京备乘》：光绪甲辰（光绪三十年，1904）端午，秦淮中龙舟竞渡，利涉、文德两桥，游人观者如蚁。桥阑忽推圮，桥身陷，溺死者不啻百馀人，亦云惨矣。［注：《新京备乘》，陈迺勋、杜福堃合著，1932年出版发行。◇陈迺勋（1870－？），字述庐，湖南长沙人。侨居南京，精于财税，历任江苏吴江税务所所长、候补知事、代理靖江税务、江苏第三专税局税务、武进营业税征收主任、江苏省财政厅税务委员。公务之余，尤喜蒐集金陵掌故，辑成《金陵故事札记》稿本。◇杜福堃（1882－？），字霭簃，京兆大兴（今北京大兴）人。京师大学堂毕业，历任临时参议院秘书、吉林省公署科长、江苏省公署咨议、江苏省第一商品陈列所所长、江苏省立第五工场场长，以及川沙、南汇、江阴、江浦等县知事。久居金陵，熟稔方志，受其儿女亲家陈迺勋之嘱，将《金陵故事札记》稿本整理而补缀之，遂成是书。二人议定书名，曰：《新京备乘》。］

《金陵岁时记》：龙舟竞渡，吊屈子之溺水，楚俗也。吾乡亦沿用之。秦淮河一带，观者蚁集。光绪初，水西门外某茶寮临河一轩，因人众倒塌，溺死无算；乙巳(1905)端午节，文德桥亦因人众崩圮，有溺死者，后乃禁止。[注：潘宗鼎(1870-1938)，字禹九、和卿，号姜灵，江宁(今南京)人。县学廪生，尊经书院肄业。民国三年(1914)宦游江西，充赣南道尹幕僚。民国十五年(1926)辞归金陵故里，筑屋凤凰台麓，曰：凤台山馆。闭门种菜，隐居著述，有《鹤唳集》《续琼花集》《扫叶楼集》《金陵岁时记》《凤台山馆题咏录》《弢园尺牍》《古林寺志》《莱舍随笔》《马经》等。]

《留都见闻录》：文德桥下有徐府河房，甚壮丽，然秉烛督工，成之甚速，而台阁亭园，不名一处。过学宫，则两岸河房鳞次相竞；过贡院，南岸有齐王孙河房，垂柳成阴，最宜消夏。

《同治上江两县志》卷四：成化十六年(1480)，而以秦淮为泮池。弘治间，秦崇[秦崇(1438-1491)，字智崇，山东单县人。天顺四年(1460)庚辰科殿试三甲第93名进士，授兵科给事中，迁郎中。历官太仆寺少卿、光禄寺卿、南京太仆寺卿、应天府尹等。]置石堤以障水。正德九年(1514)，白圻[白圻(1466-1517)，字辅之，号敬斋，江苏常州武进人。成化二十年(1484)甲辰科殿试三甲第177名进士，授南京户部主事，迁郎中。历官浙江布政司参议、山东布政使、应天府尹、都察院右副都御史、提督南京仓储等。]缭以石槛。王守仁[王守仁(1472-1529)，字伯安，号阳明，浙江余姚人。弘治十二年(1499)己未科殿试二甲第7名进士，授刑部主事。历官贵州龙场驿丞、庐陵知县、南赣巡抚、两广总督、南京兵部尚书、都察院左都御史等。]记之。万历三年(1575)，浚月池，以石甃岸，易学前户部地为屏墙，今照壁也。

《陶庵梦忆》卷四：秦淮河河房，便寓、便交际、便淫冶，房值甚贵，而寓之者无虚日。画船箫鼓，去去来来，周折其间。河房之外，家有露台，朱栏绮疏，竹帘纱幔；夏月浴罢，露台杂坐。两岸水楼中，茉莉风起动儿女香甚。女客团扇轻纨，缓鬓倾髻，软媚著人。年年端午，京城士女填溢，竞看灯船。好事者集小篷船百什艇，篷上挂羊角灯如联珠，首尾相衔，有连至十余艇者。船如烛龙火蜃，屈曲连蜷，蟠委旋折，水火激射。舟中，鏾钹星铙，宴歌弦管，腾腾如沸。士女凭栏轰笑，声光凌乱，耳目不能自主。午夜，曲倦灯残，星星自散。[注：张岱(1597—1689)，字宗子、石公，号陶庵、蝶庵居士，山阴(今浙江绍兴)人。崇老庄，喜游历，工诗词，擅文章。不事科举，著述终老，有《琅嬛文集》《石匮书后集》《陶庵梦忆》《西湖寻梦》等。]

《同治上江两县志》卷四：水上两岸家，悬椿拓架，为河房水阁。雕梁画槛，南北掩映，每当盛夏，买艇招凉，回翔容与于利涉、文德二桥之间，扇清风、酌明月，秦淮之胜也。

《留都见闻录》：南京河房，夹秦淮而居，绿窗朱户，两岸交辉，而倚槛窥帘者，亦自相掩映。夏月淮水盈漫，画船箫鼓之游，至于达夜，实天下之丽观也。冬间水落河干，则一望河亭惟有木橛蝟列耳，令人意尽。

《板桥杂记》：秦淮灯船之盛，天下所无。两岸河房，雕栏画槛，绮窗丝障，十里珠帘。自聚宝门水关至通济门水关，喧阗达旦。桃叶渡口，争渡者喧声不绝。[注：余怀(1616—1695)，字澹心、无怀、广霞，号曼翁，别号板桥老人、曼持老人、雁亭居士，闽莆田(今福建莆田)人，侨居江宁(今南京)，晚年隐居吴门(今苏州)。博学多通，稔熟掌故，著有《板桥杂记》《东山谈苑》《咏怀古迹》《味外轩集》《砚林》等。]

《白下琐言》卷二：秦淮灯船，昔人称之。今则纯用玻璃，四面照耀。旧时羊角，久无用之者，其船大者曰：走仓，小者曰：藤棚。近又有新式船，小于走仓而特大于藤棚者，谓之四不相，出奇制胜，人争雇之。此亦厌故喜新之一端也。

《墨馀录》卷二：所惜者，报恩寺塔，千古壮观，亦归乌有。而秦淮水遏不流，岸曲河房，尽成灰烬。忆当年，珠帘翠幕，凤管鸾箫，不知玉碎花摧时，作何光景也。

《岁华忆语》：秦淮画舫，自昔艳称。洪杨(即太平天国时期)

后，地方长官欲提倡风雅，恢复繁盛，取外江陈旧之红船，改造焉，名曰：走舱，以舱大可走也。上为布篷以蔽日，晚则去篷，悬明角灯，曰：抬篷，此为灯船之俑。厥后，踵事增华，始作楼船，前容仆从，中延宾客设筵席，后为密室。湘帘棐几，布置精雅，到者疑坐水榭中。旧日之走舱，以无楼不足招客，则于船上置一小楼，曰：四不像。又有较小之秦淮旧船，亦效颦焉，名之曰：气不愤。今则此楼船，概名之曰：小边港，以船边可行，舟人不须跨舱过也。最小者曰：七板，闻昔有某名士于灯船盛时，独雇一七板，船上悬纸灯，俗所称"半锤灯笼"者百余张。灯联云："百个半锤，打不醒痴人幻梦；一只(宁人读平声)七板，也来学浪子风流。"傲坐其间，观者若堵，亦趣闻也。七板，近亦置小楼，船小而灵，足资游赏。秦淮三月水涨，游船渐集，五六月而盛，秋后渐萧索矣。

《江左十年目睹记》第一回：秦淮的画舫，大概分为两种：小些的称为七板子，大些的就叫大船。这大船之中，又有三节舱、两节舱之别，至于七板子，就只有一个舱儿。[注：姚鹓雏(1892—1954)，名锡钧，字伯雄，号鹓雏，笔名龙公，上海松江人。清京师大学堂肄业，南社的主要成员之一。民国时期，历任上海《太平洋报》《申报》、新加坡《国民日报》等报编辑，以及江苏省政府秘书、南京市政府秘书、监察部监察委员，东南大学、河海工程学院、南京美专、江苏医政学院等校兼职国文教授。1949年后，任上海文史馆馆员、松江县副县长。著述甚多，有《榆眉室文存》《鹓雏杂著》《止观室诗话》《桐花萝月馆随笔》《江左十年目睹记》《檐曝余闻录》等。]

《秦淮感旧集》：◇夫子庙，在贡院前面，秦淮为泮池，名曰"月牙池"。◇秦淮画舫，初由砲艇改编，不施窗幕，是为敞船。◇龙舟竞渡，自昔称盛。每逢五月五日，士女倾城出游，一河两岸，万头攒动。龙舟一到，欢呼喝彩声，与鼓吹声、爆竹声，相应答也。◇夏令秦淮水盛，灯船毕集，火龙蜿蜒，真有"一团灯火从天降，万片珊瑚驾海来”之盛，故时人谓之“热水市”。

《秦淮闻见录》：陈巧龄，本名喜龄，家居城北，近迁文德桥下。

《新京备乘》：秦淮灯船，前明灯船往来之盛，向以东西水关为十里秦淮，曾载诸《板桥杂记》矣。清中叶后，以月牙池看塔影为最著称。月牙池，即县学前之泮水；城南报恩寺琉璃塔，九级，高二十四丈六尺，环塔篝灯一百二十有八。碧流倒映，与灯船争辉，为城中第一胜景。太平军之役，以塔在城外，恐为官军所据，纵火焚之。昔年胜景，尽付销沉。迨光绪间，楼子船兴，有头号二号之目；有门舱中舱后舱之别。广容数筵，长及五丈；窗界玻璃，灯设保险。裙屐花围翠绕，以仇（裘）家湾大中桥一带为集中之地。亦有常泊夫子庙前，招女伶清唱，以佐茶馀酒后之兴者。六朝风月，百年须臾，不胜今昔之感。

《金陵十记》：文德桥得月台茶社的菠菜包子，是按客人的需要现做现蒸。菜馅洒上芝麻，拌以切成细丁的豆腐干子，碧绿香嫩。吃时佐以麻油红椒，味美色鲜，名不虚传。［注：杨心佛（1910—2000），笔名心佛、佛，南京人。16岁辍学赴毘陵（今常州）学画。1932年回宁，考入新闻界，历任《时时新闻社》记者、《华报》编辑、《全球通讯社》南京总部编访部主任。其间，组织南京市书画研究社，任常务理事。1949年后，先后任燕子矶小学、上新河中学语文教师。1970年3月下放苏北，1978年回宁。报界耆旧，书画老手，尤重乡邦掌故。著有《白下丛谭》《金陵十记》。］

《秦淮区志》：南京素有文德桥观月的习俗。文德桥的方位是正南向北，在日晷上处于子午线。每逢农历十一月十五日子时，月亮正临子午线，桥影将河中明月分为两半，这就是堪称天下奇景的文德桥半边月。此时人立桥上，明月当头，自顾无影，俗称“月当头”。

《秦淮地名概览》：文德桥，位于夫子庙泮池西侧，跨内秦淮河。六朝时期为浮桥，明万历十四年(1586)建木桥，后改为石桥。清道光年间倾圮，改为木桥，后毁于火；同治年间，复修建两次……1976年，桥面改为3孔钢筋混凝土板，桥长25米，宽7米。1998年，桥栏改为汉白玉砌筑，桥面铺饰花岗岩板，禁止车辆通行。现为南京市文物保护单位。

来燕桥

位于文德桥以西110米处，1988年建，桥东南为乌衣巷，巷内王谢古居有来燕堂，故名。六朝时期，该处建有浮桥(骠骑航)，为其时秦淮四航(丹阳、竹格、朱雀、骠骑)之一。浮桥建造者，史载有三：一、东晋骠骑将军纪瞻[纪瞻(253-324)，字思远，丹阳秣陵(今南京)人。官宦世家，以秀才举为司马东阁祭酒，历官尚书郎、军咨祭酒、扬威将军、会稽内史，累拜侍中、尚书令、尚书左仆射、骠骑将军、临湘侯，开府仪同三司，卒封华容县公，谥曰：穆。]所创；二、东晋会稽王司马道子[司马道子(364-403)，字道子，河南温县人。孝武帝之弟，初封琅邪王，后改封会稽王。历任司徒、录尚书事、领扬州刺史，都督中外诸军事。]所立；三、梁临川王萧宏[萧宏(473-526)，字宣达，南兰陵(今常州)人，梁武帝之弟，受封临川王。历任中护军、扬州刺史、司徒、司空、太尉、骠骑大将军等职。]所建。隋平江南，诸航多废。

《秦淮地名概览》：来燕桥，位于夫子庙文德桥以西，跨内秦淮河，1988年2月建。因桥南埦之东为乌衣巷，巷内王谢古居建有来燕堂，故名。桥长30米，宽12米，为钢筋混凝土双曲拱桥。

《景定建康志》卷一六：四航，皆秦淮上，曰丹阳、曰竹格、曰朱雀、曰骠骑。骠骑航，在东府城外渡淮，会稽王道子所立。

《景定建康志》卷二二：◇来燕堂，在乌衣园。◇乌衣园，在城南二里，乌衣巷之东，王、谢故居。一堂扁曰“来燕”。

《同治上江两县志》卷四：骠骑航，在东府城南，秦淮河上。《金陵新志》：晋·太元（376–396）中，骠骑府立东航。一云：会稽王道子所立，亦曰东府城桥。一云：梁·临川王宏为骠骑大将军，居东府桥，因名。亦谓东航，对大航而言也。陈·太建（569–582）末，后主［陈叔宝（553–604），字元秀，小字黄奴，吴兴长城（今浙江长兴）人，生于江陵（今湖北荆州）。南朝·陈末代皇帝，在位期间，不问政事，终日游宴，荒淫无耻，终至国破被俘，客死洛阳。］弟叔陵［陈叔陵（553–582），字子嵩，与后主同年出生的异母兄弟，吴兴长城人，生于江陵。初封始兴王，彪勇善战，16岁即任大都督，统领江、郢、晋三州诸军事。太建十四年（582），叛乱兵败被杀。］据东府作乱，自小航渡。又：祯明（587–588）末［按：沈众勤王，事在梁·太清（547–549）末。此处记作祯明末，实误。］，沈众［沈众（504–559），字仲师，吴兴武康（今浙江德清）人。好学，颇有文词。仕梁，历任太子舍人、中庶子、司徒左长史、御史中丞、侍中、左民尚书；仕陈，任中书令、起部尚书等。］入援京邑，顿于小航，对东府置阵，即骠骑航也。

《南史》卷五一：天监十七年（518），帝［梁武帝（464–549），名萧衍，字叔达，小字练儿，南兰陵（今江苏常州）人，生于秣陵同夏里（今江苏南京市区东南）。梁朝开国皇帝，在位四十八年，尊儒有文翰，善音乐诗赋。晚年推崇佛教，多次舍身佞佛。今存有《梁武帝御制集》。］将幸光宅寺（按：即梁武帝出生地同夏里宅院，天监元年（502），梁武帝舍宅为寺，名曰：光宅。）有士伏于骠骑航，待帝夜出。帝将行，心动，乃于朱雀航过。

《金陵世纪》卷三：骠骑航，在东府城外，会稽王道子立。

《秦淮志》卷三：骠骑航，亦曰东航。在东府城南，秦淮河上。晋·太元（376–396）中，骠骑府立。一云：会稽王道子立；一云：梁·临川王宏为骠骑大将军，居东府桥，因名。卷七：乌衣园，旧有乌衣园，在乌衣巷东，王谢故居也。一堂匾曰：来燕。堂后植桂，亭曰:万玉香中;梅花弥望,曰:百花头上。

《东城志略》:骠骑航实当其地,晋·纪侍中瞻之宅在焉。瞻,字思远,拜骠骑将军,即家开府,故航以官名。

《秦淮区志》:骠骑航,又称东航,遗址在今钞库街一带,因东晋骠骑将军纪瞻宅邸在其南岸而得名。

《南京地名大全》:来燕桥,位于夫子庙西侧,内秦淮河上。1988 年 10 月。因附近旧有来燕堂,以堂名“来燕”二字命桥名。

《秦淮区志》:来燕桥,位于内秦淮河夫子庙段。混凝土双曲拱结构,单孔,净跨 14 米,桥长 23.6 米,桥宽 12 米, 1988 年建。

武定桥

位于来燕桥西南 250 米,处在朱雀桥与来燕桥之间。始建于南宋淳熙(1174–1189)年间,初为浮桥,名嘉瑞浮桥,亦名上浮桥,其时,称长乐渡(今朱雀桥)为下浮桥。景定二年(1261),马光祖[马光祖(1200–1274),字华父,号裕斋,婺州金华(今浙江东阳)人。宝庆二年(1226)丙戌科进士,授新喻主簿。后历任余干知县,处州、镇江、隆兴、太平、临安、建康、江陵等府知府,户部尚书、浙西安抚使、江东安抚使,宝章阁、明殿、资政殿大学士,参知政事、知枢密院事等。以金紫光禄大夫致仕,封金华郡公,谥曰:庄敏。其间,三任建康(今南京)知府,终始一纪,威惠并行,百废无不修举。]在桥东辟建军营兵寨,故重建成 3 孔石拱桥,并命名曰:武定。明初,中山王徐达谥“武宁”,一度改名武宁桥。清代,因避道光皇帝“旻宁”名号,复改名武定桥至今。明清时期,武定桥东西两侧,多为平民百姓的居住地,亦有达官乡绅及茶寮酒肆杂处其间,属于当时的繁华中心地段。太平天国时,武定桥下为铸造炮弹枪子的“太平军督铅码”所在。新中国成立后,武定桥得到多次整修扩建。

1958年，武定桥拓宽至18米，旧桥中线偏斜，拉直放坡。1963年，用钢筋混凝土将旧桥加宽到18.9米，并调整纵坡。1999年，在桥南北两侧各新建宽7米的3孔钢筋混凝土辅桥，三座桥总宽32.9米，长37.4米。武定桥上望夕阳，堪称秦淮一景。

《景定建康志》卷一六：武定桥，在镇淮桥东北，淳熙中建。景定二年(1261)，马公光祖重建，自书桥榜。

《景定建康志》卷三八：武定桥东堤岸头，可为寨地，遂差濠寨，计料创屋八百五十间。前军，在武定桥南；左军，在武定桥西北。

《至正金陵新志》卷四：武定桥，在镇淮桥东北，淳熙中建。景定二年(1261)，马光祖重建，自书榜。旧名嘉瑞浮桥，又曰上浮桥，时长乐为下浮桥也。

《明史·徐达传》：(洪武)十七年(1384)，达在北平病背疽，稍愈，帝遣达长子辉祖[徐辉祖(1368-1407)，初名允恭，徐达长子，避皇太孙讳，敕赐改名辉祖。洪武二十一年(1383)，承袭其父魏国公爵位，以勋卫署左军都督府事、领中军都督府。建文初(1399)，加太子太傅，卒赠太师，谥：忠贞。]赍敕往劳。明年二月，病笃，遂卒，年五十四。帝为辍朝，临丧悲恸不已，追封中山王，谥：武宁。

《清史稿·本纪十七》：宣宗(道光帝)，讳旻宁，仁宗次子，母孝淑睿皇后，乾隆四十七年(1782)八月初十日，生上于撷芳殿。

《洪武京城图志》：武定桥，在今织锦三坊内，今仍旧名。

《客座赘语》卷一：自东水关西达武定桥，转南门，而西至饮虹、上浮二桥，复东折而江宁县，至三坊巷贡院，世胄宦族之所都居也。其人文之在主者多，其物力之在外者侈。游士豪客，竞千金裘马之风，而六院之油檀裙屐，浸淫染于闾阎，膏唇耀首，仿而效之，至武定桥之东西。

《留都见闻录》：武定桥以上河房，渐有可观，北岸有王氏、梅氏，但称壮固耳，其扁联多贵官题。

《秣陵集》卷六：东园在武宁桥东城下，西与旧院邻。

《同治上江两县志》卷四：《建康志》：武定桥，淳熙中建，名曰嘉瑞浮桥，亦曰上浮桥，长乐渡为下，此故曰上矣。

《国初事迹》：太祖立富乐院于乾道桥，复移武定桥后。[注：刘辰(1341–1418)，字伯静，婺州(今浙江金华)人。至正十八年(1358)，以书生谒朱元璋，被授任典签。仕洪武、建文、永乐三朝，历官监察御史、镇江知府、江西布政使司左参政、行部左侍郎等。参与纂修《太祖实录》，著有《国初事迹》。]

《洪武京城图志》：◇富乐院，一在武定桥东南旧鹿苑寺基，一在聚宝门外东街。◇勾栏，一在武定桥东，一在会同桥南。

《板桥杂记》：旧院，人称曲中，前门对武定桥，后门在钞库街。

《续板桥杂记》：由文德桥而西，为武定桥，茶寮酒肆，东则桃叶渡，西至武定桥头，张幕挑帘，食物俱备。

《金陵琐事》卷一：梁俭庵[梁材(1470–1540)，字大用，号俭庵，南京金吾右卫人。弘治十二年(1499)己未科殿试三甲第85名进士，授德清知县。历任嘉兴、杭州知府，浙江右参政、按察使，云贵按察使，广东布政使、右副都御史，江西巡抚，户部尚书、加太子少保。卒赠太子太保，谥：端肃。]尚书清修劲节，始终不渝。罢官后，门庭萧然，与寒士无异。同时，管检校[管景(生卒不详)，字子山，号西浦，上元(今江苏南京)人。嘉靖四年(1525)，以贡生授广信府(今江西上饶市)检校。监司闻其才，檄署永丰(今江西广丰)、上饶二县。抚定上饶窑民之乱有功，迁江西布政使司检校。嘉靖十七年(1538)，罢官归里，尝参与修撰江宁府及江宁县志。]子山亦罢官归，同在武定桥，南北相向而住。子山造楼居，广田产，会亲友，其门如市。人反而称之曰：管尚书、梁检校。

《白下琐言》卷二：梁材尚书坊，在武定桥西；邢一凤[邢一凤(1508-1572),原姓林,字伯羽,号雉山,南京龙江卫籍,河南祥符人。嘉靖二十年(1541)辛丑科殿试一甲第3名(探花),授翰林院编修。历官翰林院侍讲、太常寺少卿、云南布政司参政、四川布政司副使。著有《雉山集》。]及第坊,在武定桥。

《东城志略》:武定桥,桥口有明梁尚书、邢榜眼(按:应为探花。)二坊,而管检校景宅与尚书坊相对。

《东城志略》:武定桥东,为堂子巷,有明何文端公如宠[何如宠(1569-1642),字康侯,号芝岳,桐城(今安徽枞阳)人。万历二十六年(1598)戊戌科殿试二甲第2名进士,授翰林院庶吉士,旋丁忧。3年后,复任翰林院编修,迁国子监祭酒。历官礼部右侍郎、吏部右侍郎、礼部尚书、武英殿大学士等。卒赠太子太保,谥:文端。]赐第。至国朝嘉庆时(按:秦大士卒于乾隆四十二年,此处记作嘉庆,实误。),秦殿撰大士[秦大士(1715-1777),字鲁一、鉴泉,号涧泉、秋田老人,江宁(今江苏南京)人。乾隆十七年(1752)壬申恩科殿试一甲第1名(状元),授翰林院修撰。历任顺天乡试同考官、翰林院侍讲学士、福建乡试主考官、会试同考官等。能诗文,善书画,著有《抹云楼集》等。]归老后居之。

《金陵待征录》卷八:国朝施太守世纶[施世纶(1650-1722),字文贤,号浔江,福建晋江人,清靖海侯施琅(1621-1696,字尊侯,号琢公)之子。初以荫生出任泰州知府,后历知扬州、江宁、苏州等府,累官湖南按察使、安徽布政使、太仆寺卿、顺天府尹、左副都御史、户部侍郎、云南巡抚、漕运总督等。]时,有钱道婆居武定桥,以幻术招致男女皆以夜。公下车廉其实,置诸法。

《墨余录》卷六:同里诸生奚玉阶,字陛卿,以应秋试赴金陵,寓武定桥西巷之陆姓家。

《炳烛里谈》:明旧院在武定桥东,今东花园一带皆是。

《金陵杂记》:铸造砲子枪子,均系伪督铅码专办。武定桥下煤炭店中,凡一带铺面,皆为贼储铜铁之所也。

《钟南淮北区域志》：武定桥，历义兴巷口、黄状元[黄思永（1842–1914），字慎之，号亦瓢，安徽徽州人，寄籍江宁（今江苏南京）。光绪六年（1880）庚辰科殿试一甲第1名（状元），授翰林院修撰。历任军机处章京、詹事府右春坊右中允、侍读学士、国子监祭酒、农工商部顾问等。]巷口，是为顾楼街。

《金陵待征录》卷三：顾楼，在武定桥西，酒肆也。

《新京备乘》：今武定桥西名顾楼街，旧传其地有酒肆，即名顾楼。皖怀姜继襄曙东[姜继襄（1859–1924），字曙东，号劲草词人，别署曙叟，安徽怀宁人。光绪二十年（1894）甲午恩科江南乡试举人，清末民初期间，历任罗田、黄安、江陵、宿县等县知县。善文词，喜戏曲，著有《劲草堂曲稿》《劲草堂笔记》《天泪庵词》《劲草（诗）集》，以及《梧桐泪》《汉江泪》《金陵泪》等传奇。]侨居金陵，常品茗斯地，因顾楼重新之，题曰：横波楼，为游息之处。一时，诗人名彦，于兹雅集。今则阛阓所趋，风流歇绝矣。武定桥在顾楼东，宋淳熙中建，名曰嘉瑞，浮桥亦曰上浮桥，非今新桥西之上浮桥。

《冶城话旧》卷一：调寄《高阳台》，霜厓师[吴梅（1884–1939），字瞿安，号霜厓，江苏苏州人。近代著名词曲理论家、学者、诗人，历任东吴大学、北京大学、东南大学、中山大学、金陵大学等校教授，著有《霜厓诗录、曲录、词录》等。]立成，词曰："乱石荒街，寒流古渡，美人庭院寻常。灯火笙箫，都唱雪苑文章。丛兰画壁知难问，问莺花、可识兴亡？镇无言，武定桥边，立尽斜阳。南朝气节东京并，但当年厨顾，未遇红妆。桃叶离歌，琵琶肯恕中郎。王侯第宅皆荆棘，甚青楼、寸土犹香。费沉吟，纨扇新词，点缀欢场。"

《金陵十记》：武定桥堍，有家门面破旧的面店叫包顺兴。春节时，卖的五仁馒首很有名。

《秦淮志》卷八：武定桥顶上汤面最有名，以鱼肉为常供。虾鳝蟹雉，以时更易，无不鲜美。

《南京游览指南(民国)》：童恒春药号，城内武定桥，电话：1173。

《秦淮地名概览》：武定桥，位于长乐路中段，跨内秦淮河。桥西有明朝天文学家贝琳[贝琳(1420—1490)，字宗器，号竹溪拙叟，浙江定海人，侨居上元(今南京)。诸生，精通天象、占候，荐入钦天监，累至南京钦天监监副，著有《七星推步》。]旧居。明末儒将茅元仪[茅元仪(1594—1640)，字止生，号石民，别署半石址山公、梦阁主人、东海生等，浙江吴兴人。国子监生，自幼喜读兵农之道，著《武备志》进呈，授翰林院待诏。后随大学士孙承宗(1563—1638，字稚绳，号恺阳)督师辽东，功升副总兵。]亦居武定桥西。

朱雀桥

位于武定桥西南360米处，马道街西端。桥长19.5米，宽24米，1998年新建。该桥始于六朝，东晋时为浮桥，正对朱雀门，故名朱雀航，亦称朱雀桥。隋平金陵，荡垦无存。唐初于桥址建长乐桥，里人称朱雀桥如故。五代十国时期，桥复遭焚毁，桥岸遂成渡口，故易名长乐渡。宋人或谓之下浮桥，因武定桥在其上也。元、明、清以降，皆以长乐渡名之。今新建之朱雀桥，即在长乐渡原址。

《晋书》卷六：太宁二年(324)，秋七月壬申，朔，敦[王敦(266—324)，字处仲，琅玡临沂(今山东临沂)人。历官西晋青州刺史、扬州刺史、军咨祭酒、都督征讨诸军事，东晋立朝后，进位镇东大将军、开府仪同三司、加都督江、扬、荆、湘、交、广六州诸军事，江州刺史、荆州牧、武昌郡公。后拥兵叛乱，旋病卒。]遣其兄含[王含(?—324)，字处弘，琅玡临沂(今山东临沂)人，王敦之兄。历任中郎将、庐江太守、徐州刺史、征东将军、都督扬州江西诸军事。参与王敦叛乱，任叛军元帅，兵败被杀。]及钱凤[钱凤(?—324)，字世仪，王敦帐下之铠曹参军，怂恿并参与王敦叛乱，兵败被杀。]、**周抚**[周抚(?-365)，字道和，庐江寻阳(今江西九江)人。从王敦叛乱，兵败逃逸，后获赦免罪，出为宁远将军，镇襄阳。永和二年(346)，随桓温(312-373，字元子，东晋大将)伐蜀，任益州刺史、假节、监巴东诸军事。镇蜀期间，威名远扬，辖境安定。]、**邓岳**[邓岳(?-339)，字伯山，陈郡(今河南淮阳)人。从王敦叛乱，兵败逃蜀，后获赦免，出任西阳太守。累官至广州刺史、督交广二州军事、建武将军、假节，封宜城县侯。]**等水陆五万，至于(秦淮)南岸。温峤**[温峤(288-329)，字太真，太原祁(今山西祁县)人。初为刘琨(270-318，字越石，西晋并州刺史)谋士，后南下江左，仕事东晋，历任长史、太子中庶子、侍中、中书令、江州刺史、平南将军、骠骑将军等。]**移屯水北，烧朱雀桁(航)，以挫其锋。**

《建康实录》卷七：咸康二年(336)冬十月，更作朱雀门，新立朱雀浮航。航在县城东南四里，对朱雀门，南度淮水，亦名朱雀桥。案《地志》：始议用杜预[杜预(222-285)，字元凯，京兆杜陵(今陕西西安)人。历官魏晋两朝，仕魏，任尚书郎，为灭吴统帅之一；仕晋，累官至度支尚书、镇南大将军、司隶校尉，开府仪同三司。]**《河桥法》作之。长九十步，广六丈，冬夏随水高下也。**[注：许嵩(生卒不详)，唐润州句容(今江苏句容)人。祖籍高阳(今河北蠡县)，汉中平年间(184-189)，许氏先人南迁丹阳郡句容，遂族居焉。许嵩生平无考，其父许临(662-714)，官至曹州刺史。据(唐)贺知章撰《(唐)许临墓志》记载：许临，字思颂，恭敬忠信，惟公立身，以银青光禄大夫任曹州刺史，持节曹州诸军事。生有8子，许嵩为长子。唐开元二年(714)，许临53岁，卒于任所。据此推算，其时许嵩年龄应在30岁左右。《建康实录》叙事止于唐肃宗至德年间(756-757)，则成书时许嵩应已年过七旬矣。《新唐书·艺文志》云："许嵩《建康实录》，二十卷。"《全唐文》卷三九五："嵩，肃宗时人。"]

《景定建康志》卷一六：太元(376-396)中，骠骑府立东航，改朱雀为大航。《晋起居注》曰："白舟为航，都水使者王逊[王逊(?-325)，字邵伯，魏兴(今湖北郧西)人。东晋初，举孝廉，后任吏部令史，转殿中将军、都水使，迁上洛太守。累官至南夷校尉、宁州刺史、散骑常侍、安南将军等。]立之，谢安[谢安(320-385)，字安石，陈郡阳夏(今河南太康)人。南迁士族，寓居会稽(今浙江绍兴)，屡辞征召，年逾四十方出仕。历任吴兴太守、吏部尚书、中护军、尚书仆射、中书监、骠骑将军、录尚书事，官至司徒，位至三公。在“淝水之战”中，总统东晋诸军打败前秦数倍之敌，获取大胜。]于桥上起重楼，上置两铜雀，又以‘朱雀观’名之。”

《景定建康志》卷二〇：古朱雀门，案《宫苑记》：“吴立，初名大航门，南临淮水，北直宣阳门，去台城可七里。”又按《地图》：“去宣阳门六里，名为御道，夹开御沟植柳，南渡淮出国门，去国门五里。”晋成帝咸康二年(336)，更作“朱雀门”，对朱雀浮航，南渡淮水。宋大明五年(461)，立驰道，自阊阖门至于朱雀门。六年(462)，又新作大航门。至孝武太元三年(378)，又起朱雀门，重楼皆绣栭藻井，门开三道。上重曰“朱雀观”，观下门上有两铜雀，悬楣上刻木为龙虎，对立左右。宋大明五年(461)，改为“右皋门”。梁大同三年(537)，复改为“朱雀门”。以《金陵图》考之，当在今镇淮桥北左南厢。

苏泂《金陵杂兴》：朱雀桥头观阙红，角门东畔好春风。人家一样垂杨柳，种入宫墙自不同。[注：苏泂(1170-?)，字召叟，山阴(今浙江绍兴)人。仕宦世家，少年倜傥，从陆游学诗，与之唱和者甚众，曾入建康府幕，有《泠然斋集》。]

《景定建康志》卷一六：长乐桥，唐秦淮上有长乐桥，又曰：长乐渡，在县东南六里。今桐林湾是其地，隶长乐坊。长乐坊，在御街左，镇淮桥东北。

《六朝事迹编类》卷二：朱雀航，晋咸康二年(336)作朱雀门，新立朱雀浮航，在县城东南四里，对朱雀门。南渡淮水，亦名朱雀桥。里俗相传，今桐树湾相对，即其地也。

《至正金陵新志》卷五:桐树湾,在秦淮,南向逼府城,北临淮水岸。旧植桐甚繁,故名。东北有浮航,即长乐桥也。宋人称桐林。

《万历上元县志》卷四:朱雀航,在长乐渡处,直对宣阳门,又南为朱雀门,非今之聚宝门也。

《金陵世纪》卷三:朱雀航,在长乐渡处,宣阳门直抵,又南为朱雀门,非今之南门也。

《秣陵集》卷二:朱雀桥,在镇淮桥北。晋咸康中,作朱雀门,立朱雀浮航南渡淮水。长乐渡,其遗址也。[注:陈文述(1771-1843),原名文杰,字云伯,号退庵、颐道居士,钱塘(今浙江杭州)人。嘉庆五年(1800)庚申恩科举人,历知江都、繁昌、崇明、全椒等县。工诗善画,博学多才,著有《碧城仙馆诗钞》《颐道堂集》《秣陵集》《西泠怀古集》《画林新咏》等。]

《金陵杂咏》:晋咸康二年(336)作朱雀桥,立朱雀浮航,南渡淮水。北去宣阳门六里,以《金陵图》考之,当在镇淮桥北左南厢。碧波如带小桥横,朱雀犹循旧日名。二十四航惟此在,野花溪草可怜生。[注:王友亮(1742-1797),字景南,号葑亭,新安婺源(今江西婺源)人,徙居江宁(今南京)。乾隆四十六年(1781)辛丑科殿试二甲第24名进士,授礼部主事,历官刑部员外郎、山东道监察御史、兵科给事中、通政司副使等。著有《双佩斋文集》《金陵杂咏》《视漕小草》等。]

《白下琐言》卷一:《金陵世纪》谓"朱雀航非今之镇淮桥,乃古桐树湾长乐渡处,在聚宝门东北。"《金陵新志》亦云:"在镇淮桥北左南厢。"今信府河救生局正当古长乐渡处,有真武庙。庙门外,竖长杆,嵌铁坎卦。上立铁鹳,其大如驴,俗呼为铁老鹳,正对蟒蛇仓赤石矶。矶脉石骨崚嶒,自城外穿濠而入,尽于此,色纯赤。前人因城内屡遭火患,作此厌之。又:聚宝门,或以罗镜格之,为丑未向,以取泄火之义。赤石矶乃正当南离,则以长乐渡为朱雀航,当非无据也。

《咏怀古迹》：朱雀航，朱雀大航在古长乐渡，六朝最繁华之地也。

《秦淮志》卷八：长乐渡，《应天府志》：在武定桥西。今救生局口是也。有坊，题：古长乐渡。

《东城志略》：长乐渡，旧有桥，今圮。古丹阳郡城在长乐桥东一里，晋太康（280–289）中所筑也，至隋始犁平之。

《白下琐言》卷六：长乐渡生生堂楹帖，录邵子［邵雍（1011–1077），字尧夫，号安乐先生、伊川翁，祖籍范阳（今河北涿县），少随父迁共城（今河南辉县）。读书苏门山，专攻易经，以万物皆由"太极"演化衍生立论，享誉当时。朝廷屡召授官，皆不赴。著有《观物篇》《先天图》《伊川击壤集》等。］诗句云："不作风波于世上，自无冰炭在胸中。"最为浑切。

《南京地名大全》：朱雀桥，位于中华路东北侧，西接军师巷东端，东连马道街西端，跨秦淮河。1999年1月，因近古朱雀桥遗址，以"朱雀"二字得名。

《秦淮地名概览》：朱雀桥，位于马道街西端，跨内秦淮河，1998年建。桥长19.5米，宽24米，面积468平方米。原桥始于东晋，系秦淮河上的一座浮桥，名朱雀航。唐末五代时期，桥毁无存。宋元明清以来，乡绅邑人多指镇淮桥为朱雀桥，亦有人认为今址即原桥址。《白下琐言》："朱雀航非今之镇淮桥，乃古桐树湾长乐渡处（今信府河与大油坊巷之间），在聚宝门（今中华门）东北。"《金陵图考》称：当在镇淮桥北左南厢。今新建朱雀桥大致就在这个位置。

镇淮桥

位于朱雀桥西南280米处，中华门城内。始建于六朝时期，东吴时名南津桥，陈朝易名镇淮桥。至唐末五代杨吴时期，新筑金陵城垣之南门，外有城濠，新建大桥；内有旧桥，重新改建。初为木桥，城外之桥，名长干桥，亦名南门外桥；城内之桥，名南门桥，亦名南门里（内）桥，直对南唐御街。宋代，南门桥倾圮破败，迭经重建，改筑成三孔石桥，复名：镇淮桥。桥上建屋，桥头树坊，十分壮观。元明清以降，代有增修，桥之附近，官邸民宅，商贾店铺，杂然相处，人烟辏辐。及至清末，桥屋拆除，桥坊毁弃，一派萧条。1960年，改建拓宽。1995年，在镇淮桥东、西两侧各建道桥一座，分别命名：镇淮东桥；镇淮西桥。镇淮桥则融入中华门城堡景区之中。

《舆地志》卷一五：镇淮桥，吴时南津桥也。

《三国志》卷四七：赤乌八年（245）夏，雷霆犯宫门柱，又击南津大桥楹。

《至正金陵新志》卷四：◇南津，在城外南。《金陵故事》云：南朝置校尉以镇此津，侯景入寇，举朝无犯难之夫，惟校尉江子一［江子一（489–548），字元贞，济阳考城（今河南兰考）人。少好学，有志操。历任梁尚书仪曹郎、遂昌令、曲阿令、散骑侍郎、戎昭将军、南津校尉等。太清二年（548）战殁于侯景之乱，赠侍中，谥：义子。］与弟二人，同死王事。《梁书》：江子一尝为南津校尉。◇长干桥，在城南门外。五代杨溥城金陵，凿濠引秦淮绕城。咸淳乙丑（元年，1265），马光祖新创。◇镇淮桥，在今府城南门里，此桥石甃铁扃。按《世说叙录》及《舆地志》《丹阳记》皆云：吴时南津桥也。

《南唐书》卷一：（天祐）十一年（914），［徐知诰（888–943），字正伦，江苏徐州人，南唐立国的创建者。原姓李，幼孤无依，被杨吴大将徐温（862–927）收为养子，累官至杨吴国参知政事。天祚三年（937），废吴帝自立，未几，改国号为唐，复姓李，名昪。］加检校司徒，始城昇州（今南京）。十四年（917）

五月，城成。

《景定建康志》卷二〇：由镇淮桥南出，曰：南门。武定坊，在镇淮桥东南；崇胜坊，在镇淮桥西南。

《景定建康志》卷一六：镇淮桥，在今府城南门里。乾道五年（1169），留守史公正志[史正志（1119–1179），字志道，号乐闲居士、柳溪钓翁、吴门老圃，祖籍江都（今江苏扬州），寓居丹阳（今江苏镇江）。绍兴二十一年（1151）进士，授歙县尉。历任枢密院编修官、司农寺丞、江西路转运判官、建康知府、成都知府等职。著有《史氏菊谱》。]重造，得旧址，增广一丈，郡从事丘崇为之记。开禧元年（1205），丘公崇[丘崇（1135–1208），字宗卿，江阴军（今江苏江阴）人。隆兴元年（1163）进士，殿试一甲第3名（探花）。历任建康府观察推官、华亭知县、平江知府、四川安抚制置使兼成都知府、建康知府、刑部尚书、江淮宣抚使、资政殿学士、同知枢密院等职。著有《四印斋刻词》。]来为留守，重建桥，刘叔向[刘叔向（生卒不详），号滋兰，四明慈溪（今浙江慈溪）人。庆元五年（1199）进士，初任建康府观察推官，后迁靖海军佥判。]为之记。宝祐四年（1256），桥坏于潦。留守马公光祖[生平见《武定桥》条下注释。]重建之，梁椅[梁椅（生卒不详），字子奇，丽水（今浙江丽水）人。嘉熙二年（1238）进士，除太常寺丞，权礼部郎官。后授从政郎差充沿江制置使司干办，官至处州知府。元至元十三年（1276），以城降元。辑有《论语翼》。]为之记。六年（1258），桥毁于火，留守赵公与筹[赵与筹（1197–1260），字德渊，号节斋，宋太祖十世孙，寓居湖州（今浙江湖州）。嘉定十三年（1220）进士，授作监主簿。历官嘉兴知府、两浙转运判官、庆元知府、兵部侍郎、户部尚书、绍兴知府、建康知府、扬州知府、镇江知府、平江知府等。卒赠少师，谥：忠惠。]重建。

《万历上元县志》卷四：镇淮桥，即南唐御街，直抵聚宝门者。

《同治上江两县志》卷五：南门桥，即镇淮桥。

《金陵世纪》卷三：南唐六桥，杨溥筑金陵府城，东濠上建桥，其详列载于各桥之下：镇淮桥，在南门里，今聚宝门内跨秦淮者。

《客座赘语》卷一：内桥以南大衢，直达镇淮桥与南门，诸司庶府，拱夹左右，垣局翼然。

《白下琐言》卷三：南唐御街在天津桥南，直对镇淮桥至南门。

《留都见闻录》：过南门桥，南岸有住家河房，叠水石为亭。

《续金陵琐事》：英宗赐张文僖第，在聚宝门里镇淮桥，坐西朝东，子孙尚居之。

《客座赘语》卷八：因查得太仆寺少卿邓某有房一所，总计若干余间，坐落聚宝门里镇淮桥东，见今空闲，相应给与益母暨弟一同居住。奉圣旨："准他，工部知道。"

《秦淮区志》：张益(1398–1449)，字士谦，号惷庵，江宁(今南京)人。少孤，事母孝。宅舍灾，帝命以太仆少卿邓某第(在镇淮桥北)赐之。随英宗北征，死于也先军中。谥：文僖。

《里乘备识》：城内外桥上有屋者凡九，如北门桥、西华门桥、内桥、笪桥、南门内桥、外桥、新桥、大中桥、水西门外觅渡桥。

《白下琐言》卷二：镇淮桥有牌楼，题"巷舞衢歌"四字，久毁于火。

《白下琐言》卷五：自城外长干桥，抵城内镇淮桥，百余丈皆墁以麻石，坚厚耐久。

《上元江宁乡土合志》卷六：罐肉，南门桥饭铺中所具，以供往来行旅者也。

《金陵杂志》：◇桥梁志。镇淮桥，南门里桥。◇物产志。罐肉，取猪肉数片置诸小缶，入水满之，不用盐，纳于爨火中，与饭同熟，谓之罐肉。南门桥饭铺中皆具，以供往来行旅者也。

《白门食谱》：南门内桥上饭馆之素汤罐肉，素汤之作法，闻系清道人梅庵师[李瑞清(1867–1920)，字仲麟，号雨农，易号梅庵，晚号清道人。喜食蟹，戏号李百蟹，江西临川(今江西进贤)人。光绪二十一年(1895)乙未科殿试二甲第15名进士，授翰林院庶吉士，分发江苏候补道、署江宁提学使，后任两江师范学堂监督，兼摄江苏布政使、学部侍郎。晚年避居上海，鬻字洋场，以书为活。]所亲口传授者。今桥上房屋一空，店久移他处，此汤亦久不尝矣。

《江南好辞》：联兴楼素饭店，在南门口，极有名。斜对门有嘉升坊鸡鸭店，童子鸡甲一城，来饭者，每携以归。[注：张汝南(1813—1882)，字子和，号洞天老樵，上元(今南京)人。工书画，擅诗文，著有《金陵省难纪略》《江南好辞》《浙游日记》《甓余草》《乡音正讹》等。]

《柴室小品》卷二：南京在未拆马路以前，每一道桥上面有桥棚，必有一种好吃的东西。如：内桥顶上的鸡丝面、南门桥顶上的罐子肉、新桥顶上的熏猪肚，皆是。桥棚拆掉以后，这许多"名食"也多半跟着完了。

《秦淮区志》：镇淮桥，在中华门城堡北面，与中华门位于同一条轴线上。东吴时期，此处名南津大桥，为石甃铁瓮扃结构。新中国成立初期，镇淮桥呈三孔石拱桥，1960年改建拓宽。1995年，在镇淮桥东西两侧各建道桥一座。1997年起，旧桥已不过交通车辆，而成为中华门历史景点的组成部分。

《南京地名大全》：镇淮桥，位于中华门内，跨内秦淮河南段。长31.4米，宽24米，面积735.6平方米，结构式样为砼板梁。1960年9月14日—9月24日，用钢筋混凝土板将原桥宽13.2米拓宽为25.9米，即今桥。1995年9月，为配合中华路拓宽改造，在桥的东、西侧各建一桥，命名为镇淮东桥和镇淮西桥。两桥建成后，车辆不再从该桥通过，现桥仅作出入中华门城堡之用。

《秦淮地名概览》：镇淮桥，位于中华门城内，跨内秦淮河，正对中华门(南门)，故又名南门桥。始建于五代杨吴时期，历宋元明清，代有增修。该桥原为木桥，后改为3孔石拱桥，原桥宽13.2

米，1960年，因交通量繁重，利用钢筋混凝土将旧桥拓宽为25.9米。1995年，为配合中华路拓宽改造，在桥的东、西各建一桥，命名为镇淮东桥和镇淮西桥，桥长分别为21米和19米，桥宽均为18.75米。

甘露桥

位于镇淮桥西北410米处，是中山南路上的一座现代桥梁，建于1997年，因桥之南侧有甘露巷，故名。甘露巷，门西老街巷，东起钓鱼台，西至磨盘街，支巷折南达饮马巷。此巷东端钓鱼台有圆通庵，支巷尽处六角井有从容庵，两庵皆供奉观世音菩萨。里人咸感观音大士普降甘露于人间之慈悲，因名巷曰：甘露。两座庵院，隐于市井，圆通庵今已无迹可寻，从容庵一直存续至1983年尚在。桥东长乐街临秦淮处有甘露阁，建于2010年，古朴端庄，堪称佳景。六朝时，城北覆舟山有甘露亭；隋唐时，城南雨花台有甘露阁。惜沧桑易变，两处亭阁早已不存，今复建于此，当属盛世重生也。

《秦淮地名概览》：甘露桥，位于中山南路南段，跨内秦淮河，长38米，宽42米，钢筋混凝土结构。1997年，中山南路南延时新建，因临近其东南侧的甘露巷而得名。

《凤麓小志》卷一：甘露巷，近城根为南宫坊，中有从容庵。东出为钓鱼台，有圆通庵。

《金陵杂志》：庙宇志。圆通庵，在钓鱼台。

《南京市寺院普查名录（1951）》：从容庵，所在地：六角井；主管人：僧自德。

《南京市文物普查寺院名录（1983）》：从容庵，所在地：秦淮区六角井34号。

《舆地志》卷一五：甘露亭，县东北八里。陈天嘉二年（561），更加修葺，于山上立甘露亭。

《景定建康志》卷二二：甘露亭，在上元县北钟山乡，去城五里。陈太建七年（575）秋闰九月，甘露三降乐游苑，诏于苑内覆舟山上立甘露亭。

《留都见闻录》：雨花台，山不甚高，蹑蹬而上，可以藉草为裀。而山麓有甘露阁，故李太白游处也。

《南京地名大全》：甘露桥，位于中山南路南段，跨内秦淮河。1997年8月，以地近甘露营（巷）命名。长38米，宽42米，上部结构为钢筋混凝土空心板。

《秦淮区志》：甘露桥，跨内秦淮河，位于中山南路，1997年建。

《秦淮地名概览》：◇甘露桥，位于中山南路南段，跨内秦淮河，长38米，宽42米，钢筋混凝土结构。1997年，中山南路南延时新建，因临近其东南侧的甘露巷而得名。◇甘露巷，位于中华门城堡西北侧，东起钓鱼台，迤西过中山南路，西至磨盘街，支巷折南达饮马巷，长533米，宽1.5米，道板路面。《首都志》载有此巷，相传，此巷东端钓鱼台有圆通庵，取佛降甘露之意，故名甘露巷。该巷27号院内古井，为秦淮区不可移动文物。

新桥

位于甘露桥以北280米处，始建于六朝，本名万岁桥，后改名饮虹新桥，俗呼为新桥。唐代诗人李益[李益（746—829），字君虞，陇西姑臧（今甘肃武威）人。唐大历四年（769）进士，初仕途失意，遂漫游燕赵，南下江南。元和十五年（820），应召入朝，历任秘书省少监、集贤学士、左散骑常侍等，太和元年(827),以礼部尚书致仕。善诗,著有《李君虞诗集》。]有《扬州送客》:“南行直入鹧鸪群,万岁桥边一送君。闻道望乡闻不得,梅花暗落岭头云。”宋元明清,代有增修。乡绅名士,杂居左近;商贸集市,棋布桥头,是南京城内最具有历史及人文的桥梁之一。

《建康实录》卷二:今之过淮水桥,名新桥,本名万岁桥。

《景定建康志》卷一六:饮虹桥,一名新桥,在凤台坊。考证《建康实录》:“南临淮有新桥,本名万岁桥。”后改名饮虹新桥,乃吴时所名,至今俗呼为新桥,袭其旧也。乾道五年(1169),史公正志[生平见《镇淮桥》条目下注释]重建。上为大屋数十楹,极其壮丽,与镇淮桥并新,丘崇[生平见《镇淮桥》条目下注释]记之。开禧元年(1205),丘公崇重建,刘叔向[生平见《镇淮桥》条目下注释]记之。宝祐四年(1256),马公光祖[生平见《武定桥》条目下注释]重建,梁椅[生平见《镇淮桥》条目下注释]记之。

《至正金陵新志》卷四:饮虹桥,一名新桥,在凤台坊。《实录》:南临淮,有新桥,本名万岁桥。后改名饮虹新桥,乃吴时所名,俗呼为新桥,袭其旧也。乾道五年,史正志重建,上为大屋数十楹,极其壮丽,与镇淮桥并新,丘崇记之。开禧元年,丘崇重建,刘叔向记之。宝祐四年,马光祖重建,梁椅记之。

《洪武京城图志》:新桥,在今杂役一坊骁骑卫口。本名万岁桥,又改名饮虹桥。新桥乃吴时所名,至今俗呼为新桥,袭其旧也。

《正德江宁县志》卷五:◇饮虹桥,一名新桥,旧名万岁桥,在古凤台坊。《建康实录》:南临淮有新桥,本名万岁桥。后改为饮虹新桥,杨吴时所名,至今俗呼为新桥,袭其旧也。乾道五年,留守史正志重建,覆以大屋数十楹,甚壮丽,丘崇撰记。正德中(1506-1521),重修,与上浮桥对峙。唐人(李益)《万岁桥送别诗》:“南行直入鹧鸪群,万岁桥边一送君。闻道望乡听(闻)不得,梅花暗落岭头云。”杨万里[杨万里(1127-1206),字廷秀,号诚斋,吉州吉水(今江西吉安)人。绍兴二十四年(1154)进士,授赣州司户参军,未几,调永州零陵县丞。历官奉新县令、国子监博士、太常寺博士、广东提点刑狱、太子侍读、筠州知府、江东转运副使等,位至宝谟阁直学士,封庐陵郡开国侯。谥:文节。著有《诚斋集》。](《过秦淮》)诗:“晓过新桥启轿窗,要看春雨弄春光。东风作急(意)惊诗眼,搅乱垂杨两岸黄。”◇新桥市,在县西南,通饮虹桥,即古鱼市。《建康志》:鱼市在东市、西市,凤台、鹭洲四方之会,今新桥十字街口即其地。

《金陵世纪》卷三:饮虹桥,本吴时旧名新桥,后名万岁桥,又名新桥。

《金陵琐事》卷一:御史饮虹李公[李熙(1465-1524),字师文,明上元(今南京)人。明弘治五年(1492)中举;九年(1496)丙辰科殿试三甲第72名进士,授将乐知县,后迁南京监察御史;十八年(1505),被诬下狱,寻获昭雪。正德元年(1506),以灾异抗疏请诛刘瑾,诏逮锦衣卫廷杖罢归。嘉靖元年(1522),起为饶州知府,转浙江按察使。方严峭直,负气善藏,时称“饮虹先生”,著有《尚文集》《饮虹遗稿》等。],家在饮虹桥南,每赴衙门,必过铁作坊。

《客座赘语》卷八:饮虹先生李师文熙,参议昊[李熙之父,名李昊(生卒不详),字致远,成化五年(1469)己丑科殿试三甲第65名进士,授翰林院检讨,累官至浙江左参议、广西太平知府。]之子也。举进士,为南御史,以上疏请诛刘瑾等,逮下诏狱,廷杖三十放归。瑾诛后,家居一十六年,起官郡守,至按察副使。时辈称曰“饮虹先生”。李家在新桥西,故号饮虹。

《万历上元县志》卷九:◇李昊,字致远,成化己丑(五年,1469)进士,授翰林检讨,改南京礼科给事中,陞浙江左参议。后调长芦盐运司同知,改广西太平府知府;◇李熙,字师文,弘治丙辰(九年,1496)进士,任将乐知县,拜南道监察御史。逆瑾擅政,以言事械系于京，被重刑，落职归。嘉靖初，诏起为饶州知府，迁浙江按察使。

《白下琐言》卷二：武提督宅，在新桥之南，地名梧桐树，门前有"元戎第"匾额。今为义学，改题"继善堂"。

《同治上江两县志》卷一一：继善堂，在新桥梧桐树，旧为义棺所。今邑人谢学元、田宝瑚、杨文杰等，募捐为代赊局，以惠宦士之后极贫者。

《同治上江两县志》卷四：《实录》：南临淮，有新桥，本名万岁桥。岑嘉州诗"万岁桥边此送君"是也。[按：此句出自李益《扬州送客》诗中，非岑参(715–770)诗也]。后改饮虹新桥，今曰新桥。宋乾道五年(1169)，覆以大屋数十楹；开禧四年[按：开禧无四年，应为嘉定元年(1208)。]，重修；宝祐(1253–1258)间，又修。明正德(1506–1521)中，又修。

《里乘备识》：城内外桥上有屋者凡九，如：北门桥、西华门桥、内桥、笪桥、南门内桥、外桥、新桥、大中桥、水西门外觅渡桥。

《洪武京城图志》：新桥市，在新桥南北，鱼菜所聚。

《金陵琐事》卷四：古语云："金陵市合月光里。"今饮虹桥、武定桥尚有夜市。

《凤麓小志》卷一：新桥，一名饮虹桥，古鱼市也。桥西有文孝庙，以祀梁昭明太子。明李廉访熙之宅在焉。

《金陵园墅志》：程氏别业，在新桥(古名饮虹桥)。上元程南耕嗣章[程嗣章(1693–1771)，字元朴，号南耕，上元(今南京)人。国子监生，著有《明儒讲学考》。]园，有"望岫亭"。

《秦淮画舫录》：◇万袖春，上元人，行八。住饮虹桥西，门临大槐树。◇唐秋水，三山二水间人，与万袖春为邻。

《秦淮广纪》卷二之五：汤靥花，行十，城北人，移居城南新桥左侧，有老树当其门。

《金陵杂志》：慈善事业志。时若水龙局，在新桥。

《白门食谱》：新桥之松子熟肚，其味绝佳，肚极烂而香极厚，食后犹芬流口齿，久久存在。人家仿而为之，迥不能及，盖火候之未到耳。每当夕阳西下时，铺前购者，已预付钱，立以守之。因稍迟，即购不得矣。

《金陵十记》：◇记得儿时，门西新桥有个马老四，是回民，卖的桂花糖粥藕，粥稠藕糯，吃到嘴里黏糊糊的很爽口。◇因地传名的食品：新桥顶上傍晚卖的兰花干；新桥丝市口炒货店的花生米。

《秦淮区志》：新桥，在集庆路口，为吴时之名。1991 年，重新扩建而成为混合结构桥梁，1997 年仍为秦淮区东西交通要隘。

《秦淮地名概览》：新桥，位于长乐路西端、集庆路东端，跨内秦淮河连接两路。原桥为三孔砖石拱桥，长 30 米，宽 12.7 米。1991 年因道路拓宽拆除重建，今桥为单孔梁架式桥，长 19.48 米，宽 32.5 米。以此桥为中心，宋代起就形成商贸集市，及至明清，为丝织业集中贸易的西市。

上浮桥

位于新桥以北 460 米处，始建于明代。六朝时期，该处为著名的秦淮四航之一竹格渚（渡）。其时，渡口设税收之所。隋灭陈，荡垦金陵，唯存此渡。2009 年，南京市考古队在上浮桥东南侧的牛市、颜料坊拆迁工地发掘出大量的六朝青瓷以及河道、驳岸、码头等六朝竹格渡遗迹，正与史籍记载相符。六朝以后，历经隋唐宋元，一直是百姓渡淮津口。至明代方建成砖石拱桥，名曰：上浮桥。清代以降，迭有修缮。1972 年，拆除原桥，改建成水泥桥梁；

1998年,复又重建至今。

《洪武京城图志》:上浮桥,在新桥西,国朝新建。

《正德江宁县志》卷五:◇上浮桥,在饮虹桥北,西南即成国公[朱仪(1427-1496),字炎恒,直隶怀远(今安徽怀远)人。景泰三年(1452),承袭其父朱勇成国公爵位。天顺间(1457-1464),受命守备南京,兼掌南京中军都督府事。成化二十三年(1487),加太子太傅。卒赠特进光禄大夫、右柱国太师,谥:庄简。居宁数十年,有治绩,著善声。]府,正德间(1506-1521)重修。◇竹格航,在下水门(今西水关)东南。《建康实录》:"王敦作逆,从竹格渡。"即此航也。

《舆地志》卷一五:◇二十四航,六代自石头东至运署,总二十四所度,皆浮船,往来以税行直。朱雀航、骠骑航,并竹格航、丹杨郡城后航,总四航,在晋时并收税。至是年(宁康元年,373),诏皆除税不收,放民之往来也。◇四航,自石头东至运渎(署),总二十四航,而朱雀与竹格、骠骑、丹阳谓之四航。宁康元年(373),诏除丹阳、竹格等四航税,是也。◇竹格渡,两岸要冲处,并以航济。西自石头,东至征虏亭,凡二十四所。

《建康实录》卷六:太宁二年(324)秋七月乙未,贼分军从竹格渚济水。北中郎将刘遐[刘遐(?-326),字正长,广平易阳(今河北永年)人。性果毅,便弓马,开豁勇壮。历任东晋龙骧将军、平原内史、散骑常侍、兖州刺史、北中郎将、徐州刺史等,功封陵泉公,卒赠安北将军。]、历阳太守苏峻[苏峻(?-328),字子高,长广挺(今山东莱阳)人。历任东晋鹰扬将军、兰陵相、冠军将军、历阳内史。]等率轻骑从南塘出,横击之,贼军大溃。

《建康实录》卷九:宁康元年(373)三月癸丑,诏除丹杨、竹格等四航税。案《晋书》:王敦(生平见《朱雀桥》条目下注释)作逆,贼从竹格度,即此航也,今县城(据考证:唐代江宁县城在今朝天宫以东、建邺路以北、张府园以西、小王府巷以南一带)西南二里。

《景定建康志》卷一六：竹格渡，按《建康实录》："王敦作逆，从竹格渡，即此航也。在今县城西南二里。"《舆地志》云："两岸要冲处，并以航济。西自石头，东至征虏亭，凡二十四所。"平陈，惟此渡独存，今旧（新）桥西是其处。

《景定建康志》卷四六：兴严寺，旧在竹格渡之北，本谢尚[谢尚（308—357），字仁祖，陈郡阳夏（今河南太康）人。谢鲲之子，谢安从兄。初仕黄门侍郎，历任江夏相、江州刺史、尚书仆射、镇西将军、都督豫、冀、幽、并四州等，卒赠散骑常侍、卫将军，开府仪同三司，谥号：简。工书法，有《馀寒帖》。]宅也，亦号塔寺。永和四年（348），名庄严寺。宋大明（457—464）中，改为谢镇西寺。陈宣帝[陈顼（530—582），字绍世，小字师利，陈朝第二代皇帝。]改名兴严寺。

《至正金陵新志》卷四：竹格巷，按《实录》：兴严寺，在运渎东岸，南直竹格渡，即谢尚宅。

《正德江宁县志》卷七：谢尚宅，《旧志》：在竹格渡北。今当在下水门内东南。

《江南通志》卷三〇：竹格渚航，在江宁县朱雀航西。

《读史方舆纪要》卷二〇：竹格渡航，在朱雀航西。

《南朝佛寺志》：庄严寺，晋穆帝永和四年（348），镇西将军谢尚舍宅所造也，亦号塔寺。其地南直竹格港，临秦淮。

《秦淮夜谈（第22辑）》：《秦淮文化，千年一脉》。据史乘记载：牛市、颜料坊一带，自六朝至今一直是秦淮官民杂处聚居、繁衍生息的集中区域。著名的王导、谢安、纪瞻的宅院，就建在秦淮南岸的乌衣巷。其中，谢尚的府第，则位于牛市西北面的竹格渡。

《南京颜料坊出土六朝墨书瓷器分析（摘要）》：南京城南颜料坊工地近年出土的六朝墨书瓷器总计92件，迄今为止，在六朝建康城遗址考古发掘中，出土墨书瓷器数量最多、最为重要的地点，可以推考为六朝时期秦淮河岸四航之一的竹格航。

《同治上江两县志》卷四：上浮桥，明正德（1506—1521）中修，同治六年（1867）又修。

《留都见闻录》：上浮桥余学士［余孟麟（1537—1620），字伯祥，号幼峰，江宁（今南京）人。嘉靖四十三年（1564）甲子科举人，万历二年（1574）甲戌科殿试一甲第二名进士（榜眼），授翰林院编修。历任南京国子监司业、洗马，翰林院侍读学士，南京国子监祭酒等。著有《幼峰学士集》。］牌坊上，旧有园基，沿河砌石甚精，瓦砾中有紫薇，花开时甚丽，惜未有营为亭者。

《金陵杂志》：桥梁志。上浮桥，在船板巷。

《秦淮区志》：上浮桥，在彩霞街南口，建于明正德年间，清同治六年（1867）又修。桥畔有明虢国公俞通海府第遗址。1972 年 11 月重建至今。

《秦淮地名概览》：上浮桥，位于中山南路洋珠巷西端，双塘路东端，跨内秦淮河。始建于明初，《正德江宁县志》："上浮桥，在饮虹桥北，西南即成国公府，正德间重修。"1972 年拆除原砖石拱桥，改建成钢筋混凝土双曲拱桥，长 22 米，宽 7.1 米，单孔。1998 年重建，长 22 米，宽 20 米。朴素桥形，交通改观。

仙鹤桥

位于上浮桥西北 230 米处，始建于 1987 年，因桥南之仙鹤街而命名。六朝时期，该处北岸为运渎入淮口，俗称渡船口，其北有禅灵寺，故亦名禅灵渚。临淮跨运渎，建有禅灵渚桥。宋代重建，易名陡（斗）门桥，一直延续至民国开辟升州路时，填塞运渎南段，斗门桥拆除无存。其地为市民聚居区域，1995 年，重建一新的仙鹤桥，跨越秦淮南北，是连接仙鹤街与鼎新路的一座重要桥梁。

《建康实录》卷二：赤乌三年(240)十二月，使左台侍御史郗俭监凿城，西南自秦淮，北抵仓城，名运渎。

《南齐书》卷一八：永明七年(489)，越州献白珠，自然作照，惟佛像长三寸。上[萧赜(440—493)，字宣远，小讳龙儿，生于建康(今南京)青溪宅。南齐第二任皇帝，称世祖，谥：武帝。]起禅灵寺，置刹下。

《南齐书》卷一九：世祖起禅灵寺，初成，百姓纵观。

《南齐书》卷五六：上使造禅灵寺，新成，车驾纵观，甚悦。

《南史》卷五：禅灵寺塔诸宝珥，皆剥取以施潘妃[南朝齐东昏侯萧宝卷(483—501，字智藏)之宠妃，小字玉儿，有姿色，性淫侈，所居神仙、永寿、玉寿三座宫殿，地铺金莲纹砖，潘玉儿款行其上，时称“步步生金莲”。]殿饰。

《梁书》卷五六：营小航南，并缘淮造栅。及晓，景[侯景(503—552)，字万景，鲜卑化羯人。初附梁，复叛，攻陷台城，困死梁武帝，占踞建康。后失败北逃中为部属诱杀。]方觉，乃登禅灵寺门楼望之。

《建康实录》卷一八：淹[江淹(444—505)，字文通，济阳考城(今河南民权)人。六岁能诗，文章华著。历仕南朝宋、齐、梁三代，官至骠骑将军兼尚书左丞，谥：宪伯。]尝为宣城守，罢归，船泊禅灵寺渚，夜梦一人称张景阳，谓曰：“前以一匹锦相寄，今可见还。”

《续世说》卷二：江淹以文章显，晚节才思微退，云：为宣城太守时，罢归泊禅灵寺渚，夜梦一人，自称张景阳[张协(?—307)，字景阳，安平(今河北安平)人。善诗有文采，官至河间内史。]谓曰：“前寄一匹锦，今可见还。”[注：孔平仲(1044—1111)，字义甫，一作毅父，新喻(江西峡江)人。治平二年(1066)进士，授分宁县主簿。历任密州教授、秘书省校书郎、太常博士、朝奉大夫、衡州知府、户部郎中等。长于史学，富于词藻，著有《续世说》《珩璜新论》《孔氏谈苑》《散朝集》等。]

《景定建康志》卷一〇：承圣元年(552)三月庚辰，僧辩[王僧辩(?—555)，字君才，太原祁(今山西祁县)人，鲜卑族乌丸氏。梁时，随父南渡，历任武宁、广平、新蔡、竟陵等地太守。后奉命讨平侯景，以太尉出镇石头城。]督诸军至张公洲；辛巳，乘潮入淮，进至禅灵寺前。

《景定建康志》卷一九：运渎，在上元县(今白下路中段北侧)西北一里半。其水东行，过小(鼎)新桥而南，经斗门桥，流入秦淮。

《景定建康志》卷一六：斗门桥，在乾道南桥(今鼎新路中段东侧红土桥)之南。景定二年(1261)，马公光祖重建，自书桥榜。跨运渎。

《秣陵志图》：元帝承圣元年(552)，王僧辩等乘潮入淮，进至禅灵寺前。[注：《秣陵志图》，清代无名氏抄本，南京市秦淮区地方史志编纂委员会、南京市秦淮区图书馆合编，1992年11月印行。]

《南唐书》卷三：金陵数大水，秦淮溢，东关尤被害，彦能[刁彦能(890-957)，字德明，上蔡(今河南上蔡)人。南唐大臣，官至抚州节度使。]请筑堤为斗门，疏导之，水患稍息。

《至正金陵新志》卷四：斗门桥，在乾道南桥之南。景定二年(1261)，马光祖重建，自书榜。跨运渎。戚氏《志》：其侧旧有风亭，在折柳亭东。

《至正金陵新志》卷五：斗门，案《图经》：在秦淮南北岸。天圣中(1023-1031)，上元、溧水等县，积岁水为害，知府马亮[马亮(957-1031)，字叔明，庐州合肥(今安徽合肥)人。太平兴国五年(980)进士，授大理寺评事、知芜湖县，历知濮州、饶州、潭州、广州、庐州、亳州、江宁等州府，累官工部侍郎、兵部侍郎、尚书右丞、工部尚书、太子少保等，卒赠尚书仆射，谥：忠肃。]始开畎壅，置东西斗门各一，引水入大江。

《万历上元县志》卷四：斗门桥，即古禅灵寺桥，秦淮入运渎之始。

《同治上江两县志》卷四：斗门桥，景定二年(1261)马光祖修。古禅灵渚桥也，西出有禅灵寺。

《上元江宁乡土合志》卷三：◇运渎，自笪桥西南过草桥、红土桥，至斗门桥入于淮水。◇斗门桥，宋刁彦能（按：刁彦能为南唐时人，非宋人也。）常设斗门于此。

《运渎桥道小志》：运渎首受秦淮水，北流为支河。有桥跨其上，曰：斗门；其淮水支港通渎处，古谓之禅灵渚。梁都督王僧辩讨侯景之师所从入焉；渚西北有禅灵寺，禅林寺桥者，即今之斗门桥也。桥上有观音阁，同治初（1862）里僧所建；桥东右转，循渎南临淮水，为渡船口。

《南朝佛寺志》：禅灵寺，齐永明七年（489）武皇帝之所造。其地当秦淮、运渎之交，有渚，即今之范家塘；有桥，即今之斗门桥。

《里乘备识》：斗门桥下油市街回人某，设清真堂卖医，蓄大小蛇无数，诡谲莫测。

《金陵杂志》：◇庙宇志。观音阁，在斗门桥上。◇桥梁志。斗门桥，在讲堂大街（即今升州路与鼎新路十字路口）。◇慈善事业志。永安水龙局，在陡门桥。

《新南京（民国）》：国医。杨健安；开业地址，陡门桥观音阁；医治科目，内科。

《金陵十记》：（20世纪30年代）南京籍画师，如：在颜料坊替人画影的张弼臣、在弓箭坊卖字的周仁廉，以及火少畴、陶子山、张通之等，也常在陡门桥的“椿和茶园”聚会。

《南京地名大全》：◇斗门桥，亦名陡门桥。位于升州路中段，跨运渎。2003年《南京桥梁名称探析》载：“南唐升元（937—942）间，秦淮水溢东关，为疏导河水，官府下令筑石堤、修斗门，斗门桥由此得名。”◇仙鹤桥，位于升州路南侧，仙鹤街北端，跨内秦淮河，原为渡船口。1995年建桥，1996年9月，以南连仙鹤街而名。

《秦淮区志》：仙鹤桥，跨内秦淮河，位于渡船口，1995年建。

《秦淮地名概览》:◊仙鹤街,位于集庆路中段北侧,南起集庆路,迤北过双塘路,越仙鹤桥至升州路,长850米,宽24米。《明代南京城图》载有此街。◊渡船口,位于仙鹤街北端,北至升州路,南抵玉带巷,长约100米,宽约3米。《金陵览胜诗考》:"昔斗门桥有禅灵寺,故名。今俗呼渡船口,鲜有知名者。有诗云:禅灵已无寺,此渡罕无名。空盼交流处,年年春草生。"巷因渡名,1995年,建仙鹤桥时拆除。现徐家巷内有渡船口小区。◊鼎新路,位于建邺路中段南侧,北起建邺路,南至升州路,长约1000米。原名红土桥路,2001年底,拓宽并向南延伸,以"鼎新"二字命路名。◊仙鹤桥,位于仙鹤街北端,鼎新路南端,跨内秦淮河。原桥1987年初建,因地处仙鹤街北端而得名。1995年拆除重建,长20.9米,宽24米,单孔钢筋混凝土支板梁桥。此桥北之渡船口原为运渎入淮处,有陡门桥。如今渎涸成路,沧海桑田,故事颇丰。

下浮桥

位于仙鹤桥以西400米处,始建于明初,清代以后,迭有修缮。明清以降,该桥一直是门西百姓出城至水西门的重要通道,桥下舟船不断,桥上辏辐不绝。桥之南北,人烟密集,间有商社分驻其间,是南京主要的市民聚居区之一。太平天国时,桥北油市大街(今升州路西段)有太平军总圣库。清末民初,辟为安徽会馆。2009年,下浮桥重建为长30米、宽18米的钢筋混凝土梁式桥。

《洪武京城图志》:下浮桥,在上浮桥西北,国朝新建。

《正德江宁县志》卷五:下浮桥,在上浮桥北。

《留都见闻录》:下浮桥有汪姓者河亭,内竖石甚奇,在南中不多见也。

《同治上江两县志》卷四：下浮桥，康熙丁未(六年，1667)修，同治六年(1867)又修。

《凤麓小志》卷一：下浮桥，直街而过为大赵府，以明赵驸马辉[赵辉(1387-1476)，荫袭千户，守金川门。状貌伟丽，获选以尚宝庆公主，封驸马都尉。凡事6朝，历掌南京都督及宗人府事。]居此而名。

《儒林外史》◇第二七回：房牙子看定了一所房子，在下浮桥施家巷，三间门面，一路四进，是施御史家的。◇第二八回：明日下浮桥施御史老爷来这里摆酒。◇第三四回：当下小厮在下浮桥雇了一只凉篷，杜少卿坐了来家。◇第四四回：武正字道："便是我这里下浮桥地方施家巷里施御史家。"

《乡饮脍谈》：油市大街，今之安徽会馆即乾嘉时姚氏宅，内有西园，银杏一树，二三百年。姚氏迁自桐城，以经营水果业致富。虽严寒而瓜果如鲜，虽盛暑无败窳之虞。洪杨时为某王府，复城后假作江宁府署，后归为皖人作会馆。

《金陵杂记》：总圣库，前在城北清溪里巷胡公馆内，后移在水西门内姚姓住宅。

《贼情汇纂》卷二：殿前丞相正总典圣库吴可亿，现踞江宁水西门大街富室姚姓宅；殿前丞相副典圣库谭顺添，现居江宁，与吴可亿同居。

《金陵杂志》：桥梁志。下浮桥，在柳叶街。

《上元江宁乡土合志》卷五：江宁教门(回族)有改、团、买、索、哈、达诸姓，散居于石城、三山二门之间，七家湾、下浮桥二处尤多。

《上元江宁乡土合志》卷六：屠牛，向有厉禁，回民每于下浮桥、七家湾等处窃卖之。

《首都志》卷二：下浮桥菱角寺，现有官署学校及各机关：实业部中央工业试验所、实业部全国度量衡局、度量衡检定人员养成所、消防警察队西路分队。

《全国文化机关一览》:◇中国度量衡学会,民国十九年(1930)成立,地址在南京下浮桥菱角市5号。◇南京市炒货业同业公会,始建于民国十六年(1927),初在打钉巷20号。1946年改组后,迁至下浮桥菱角市15号。

《中国伊斯兰教简史》:《晨熹》,中国伊斯兰教综合性刊物。1935年1月25日,创办于南京,刊址设在南京下浮桥清真寺。

《穆斯林文化》第三章:善经堂刊刻处,位于南京下浮桥。

《南京地名大全》:下浮桥,位于水西门内来凤街北,跨内秦淮河。明建,以与上浮桥相对得名。

《秦淮区志》:下浮桥,在来凤街北段口,处于内秦淮的西端。建于清康熙六年(1667),同治六年(1867)重修。西面有云台闸,秦淮水经此闸过北侧的水西门,向北经石头城西入长江。1997年,桥尚完好。

《秦淮地名概览》:下浮桥,位于上浮桥以西,南通来凤街,北接升州路,跨内秦淮河。始建于明初,《万历江宁县志》:"下浮桥,在上浮桥北(西)。"清康熙丁未年(1667)重修,同治(1862—1874)年间又修。1972年拆除老砖石拱桥,改建成钢筋混凝土双曲拱桥,长30米,宽10.2米,单孔。2009年重建,长30米,宽18米,单孔钢筋混凝土梁式桥。美观靓丽,舟行便利。

西水关

位于下浮桥以西370米处,由西水关泵站、西水关小桥、西水关闸组成。始建于南唐,初名下水门,除节制淮水外,设税亭,以征进出行船之税;建仓库,以贮军用急需之粮。宋元沿袭旧制,惟水门之外另建赏心、折柳诸亭,实送别之所也。明初改筑,易名西水关,形制与东水关相类。其时,西水关外金粉酒楼麕集,风尘十四楼有六座在此。清代,于西水关前增建银(云)台闸,以控泄淮水。民国时期,亦曾斥资维修。1953年至1958水西门西水关全部拆除殆尽。1954年,建西水关泵站。1986年重建西水关泵站时,发掘出大量战汉至明清时期的铜器、瓷器等文物。1987年建西水关小桥。2000年辟建水西门广场。2014年在西水关濒外秦淮处新建赏心亭,开凿西水关与外秦淮之间的220米河道,使内外秦淮重新贯通。现西水关已然与水西门广场融为一体,成为南京秦淮河域内的一处重要的风景名胜。

《南唐书》卷一:(天祐)十一年(914),[徐知诰(888-943),生平见《镇淮桥》条下注释]加检校司徒,始城升州(今南京);十四年(917)五月,城成。

《景定建康志》卷一八:今淮水贯城中东西,由上、下水门以达于江,盖水之故道也。

《景定建康志》卷二〇:由饮虹桥沿秦淮而西出折柳亭前,曰:下水门。制使姚公希得[姚希得(1198-1268),字逢原,一字叔刚,潼川(今四川潼南)人。嘉定十六年(1223)进士,初授小溪主簿,迁太平州通判,旋调任福州通判。历官国子监丞、直宝章阁知赣州、广西转运判官兼权静江府、两淮宣抚使、宝谟阁待制、户部侍郎、沿海制置使、沿江制置使知建康府、江东安抚使、行宫留守、同知枢密院兼权参知政事等。以资政殿大学士、金紫光禄大夫、潼川郡公致仕。]任内,重修诸城门、税亭、备屋、廊宇等,自景定三年(1262)三月十一日兴工,至九月十六日毕。

《景定建康志》卷二三:大军仓,在下水门内,北接广济仓(在崇道桥即今仓巷桥南),监官一员。

宋·周师成《下水门税亭》:建业尘中吏,秦淮水上亭。浴晴凫弄日,饮晓马吞星。地迥来芳草,潮回出断汀。有僧时到此,相对两浮萍。[注:周师成(1180-?),字宗圣,号雉山,长兴(今浙江长兴)人。自幼聪颖,妙年擢第。庆元五年(1199)进士,授建康税监,后迁吴县主簿。博学工诗文,名闻一时,有《家藏集》《江湖吟稿》等。]

《景定建康志》卷二二:◇赏心亭,在下水门之城上,下临秦淮,尽观览之胜,丁晋公谓[丁谓(962-1037),字谓之,一字公言,长洲(今江苏苏州)人。淳化三年(992)进士,授大理寺评事、通判饶州,历任三司户部判官、工部员外郎、三司盐铁副使、右谏议大夫权三司使、枢密院直学士知升州、礼部侍郎、参知政事,工、刑、兵三部尚书等,权倾一时。后被贬崖州、雷州、光州等地十五年。明道二年(1033),授以秘书监致仕,敕准定居光州(今河南潢川)。景祐四年(1037),卒于光州,归葬苏州城西华山刁嘉原。]建,景定元年(1260)亭毁,马公光祖(生平见《武定桥》条下注释)重建。◇白鹭亭,接赏心亭之西,下瞰白鹭洲,柱间有东坡留题。景定元年,马公光祖重建。◇二水亭,在下水门城上,下临秦淮,西面大江,北与赏心亭相对。◇折柳亭,在赏心亭下,张忠定公咏[张咏(946-1015),字复之,号乖崖,濮州鄄城(今山东鄄城)人。太平兴国五年(980)进士,授崇阳县令。历任太子中允、麟州通判、秘书丞、湖北转运使、成都知府、杭州知府、升州知府、枢密院直学士、御史中丞、工部尚书、礼部尚书等。大中祥符八年(1015)卒,谥:忠定。]建,为祖饯之所,久废。景定元年(1260),马公光祖重建。◇风亭,在折柳(亭)东,叶公清臣[叶清臣(1000-1049),字道卿,长洲(今江苏苏州)人。天圣二年(1024)进士(榜眼),授太常寺奉礼郎、签书苏州观察判官事。历任光禄寺丞、集贤院校理、太平州通判、宣州知府、太常寺丞、两浙转运副使、江宁知府、邠州知府、青州知府、右正言知制诰、龙图阁学士权三司使公事等,卒赠:左谏议大夫。]建,苏州从事张伯玉[张伯玉(1003-1070),字公达,建安(今福建建瓯)人。天圣二年(1024)进士,复登书判拔萃科,历任吴郡从事兼郡学教授、侍御史、太平州知府、福州知府、越州知府等。娴于吏治，擅长文字，有《蓬莱集》二卷。]为记。◇佳丽亭，与风亭相近，马公亮[马亮(957–1031)，字叔明，庐州合肥(今安徽合肥)人。太平兴国五年(980)进士，授大理寺评事知芜湖县。历官常州通判、江宁知府、工部侍郎、兵部侍郎、饶州知府、广州知府、工部尚书、太子少保，卒赠尚书仆射，谥：忠肃。]建。

《图画见闻志》卷六：丁晋公典金陵，陛辞之日，真宗出八幅《袁安卧雪图》一面。其所画人物、车马、林石、庐舍，靡不臻极，作从者苦寒之态，意思如生。旁题云："臣黄居宷等定到神品上，但不书画人姓名，亦莫识其谁笔也。"上宣谕晋公曰："卿到金陵日，可选一绝景处张此图。"晋公至金陵，乃于城之西北隅构亭，曰：赏心。危耸清旷，势出尘表。遂施图于巨屏，到者莫不以为佳观。岁月既久，缣素不无败裂，由是往往为人刲窃。后王君玉密学[王琪(1018–1089)，字君玉，华阳(今四川成都)人，徙舒(今安徽潜山)。庆历二年(1042)进士，授江都主簿，改开封府推官。历任大理寺评事、馆阁校勘、集贤院校理、两浙淮南转运使、龙图阁待制、苏州知府、润州知府、江宁知府、知制诰、饶州知府、扬州知府、杭州知府、枢密院直学士等，后以礼部侍郎致仕。卒年72岁，葬真州(今江苏仪征)。]出典是邦，素闻此图甚奇，下车之后，首欲纵观，乃见窃以殆尽。嗟惋久之，乃诗于壁，其警句云：昔人已化辽天鹤，往事难寻《卧雪图》。[注：郭若虚(1030–1085)，北宋并州(今山西太原)人。仕宦世家，荫补授泾州通判，熙宁三年(1070)任供备库使，官至西京左藏库副使。嗜好绘事，精于鉴赏，著有《图画见闻志》6卷。]

宋·王琪《金陵赏心亭》：千里秦淮在玉壶，江山清丽壮吴都。昔人已化辽鹤去，旧画难寻《卧雪图》。冉冉流年去京国，萧萧华发老江湖。残蝉不会登临意，又噪西风入座隅。

《六朝事迹编类》卷四：赏心亭，丁晋公谓所建也。公以家藏《袁安卧雪图》张于其屏，乃唐·周昉[周昉(741–?)，字仲朗，一字景玄，京兆(今陕西西安)人。出身仕宦,历官越州长史、宣州别驾。唐代著名画家,画风简劲柔丽。]笔,经十四太守,无敢觊觎者。后为一太守以凡笔画《芦雁》易之。

《渑水燕谈录》卷七:祥符(1008-1016)中,丁晋公出典金陵,真宗以《袁安卧雪图》赐之,真古妙手,或言周昉笔,亦莫可辨。至金陵,择城之西南隅旷绝之地,建赏心亭,中设巨屏,置图其上,遂为金陵奇观。[注:王辟之(1031-?),字圣涂,北宋青州(今山东临淄)人。治平四年(1067)进士,先后任河东知县、忠州知府。绍圣四年(1097)致仕,隐居故乡渑水河畔,著有《渑水燕谈录》《郡斋读书志》等。]

《至正金陵新志》卷一二:◊通江馆,在赏心亭东月堂旧基,后为回易库。马光祖改立通江馆,以待四方宾客。◊横江馆,在水西门内赏心亭侧,马光祖创,以待四方之宾客。

《洪武京城图志》:西城(兵马司),在三山门外西(水)关北街。

《金陵世纪》卷二:◊鸣鹤楼,在西关(按:即西水关,下同。)中街之北。◊醉仙楼,在西关中街之南。◊轻烟楼,在西关南街。◊淡粉楼,与轻烟楼相对。◊翠柳楼,在西关北街。◊梅妍楼,与翠柳楼相对。

《续板桥杂记》:明初,于聚宝、石城、西(水)关诸处,建轻烟、淡粉、梅妍、翠柳等十四楼,以聚四方宾客。

《留都见闻录》:自水西门水关达内河,两岸荒陋。

《上元江宁乡土合志》卷四:康熙时,江南缙绅率多京职。罗秉伦,字振彝,江宁人,由编修起家。[罗秉伦(生卒不详),字振彝,号继峰,江宁(今南京)人。康熙五年(1666)丙午科江南乡试举人;十二年(1673)癸丑科殿试二甲第38名进士,选翰林院庶吉士;十五年(1676)散馆,授河南道监察御史。历任大理寺丞、光禄寺卿、通政司使等。]官通政使,创元宁会馆于都城东。归里后,造闸于西水关,以蓄洩水,即以官名之曰银台闸也。所居甘雨巷旁,亦名银台第。

《同治上江两县志》卷四：下浮桥之西，曰云台闸，淮水经此出城矣。上有太白酒楼，即孙楚[孙楚(221-293)，字子荆，太原中都(今山西平遥)人。才藻卓绝，爽迈不群，年四十余始参镇东军事。历任佐著作郎、梁县(今河南汝州)令、卫将军司马、冯翊(今陕西大荔)太守等，有《孙冯翊集》。]楼也。李白诗"朝沽金陵酒，歌吹孙楚楼"是也。旁有赏心亭，丁谓张"周昉《卧雪图》"处也。西为白鹭亭，下瞰白鹭洲，故名。苏文忠[苏轼(1036-1101)，字子瞻，号东坡居士眉州(今四川眉山)人。嘉祐二年(1057)进士，授大理寺评事、签书凤翔府判官。历任密州知府、徐州知府、湖州知府、杭州知府、翰林学士、侍读学士、礼部尚书等。后被贬至黄州、惠州、儋州等地，元符四年(1101)获赦北归，病逝于常州，谥：文忠。]题柱于此。又西为二水亭，赏心亭下为折柳亭(张咏建)，东为风亭，与风亭相近者为佳丽亭。风帆云树，目不暇赏，并舣舟胜处。

清《金陵四十八景》第三十一景：楼怀孙楚。楼在城西，李白[李白(701-762)，字太白，号青莲居士，祖籍陇西成纪(今甘肃天水)，生于西域碎叶城(今吉尔吉斯斯坦北部托克马克市)，幼年随父迁居绵州昌隆(今四川江油)。24岁出蜀，遍游华夏，所作诗文，语言生动，豪迈奔放，才气纵横。有《李太白集》。]醉看紫绮，遇崔侍御[崔宗之(生卒不详)，名成辅，字宗之，滑县(今河南滑县)人。开元(713-741)中，官至右司郎中、侍御史，谪金陵。]于此。楼之侧，缭以短垣，涧路盘纡，花木参错；浓荫夹道，苍翠入裾。王摩诘[王维(701-760)，字摩诘，蒲州(今山西运城)人。开元十九年(731)状元及第，授右拾遗，历官监察御史、河西节度使判官、吏部郎中、给事中、太子中允、尚书右丞等。致仕后，退居蓝田(今陕西蓝田)辋川别墅，赋诗绘画，自得其趣。有《王右丞集》。]"诗中有画，画中有诗"，不是过也。[注：徐藻(生卒不详)，字萍州，上元(今南京)人。贡生，能诗擅画，除宣统二年(1910)创作做《金陵四十八景》外，尚有《怀白楼图记》《鉴斋诗草》等。]

《冶西杂咏》：云台闸，在西水关前，用以疏蓄淮流者。云台之闸利防淮泄，金陵之闸利遏淮涨，皆关水利。

《上元江宁乡土合志》卷六：（江中）诸洲皆产芦，无蒲莞，其鬻于城中者，由西水关运入。

《儒林外史》第二四回：城里一道河，东水关到西水关足有十里，便是秦淮河。水满的时候，画船箫鼓，昼夜不歇。［注：吴敬梓（1701-1754），字敏轩，号粒民，晚称文木老人，安徽全椒人。性豪纵，喜交游，雍正十一年（1732）举家移居江宁秦淮水亭。乾隆元年（1736）弃考博学鸿词科，十四年（1749）创作完成《儒林外史》。］

《儒林外史》第四一回：满城的人都叫了船，请了大和尚在船上悬挂佛像，铺设经坛，从西水关起，一路施食到进香河。

《首都志》卷五：市府亦尝建东、西水闸，未尝不于此兢兢也。加建西水关闸门，建筑费944.95元（银元），完工日期二十二年（1933）六月。

《新京备乘》：（秦淮河）由通济门上水关（即东水关）入，历镇淮桥萦回至三山门下水关（即西水关）出口。有明于通济门上水关造三甕，甕皆十一水门，所以广其入也；于三山门下水关止造一水门，所以防其泄也。

《金陵杂志》：水道志。穿银台闸，出西水关，复与城外濠水合。

《金陵杂志》：茶馆志。云台一品春，在下浮桥云台闸。

《南京地名大全》：◇云台闸，位于下浮桥与偃月洞之间。清宣统《上元江宁乡土合志》称，清康熙间，通政司罗秉伦归里后造闸于西水关，以蓄、泄水，即以官名命闸为银台闸。清末，讹为云台闸。民国24年（1935），利用其旧址重建西水关防洪闸。◇西水关，位于凤台路北端，内秦淮河下游。五代南唐时设下水门，明代筑城墙时改为西水关，设偃月洞，与城外秦淮河水复合。清代另建银台闸。民国至今多次建新闸，今称西关闸。◇西关闸，位于水西门外稍南，明初建城时，在秦淮河上建西水关的水闸，既可行船，又可防止水患。明时，闸分上下2层，各9个洞，供藏兵之用。以处东关闸之西得名。

《秦淮区志》：◇西水关，上闸首一，下闸首一，1987年建造。◇西水关泵站，机泵5台，1954年建造。◇西水关桥，地点；西水关；结构样式：砼空心板梁；桥宽34米，始建年代：1987年。

《金陵胜迹大全》：西水关，在水西门南侧，建筑布局如东水关，亦有两道闸，一道桥和藏兵洞，可惜现均已无存，仅有城内水闸石质闸槽存在。1986年，南京市政府拨款在西水关建设两个泵站和一个码头，施工中，先后出土木船5艘和上起战国、下迄明清的陶瓷器、铜器、铜钱、铁剑、金镯等文物一大批。出土文物和一大船，现收藏市博物馆。西水关现已建成为小公园。

《秦淮地名概览》：◇西水关，古名云台闸，为内秦淮和外秦淮合流处。◇西水关桥，位于西水关东侧，跨内秦淮河，桥长19.2米，宽28.4米，单孔钢筋混凝土板梁式桥。始建于1987年，因紧邻西水关而得名。◇水西门广场，东广场约7300平方米，为明城墙水西门瓮城所在地；西广场约12800平方米，位于明代西水关遗址上方，为南京明城墙西端的水闸所在地。广场西部临外秦淮处，建有赏心亭、孙楚酒楼等仿唐宋历史遗迹建筑。◇赏心亭，位于水西门广场西南、古西水关遗址处。赏心亭乃江左名亭，历代高官要员、名士文人多来此游览，王安石、米芾、陆游、范成大、刘克庄、刘挚、辛弃疾、张舜民、丘崇、苏东坡等，都曾留下脍炙人口的诗词佳作。2014年在水西门广场复建。◇孙楚酒楼，位于水西门外西水关附近。“楼怀孙楚”为清金陵四十八景之一，2014年在水西门广场复建。◇西水关闸，位于凤台路北端，内秦淮河出城处。五代南唐时期，此处为下水门。明代筑城时改为西水关，设偃月洞。

清代在下浮桥与偃月洞之间设银台洞，又称云台闸。《冶西杂咏》："云台闸在西水关前，用以疏蓄淮流者。"1935年，市政当局利用云台旧址建西水关防洪闸。1954年，在闸南建成小型泵站。1968年，在原偃月洞外大洞口建闸一座，为下闸；利用西水关防洪闸作上闸，组成套闸，在城内外正常水位时可通航。1987年拆除，重建船闸合一的西水关泵站。

卷二　右岸街巷

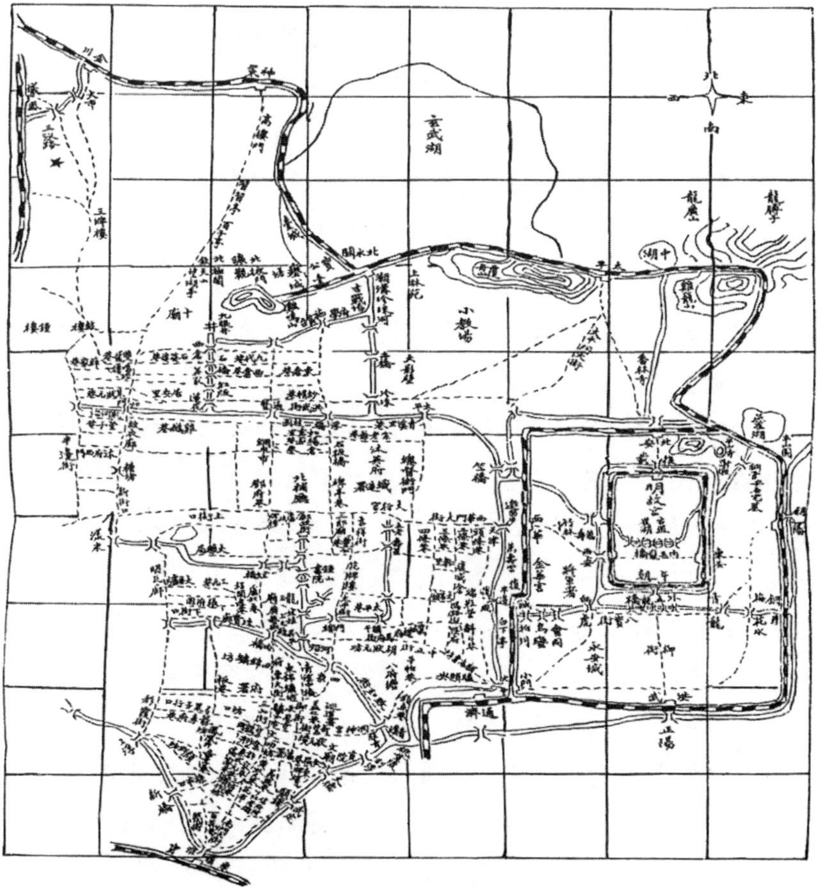

钟南淮北区域图

钓鱼巷

居民住宅小区，东通大中桥起自杨吴城濠入淮处，西至长白街青溪入淮处之淮清桥，长 320 米；南濒秦淮河，北至建康路，宽 50 米，占地面积 1.6 万平方米，建有多层住宅 29 幢。六朝时期，该地处青溪大桥（今淮清桥）东出的句容大路南侧，达官巨宦多择居左右。宋元时期，设立坊里，其址名九曲坊，居者渐众。明初改名善政坊，有顾尚书璘“息园”最著。其巷始名手帕，未几，更名钓鱼巷。明末至有清及民国之数百年间，一直以烟花柳巷之风月场所闻名。民国时期，划为“钓鱼巷”“东钓鱼巷”“西钓鱼巷”三条街巷，且一度改名为“严陵巷”“严陵东巷”“严陵西巷”，时间不长，仍称旧名。1949 年后，彻底废止娼妓，钓鱼巷始真正成为市民聚居区。1986 年，三巷全部拆除，建成居民住宅区，仍名钓鱼巷。2015 年，南侧沿秦淮河岸辟建宽 3 至 4 米的景观小道，散步休闲，堪称佳处。

《建康实录》卷二：青溪大桥，今县东出向句容大路经此桥，东即陈五兵尚书孙玚[孙玚（516—587），字德琏，吴郡吴（今苏州）人。少倜傥，好谋略，博涉经史，尤便书翰。仕梁、陈两朝，历任中军参军、散骑常侍、衡阳内史、东莞太守、巴州刺史、湘州刺史、都督荆、郢、巴、武、湘五州诸军事等。]宅，西即陈尚书令江总[江总（519—594），字总持，济阳考城（今河南民权）人。仕梁、陈两朝，历任参军、主簿、尚书殿郎中、始兴内史、中书侍郎、司徒右长史、祠部尚书、吏部尚书、尚书令等。]宅，与玚对夹青溪，俱在路北。

《景定建康志》卷一六：◇里坊：青溪坊、九曲坊，并在府治东（宋代江宁府治在今三山街王府园处）。◇堰埭：南埭，今上水闸也。王荆公[王安石（1021—1086），字介甫，号半山，抚州临川（今江西抚州）人。庆历二年（1042）进士，任淮南判官、知鄞县。历任舒州通判、常州知府、江东刑狱提点、知制诰、参知政事、同中书门下平章事等，曾三知江宁府，封舒国公，改荆国公。诗文遒劲清新，词风豪气纵横，有《王临川集》等。]赠段约之[段缝(生卒不详)，字约之，上元(今南京)人。至和元年(1054)知永丰县，熙宁(1068—1077)中，以职方员外郎知兴国军。后历任润州知府、泰州知府、阆州通判，以朝散大夫致仕。]诗云："闻君更欲通南埭，割我钟山一半青。"正对今青溪阁。

《景定建康志》卷二一：青溪阁，在府治东北青溪上，本梁·江总故宅，至国朝为段约之宅。有亭曰"割青"，取荆公诗"割我钟山一半青"之句。

《六朝事迹编类》卷七：◇孙玚宅，宅在青溪东，西即江总宅。玚家庭穿筑极林泉之致，歌童舞女，当世罕俦。◇江令宅，陈尚书令江总宅也。今城东段大夫约之宅，正临青溪，即其地也。故王荆公诗云："昔时江令宅，今日段侯家。"此可验也。

《金陵园墅志》：青溪阁，上元段约之郎中缝致仕居青溪所拓者，与苏东坡相唱和。

《洪武京城图志》：◇淮清桥，在大中桥西南一里许，通秦水。◇善政坊，在大中桥西，旧名九曲坊。

《万历上元县志》卷四：◇善政坊，在大中桥西，旧名九曲坊。◇淮青桥，在大中桥西，秦淮与青溪相接处，故名。

《同治上江两县志》卷四：淮青桥，《吕志》：古青溪大桥也。秦淮与青溪相接处，故曰：淮青矣。

《同治上江两县志》卷五：大中桥西南，其斜行曰：善政坊，即青溪九曲坊也。

《白下琐言》卷二：淮清桥桥门，旧有集刘梦得[刘禹锡(772—842)，字梦得，洛阳人。贞元九年(793)进士，历官监察御史，连州、汝州、和州、苏州等州刺史，礼部侍郎、太子宾客、检校礼部尚书等。有《刘宾客集》。]、韦端已[韦庄(836—910)，字端已，长安杜陵(今陕西西安)人。乾宁元年(894)进士，任校书郎、左补阙。后入蜀，王建（847–918，字光图，五代十国前蜀建立者）称帝，历任前蜀国左散骑常侍、判中书门下事、吏部侍郎兼平章事等。卒赠：文靖。有《浣花集》。]句，云："淮水东边旧时月，金陵渡口去来潮。"极称工雅，惜嘉庆己卯（嘉庆二十四年，1819）拆桥重建，此联遂失其旧。

《白下琐言》卷三：淮清桥之东青溪祠，旧祀青溪小姑，南朝甚著灵验……然今则祠额犹旧，仅小屋一楹，塑男子像，优伶祀之，名曰：老郎神。谬妄愈失其真。

《金陵世纪》卷二：◇善政坊，大中桥西。◇手帕巷，善政坊内。

《钟南淮北区域志》：钓鱼巷北口，巷旧名手帕巷，为妓寮麇集之所。顾明经槐三[顾槐三（1785–1851），字秋碧，上元（今南京）人。诸生，幼著文名，不求仕进，长于考据，著有《补五代史·艺文志》《补后汉书·艺文志》，以及校勘宋本《华阳国志》。]居其间，虑冶游者误入，榜其门曰"得过且过日子，半通不通秀才"。想见其风趣也。巷侧临水有御河房，为明武宗[朱厚照（1491–1521），明朝第10位皇帝，年号：正德。在位期间，重用宦官佞臣，掠夺民田，扩建皇庄。好微行，南巡南京，沿途骚扰，及归，途中得病，到京即死。庙号：武宗。]南巡观灯船之所。

《金陵园墅志》：◇息园，在淮青桥东，今改为建康路。上元顾东桥尚书璘[顾璘（1476–1545），字华玉，号东桥，长洲（今苏州）人，寄籍上元（今南京）。弘治九年（1496）丙辰科殿试三甲第155名进士，授广平知县。历任开封知府、全州知府、吏部右侍郎、南京刑部尚书等。]园，即江总宅基。有井字楼，载酒、映月、宜晚三亭，而见远楼高三十丈，八窗轩豁，都城内外，属之一览。清乾隆时，见远楼犹存。◇然松阁，在钓鱼巷，江宁顾秋碧明经槐三所筑者。

《金陵待征录》卷三：息园，有愿贤堂，旁置小舍，延四方之士。有见远楼，高可三十丈，八窗轩豁，都城内外，属之一览。又有映月、宜晚二亭，鳌[金鳌（生卒不详），字伟军，江宁（今南京）人。道光时岁贡生，性亢直，学博洽，著有《金陵待征录》《金陵志地录》《秋花谱》《墨石词》等。]少时，尚见此楼孤耸于菜畦蔬圃间，今圮矣。

顾璘《息园记》：东桥子筑园居室之后，袤五十武，广半损之，中取纤径通步，余尽莳植，以延丛缛。修竹后挺，嘉木前列，周除芳卉美草，期四时可娱。子常曰："迭山郁树，负物性而损天趣，故绝意不为。"中亭曰：爱本，以奉先验封公养天乎！今无及矣。虚窗静几，宜饮宜读。西有"谋道斋"三楹，置诸孙读书于中，占毕可悦耳。旁作"载酒亭"，以待夫问奇来憩者。东有小轩，曰：促膝，诸故人至，解带密坐，谈农圃医药之事，恒至移日。相向为"缘率室"，居则掩视纳息，存吾元和；起则观童子理图史之帙，时寄雅抱，命之曰：息园。其南乃有广圃连数十顷，颇杂池沼屋庐其中，达于青溪，非尽顾氏有。按《志》当为谢尚、江总故宅，今废为墟。

《秣陵集》卷六：明武宗钓鱼处，徐中山东园，一名太傅园，在武定桥东城下，西与旧院邻。王弇州[王世贞(1526—1590)，字元美，号凤洲，又号弇州山人，苏州太仓人。嘉靖二十六年(1547)丁未科殿试二甲第80名进士，授大理寺左丞。历任刑部郎中、山东按察副使、浙江左参政、山西按察使、湖广按察使、广西右布政使、郧阳督抚、应天府尹、南京兵部侍郎、南京刑部尚书，卒赠：太子少保。著有《弇州山人四部稿》等。]《名园记》谓："武宗南幸，于此设钓。"今钓鱼巷得名以此。

《清稗类钞》：钓鱼巷者，明武宗钓鱼之所也，题为古钓鱼巷。桃叶渡在其西，邀笛步在其东，巷尽于此。[注：徐珂(1869—1928)，原名昌，字仲可，杭县(今浙江杭州)人。光绪十五年(1889)举人，曾任商务印书馆编辑，南社成员。著作甚夥，除《清稗类钞》外，尚有《国难稗钞》等10余种。]

《续板桥杂记》：◇自利涉桥以东，为钓鱼巷，迤逦至(东)水关临河一带，亦丽者所居。◇谢玉，字楚楚，本郡人，年十六。肌理玉雪，秀慧绝伦，与其母居钓鱼巷中。◇徐二宝，本郡人，居钓鱼巷之

上街。◊金二，本姓丁，苏州人，居钓鱼巷。[注：珠泉居士（名、字及生卒均不详），俗姓吴，苕南（今浙江湖州）人。怀才未试，漂泊坎坷，曾数度游幕金陵，寄寓秦淮。乾隆四十九年（1784），完成《续板桥杂记》。]

汤显祖《送安卿》：安卿此时三十余，未三十时金陵居。钓鱼巷曲水亭幽，隔水平衢入花里。[注：汤显祖（1550-1616），字义仍，号海若、若士，别号清远道人，临川（今江西抚州）人。万历十一年（1583）癸未科殿试三甲第211名进士，授南京太常寺博士。历官詹事府主簿、礼部祠祭司主事、广东徐闻典史、浙江遂昌知县，万历二十六年（1598）弃官归里，潜心戏剧及诗词。所著《紫钗记》《牡丹亭》《南柯记》《邯郸记》，世称“临川四梦”，最负盛名。另有诗文《玉茗堂全集》。]

《留都见闻录》：钓鱼巷河房数所，皆内监王孙物。己卯岁（崇祯十二年，1639），**归德侯朝宗**[侯方域（1618-1655），字朝宗，归德府（今河南商丘）人。明末诸生，复社中坚。清顺治八年（1651），应乡试中副榜。初精于诗及时文，后肆力于古文，著有《四忆堂诗集》《壮悔堂文集》等。]**偶寓于此，狎一妓。**

《儒林外史》第四二回：一路说着，就到了南京。管家尤胡子接着，把行李搬到钓鱼巷住下。

《官场现形记》第三二回：在钓鱼巷吃花酒，及至到钓鱼巷已经有五点多钟了。[注：李伯元（1867-1906），名宝嘉，字伯元，号南亭亭长，江苏武进人。擅长诗文，无意仕进。在上海先后创办《指南报》，主办《游戏报》《繁华报》，主编《绣像小说》半月刊。著有《官场现形记》《文明小史》《中国现在记》《海天鸿雪记》等。]

《画舫余谭》：◊今之钓鱼巷，犹明之珠市。珠市，人不屑居之，而间有佳丽，钓鱼巷亦然。钓鱼巷郑家水榭，以事入官，后久无赁者。◊张喜子，扬州人，先居钓鱼巷，所谓欢喜团者也。[注：车持谦（1778-1842），字子尊，号秋舲，笔名捧花生，上元（今南京）人。诸生，博洽嗜古，尤长史学。著有《秦淮画舫录》《画舫余谭》《三十六春小谱》《顾亭林年谱》《金石丛话》等。]

《续板桥杂记》:◇谢玉,字楚楚,本郡人。年十六,肌理玉雪,秀慧绝伦,与其母居钓鱼巷中。◇徐二宝,本郡人,居钓鱼巷之上街。◇金二,本姓丁,苏州人。居钓鱼巷,艳名颇著。

《白门新柳记》:◇如意,广陵人,居钓鱼巷之西。◇小素贞,六合人。年十四,随母来金陵,居钓鱼巷之秦二家。

《同治上江两县志》卷五:钓鱼巷,旧有木匠坊、饮酒亭,洪武中立,今废。见《南都察院志》。

《秦淮闻见录》:奚茜红校书(旧时歌伎、乐伎之雅称),名翠娘,居钓鱼巷。[注:雪樵居士(生卒不详),道光时期(1821—1850),钟山白云寺僧,上元(今南京)人。著有《秦淮闻见录》《青溪风雨录》《雪樵诗集》等。]

《秦淮感旧集》:◇利涉桥以东、大通(中)桥以西,为钓鱼巷。沿河一带妓家鳞次,有河房以供游讌。◇秦淮夏令水涨,钓鱼巷全成泽国。◇曾忠襄(国荃)镇金陵时,幕僚招櫂纳贿,多在钓鱼巷妓馆。[注:苹梗(生平不详),《秦淮感旧集》最初发表于1910年《小说时报》第4、5期。]

《秦淮画舫录》:◇刘心官,一字素香,态秾意远,卓荦不群。先寓朱四家,既乃僦居钓鱼巷东。◇胡宝珠,字瘦月,吴门人。年十六、七,居钓鱼巷。◇张畹香,行七,居钓鱼巷中。◇董秀,董二宛卿女,行六,年十六、七,先居钓鱼巷。◇张福玲,年可二十,号月舫,城中花牌楼人,家钓鱼巷中。◇王月痕,或曰:姓郑,郡中人。曩在冯三多家,名玉琴。移居东钓鱼巷。

《三十六春小谱》:◇胡四喜,住钓鱼巷西。◇胡宝龄,住钓鱼巷西。◇史喜龄,寓钓鱼巷东。◇王喜龄,寓钓鱼巷东。

《秦淮广纪》卷二之七:陈擘珠,字云仙。年及破瓜,情殷记豆,居钓鱼巷河房。

樊增祥《钓鱼（巷）行》：秦淮画舫暖围春，时有渔郎来问津。闲坐河房思误字，钓衡谁是钓鱼人。［注：樊增祥（1848－1931），字嘉父，号云门，别字樊山、天琴，湖北恩施人。光绪三年（1877）丁丑科殿试二甲第44名进士，授翰林院庶吉士。散馆，任陕西宜川、渭南等县知事，后历官陕西布政使、江宁布政使、署理两江总督等。善诗，工于文牍，有《樊山全书》。］

《秦淮志》卷一〇：光绪中叶以后，秦淮妓家，大抵聚处，且皆羼集于淮清桥下之钓鱼巷。

《新都胜迹考》：大中桥西，利涉桥东，为东、西钓鱼巷，旧妓院集中之处。

《首都志》卷二：钓鱼巷、东钓鱼巷、西钓鱼巷，现有警厅钓鱼巷分所；旧有木匠坊、饮酒亭，洪武中立，今废。见《南都察院志》。

《金陵杂志续集》：前清妓女，只有钓鱼巷一处。

《新都游览指南（民国）》：◇秦淮河，过大中桥，向西南折，左（右）岸为钓鱼巷，前为妓院聚集之所。◇红十字会分会，地址：钓鱼巷；电话号数：109。

《新南京（民国）》：医师宣鹤吉，开业地点：手帕巷8号。

《旅京必携》：◇钓鱼巷，由复成桥鼓桨而南，过大中桥西折，左（右）岸为钓鱼巷，昔乃妓院聚集之所。◇民治报社，每日出版，地址：西钓鱼巷34号。◇第四警察局第三分驻所，地址：钓鱼巷；电话：23964。◇艾善濬律师，住址：东钓鱼巷。

《南京游览指南（民国）》：东钓鱼巷，改正名称：严陵东巷；西钓鱼巷，改正名称：严陵西巷。

《民国会社党派大辞典》：◇南京戏剧音乐协进会。1935年9月9日组织成立，1947年1月在南京改组为南京市戏剧人员协会。会址设在南京东钓鱼巷27号。◇安徽省绩溪县旅京同乡会。1947年9月在南京成立，会址设在南京手帕巷1号。

《金陵十记》:妓院,公开设在东西钓鱼巷,望门比户,俨然大户模样。此辈交纳花捐,得到军警保护。

《南京当代风采》:1953 年 4 月 12 日,为全面解决娼妓问题,市政府做出“取缔妓院,解放妓女”的决定。对妓主、妓媒也根据不同情况分别做出了相应的处理,至此旧社会遗留下来的公开的娼妓活动在本市绝迹。

《南京地名大全》:钓鱼巷,位于建康路东段南侧,东、南、西三面临内秦淮河。北起建康路,南至内秦淮河,《明代南京城图》、清《同治上江两县志》均载有钓鱼巷名。民国《首都志》亦载称钓鱼巷, 1949 年后有所发展,曾有“钓鱼巷”“东钓鱼巷”“西钓鱼巷”之称。1986 年,三巷拆除合建为居民区,仍以“钓鱼巷”巷名命居民区名。传明武宗朱厚照曾在此钓鱼,巷因以为名。明《南都察院志》载:“旧有木匠坊、饮酒亭,洪武中立,今废。”清至民初为妓院集中地。

《秦淮地名概览》:钓鱼巷,位于建康路东段南侧,东、南、西三面临内秦淮河。北起建康路,南至内秦淮河,明《明代南京城图》、清《同治上江两县志》《首都志》均载有钓鱼巷名。1986 年,三巷拆除合建为居民区,仍以“钓鱼巷”巷名命居民区名。有 24 幢 7 层、5 幢 8 层住宅楼。

桃叶渡

位于青溪入淮口西侧,东北起淮清桥西堍,西南至姚家巷南口,与贡院街相接,长 100 米,石板路面。该地始名于六朝,相传东晋王献之接送爱妾桃叶于此,故名。古代送别之所,亦称南浦渡。唐宋元明以降,文人骚客,多有题咏。清代,渡口西建利涉桥,遂使小巷渐成繁华,商铺鳞次栉比,宅院隐于左右,名列“金陵四十八景”之一。民国时期,因地处夫子庙周边,商业亦甚繁茂。1958年,利涉桥拆除。1987年,在利涉桥北堍遗址处建“古桃叶渡”及双亭。1997年,该巷西侧全部拆建成6幢多层居民住宅楼。2003年,沿河一侧扩建为“桃叶渡遗址公园”。2011年,跨青溪丁字帘建“桃叶桥”。现为秦淮区文物保护单位。

《六朝事迹编类》卷五:桃叶渡,《图经》云:在县南一里秦淮口。桃叶者,晋王献之[生平见《文正桥》条目下注释]爱妾名也。其妹曰桃根,献之诗曰:“桃叶复桃叶,渡江不用楫。但渡无所苦,我自迎接汝。”不用楫者,谓横波急也。尝临此渡歌送之。杨修之[杨备(生卒不详),字修之,建平(今安徽郎溪)人。荫补入官,自天圣初(1023)至嘉祐末(1063),历任虞部员外郎、长溪令、华亭令、恩州知府、虞部郎中知广德军、大理寺丞等。著有《姑苏百题诗》《金陵览古诗》。]有诗云:“桃叶桃根柳岸头,献之才调颇风流。相看不语横波急,艇子翻成送莫愁。”

《金陵百咏》:桃叶渡,一名南浦渡,《金陵览古》:在秦淮口。裙腰芳草抱长堤,南浦年年怨别离。水送横波山敛翠,一如桃叶渡江时。

辛弃疾《祝英台近·晚春》:宝钗分,桃叶渡,烟柳暗南浦。怕上层楼,十日九风雨。断肠片片飞红,都无人管,更谁劝、啼莺声住? 鬓边觑,试把花卜归期,才簪又重数。罗帐灯昏,哽咽梦中语:是他春带愁来,春归何处?却不解、带将愁去。[注:辛弃疾(1140—1207),字幼安,号稼轩,齐州历城(今山东济南)人。绍兴三十二年(1162)南下归宋,初任江阴佥判、建康通判、知滁州,历任湖北、江西、湖南、福建、浙东等地安抚使。嘉泰四年(1204),出知镇江府。开禧三年(1207),进枢密都承旨,未受命而卒。现存词600多首,有《稼轩长短句》。]

《至正金陵新志》卷四:桃叶渡,在秦淮口。桃叶,本王献之爱妾名，其妹曰桃根。献之诗曰："桃叶复桃根，渡江不用楫。"谓横波急也，歌以送之此渡。

《金陵选胜》卷六：桃叶渡，在秦淮口。桃叶，王献之妾名，与其妹渡江，风急，王以诗送之，云："桃叶复桃叶，渡江不用楫。"此正可对莫愁湖，金陵两女子（指桃叶、莫愁二人）不翅与王、谢诸君竞爽，江左风流，千载如画。

《万历上元县志》卷四：桃叶渡，在秦淮口。接龙光河（在今内桥以北，即南唐宫城护龙河），本王献之妾名，诗"桃叶复桃叶，渡江不用楫"，此渡处也。本朝陈芹[陈芹（生卒不详），字子野，号横崖，上元（今南京）人。为安南国（今越南）王后裔，先祖自永乐年间避战乱来中国，遂入籍南京。擅画能诗，书画，古雅畅达；诗歌，妍媚洒脱。]诗："献之当年宠桃叶，桃叶渡江自迎接。云容难比美人衣，花艳争如美人颊。王令风流旧有声，千年古渡袭佳名。渡头春水年年绿，桃叶桃花伤客情。"

《客座赘语》卷二：桃叶渡，在武定桥之东，而大令（即王献之）有渡江迎接之歌，知其家于此也。

徐渭《桃叶渡》：书中见桃叶，相忆如不死。今过桃叶渡，但见一条水。忆渡桃叶时，绿杨娇粉面。丈水五石泥，好影照不见。[注：徐渭（1521—1599），字文长，号天池山人、青藤道士，山阴（今浙江绍兴）人。屡试不第，工诗文，擅书画，其草书与水墨画别具一格，为明清书画家所宗。亦写杂剧，有《徐文长全集》《南词录》等。]

《留都见闻录》：桃叶渡河房，皆旧家物，近为山东王户部所买。荒岁穷冬，大兴土木，自非计臣筦差者不能为也。

《壮悔堂文集》卷五：侯生（即侯朝宗）下第，姬（即李香君）置酒桃叶渡，歌《琵琶词》以送之。[侯方域（1618—1655），字朝宗，归德府（今河南商丘）人。明末诸生，复社中坚。清顺治八年（1651），应乡试中副榜。初精于诗及时文，后肆力于古文，著有《四忆堂诗集》《壮悔堂文集》等。]

《露书》：◇朱馥，名无瑕，字泰玉，桃叶妓，工楷书、画兰，能诗。◇马如玉，桃叶妓，诗奕奕有致，国华王孙社中人也。◇李贞丽，字淡如，桃叶妓，工书画，著《韵芳集》。◇沙嫩，名宛在，字未央，桃叶妓，善管弦，著《蝶香集》。

《板桥杂记》：柳敬亭[柳敬亭(1587–1678)，本姓曹，后易姓柳，名逢春，字敬亭，祖籍通州，生于泰州。少时因罪遭捕，遇救获释，改名换姓，师事艺人莫后光，习讲评书。所演多为历史故事，风格独特，细腻生动，尤擅《水浒传》。天启(1621–1627)中，寓居南京。成名后，风靡大江南北。]说书，或集于二李家，或集于眉楼。眉楼，在青溪、桃叶间。

《续板桥杂记》：◇桃叶渡，在青溪曲处，渡头坊表，金碧焕如。每当夕照西沉，酒舫喧阗，与竞渡声相同。◇郭三，名心儿，丹阳人。年十九，移家金陵之桃叶渡。◇周四，又称梁四，苏州人。年逾三十，风韵犹存，善弹琵琶，名著青溪桃叶间。

郑板桥《念奴娇·桃叶渡》：桥低红板，正秦淮水长，绿杨飘撇。管领春风陪舞燕，带露含悽惜别。烟软梨花，雨娇寒食，芳草催时节。画船箫鼓，歌声缭绕空阔。　究竟桃叶桃根，古今岂少，色艺称双绝。一缕红丝偏系左，闺阁几多埋灭。假使夷光，苧萝终老，谁道倾城哲。王郎一曲，千秋艳说江楫。[注：郑燮(1693–1765)，字克柔，号板桥，兴化人。乾隆元年(1736)丙辰科殿试二甲第88名进士，授范县知县，调潍县知县。后辞官客居扬州，卖画为生。其诗书画，世称“三绝”，有《郑板桥全集》。]

《秣陵集》卷二：桃叶渡，在秦淮，晋王献之迎妾桃叶渡江处，其地在今利涉桥。

《儒林外史》第三六回：他(杜少卿)现住在利涉桥河房里。

《白下琐言》卷二：利涉桥侧有牌楼，题“桃叶渡”三字。

《金陵待征录》卷三：方尔止[方文(1612–1669)，字尔止，号嵞山，安徽桐城人。明末诸生,入清不仕,以卖卜、行医或充塾师为生。寓居南京桃叶渡,著有《畲山集》。]宅,在桃叶渡。尔止继娶汪公伟[汪伟(?–1644),字叔度,一字长源,安徽休宁人,寄籍江宁。崇祯元年(1628)戊辰科殿试三甲第247名进士,授慈溪县令,累官至翰林院检讨、充东宫讲官。甲申(1644)春,兵燹,自缢成仁,赠少詹事,谥:文烈。]女,用医卜自活。为人负气任放,白眼权贵,著《畲山集》,女夫王概[王概(1645–1710),字东郊、安节,秀水(今浙江嘉兴)人,寓居南京。清初著名画家,善山水,亦工人物、花鸟,笔墨精妙,笔法苍劲。著有《芥子园画谱》《画学浅说》等。]为之梓行。

王士祯《游摄山记》:祖堂(山)归之次日,稍息桃叶渡水阁。廿一日晨起,天色阴霁相半,尔止(即方文)至,遂行。[注:王士祯(1634–1711),原名士禛,字子真、贻上,号阮亭、渔洋山人,新城(今山东桓台)人。顺治十五年(1658)戊戌科殿试二甲第36名进士,授扬州推官。历任礼部主事、户部郎中、翰林院侍讲、侍读入值南书房、国子监祭酒、刑部尚书等。以诗受知,为清初诗坛正宗。好为笔记,著有《池北偶谈》《香祖笔记》《古夫于亭杂录》《带经堂集》《渔洋精华录》《渔洋诗话》等。谥:文简。]

《金陵四十八景》第二十二景:桃渡临流,是渡也,在利涉桥西,乃秦淮之支流。因王献之妾而得名,桓伊邀笛步去此不远。昔年游舫鳞集、笙歌达旦,想见升平景象。今则荟萃于东关头一带,而盈盈碧水依然如故,惜乎风流人远矣。

《秦淮画舫录》:◇艾龄,姓赵,吴人,家临桃叶渡头。◇金珠,行二,字佩香,姓沈氏,吴中人。其妹寿龄,同住利涉桥口双桂堂。

《画舫余谭》:◇泰源、德源、太和、来仪各酒楼,早已乌有。近唯利涉桥之“便意馆”,及淮清桥河沿之“新顺馆”,最为著名。别有“金翠河亭、一品轩”诸处,大半伧劣,不足下箸。新顺,盖吴人盘馔,极丰腆;而扣肉、徽圆、荷包蛋、咸鱼、焖肉、煮面筋、螺羹,以及酒碟之鲜洁、酒味之醇厚,皆无有高出便意者。◇姚家巷、利涉桥、桃叶渡头，多苏州人开列星货铺，所鬻手绢、鼻烟、风兜、雨伞、纱绉衣领、皮绒衣领、棠木屐、重台履、香裹肚、洋印花巾袖、云肩、油衣、结子荷包、绊丝荷包、珊瑚荷包、珍珠荷包、结子扇套、绊丝扇套、珍珠扇套、妆花边、绣花边、金彩鬼子栏杆貂勒、缎勒、义髻、闹妆、步摇、流苏、袅朵之类，炫心夺目，闺中之物，十居其九。◇茶食店，以利涉桥之阳春斋、淮清桥之四美斋为上。

《白门新柳记》：◇兵燹以来，旧院遗址，无可寻觅，即从前利涉桥、文德桥一带，所谓“丁字帘前落日放船好”诸名胜，亦皆鞠为茂草。◇妙红，字韵秋，金陵人。幼时随母避乱海陵，壬申季秋，回金陵，居桃叶渡之东舍。◇绮香，又字绮卿，毗陵人。近寄寓于莫愁、桃叶间。［注：许豫（生卒不详），字养和，海阳（今山东海阳）人。同（治）光（绪）时，流寓秦淮，同治十一年（1872）作《白门新柳记》。其友黄协埙（1851—1924）为该书题词，中有“阅尽秦淮两岸秋，山温水软足风流”句。］

《秦淮广纪》卷二之五：桃叶寿，住桃叶渡口，许姓，知名最早。

黄协埙《寻桃叶渡故址》：旧游如梦复如尘，携屐重来蹋绿茵。向晚雨丝风片里，有人闲话六朝春（六朝春，茶肆名）。　心字湖中暮霭微，淮青桥外荡舟归。欲从渡口寻桃叶，惟见鸡鶒掠水飞。［注：黄协埙（1851—1924），原名本铨，后易名协埙，字式权，号梦畹，别署鹤窠树人、海上梦畹生、畹香留梦室主，南汇（今上海）人。博学工诗，尤长骈文。先后主笔《申报》二十年，曾任总编纂，有《鹤窠树人初稿》《黄梦畹诗抄》等。］

《金陵胜迹志》卷二：◇桃叶渡。其地昔在秦淮利涉桥，今移于淮青桥、利涉桥之间。◇利涉桥。一名红板桥，昔桃叶渡也。邑人金云甫居渡口，见渡者多溺，捐建木桥。太守李正茂（生平见《文正桥》条目下注释）名曰“利涉”。后又倡募改石，其后重建，复易以木。道光十九年（1839）重修，朱绪曾（生平见《平江桥》条目下注释）有记。同治十年（1871），署总督何璟（生平见《文正桥》条目下注释）重建。

《秦淮感旧集》:◇桃叶渡,在利涉桥旁。◇薛文仙,颀身玉立,跌宕风流,美貌之名喧传于青溪、桃叶间。

《白门食谱》:◇桃叶渡"全鹤美"醉蟹。其制法,闻醉之先,亦慎加选择,而去其不适用者,方依法醉之。待醉至适当之时,始行出售,故肉透而嫩鲜,恰到好处。他处所售者,恒无此佳品焉。◇利涉桥"迎水台"油酥饼。迎水台,紧依利涉桥,却丁字帘前咫尺。一湾碧水,时载歌声而来。登此台品茗,亦大佳也。而主人又善治油酥饼,饼厚而酥,以猪油煎成,味香而面酥,油滋而不腻,耐人索味。与道署街(今瞻园路)之教门馆以麻油煎饼薄而脆者,同为美品,皆能教人食不厌也。

陈三立《桃叶渡夜泛》:袅袅柳边棹,离离月下人。衣香回一水,酒思映千春。初雁明河见,凉蝉画阁新。江南肠断夜,携手竟谁陈。《集利涉桥水亭》:桥外楼台丝柳长,没篙新涨浴鸳鸯。贞元朝士还相见,为汝闻歌泣数行。[注:陈三立(1853—1937),字伯严,号散原,江西义宁(今修水)人。光绪十五年(1889)己丑科殿试三甲第45名进士,授翰林院编修。散馆以吏部主事至湖南参与维新,后被革职,永不叙用。光绪二十六年(1900)举家移居南京,直至1931年离宁。工诗文,为"同光诗坛"魁首,有《散原精舍诗》《散原精舍文集》等。]

《金陵杂志》:◇桥梁志:淮清桥,在察院(即今建康路中段);利涉桥,在石坝街(桥南堍临石坝街)。◇慈善事业志:永济水龙局,在淮清桥;有尚水龙局,在利涉桥。◇客栈志:临淮旅馆,在利涉桥旁;第一旅馆,在利涉桥口;海洞春,在姚家巷口。◇茶馆志:迎水台,在利涉桥;问渠,在桃叶渡。

《南京游览指南(民国)》:◇万全菜馆,城内利涉桥,电话733;◇海洞春旅菜馆,城内利涉桥,电话168;◇秦淮池(浴室),城内利涉桥,电话722。

《新都游览指南(民国)》:◇老宝新教门馆(清真),地址:桃叶渡,电话74;◇又益处川菜馆,地址:利涉桥;◇停舟买醉轩(菜馆),地址:桃叶渡。

《新南京(民国)》:◇松鹤楼菜馆,地址:利涉桥;电话:23231。◇万全菜馆,地址:利涉桥;电话:21290。◇觉林蔬食部,地址:淮清桥,电话:23911。◇老宝新菜馆,地址:桃叶渡;电话:21325。◇秦淮池浴堂,地址:利涉桥;电话:22444。

《旅京必携》:◇桃叶渡,由夫子庙东行,至利涉桥边,当青溪入秦淮之口。巷中以前有横小木坊,题曰"古桃叶渡"四字,相传为晋王子敬迎其妾桃叶渡江处也。◇祥麟马汽车行,地址:利涉桥;电话号码:21087。◇万全菜馆,地址:利涉桥;电话号码:21290。◇松鹤楼菜馆,地址:利涉桥;电话号码:23231。◇老宝新菜馆,地址:桃叶渡;电话号码:21325。◇峨眉酒家,地址:利涉桥;电话号码:23391。◇陶荣昌号卷烟店,地址:利涉桥。

《金陵十记》:桃叶渡口,有家万全酒家,因为清末名士薛时雨[薛时雨(1818–1885),字慰农、澍生,晚号桑根老农,安徽全椒人。咸丰三年(1853)癸丑科殿试二甲第94名进士,授嘉兴知县,累官至杭州知府。去官后,先后主讲杭州崇文书院,江宁尊经、惜阴两书院。能诗善词,有《藤香馆集》。]曾在此题过"停艇听笛"四字横幅,佳话遍传,蜚声金陵。国民党要人如谭延闿(1880–1930)、于右任(1879–1964)等,常为万全座上客,聚文会友,人传盛事。

《秦淮区志》:利涉桥,遗址在贡院街东面的古桃叶渡畔,光绪二十年(1894)重造。1958年,利涉桥因破损严重被拆除。

《南京地名大全》:桃叶渡,位于夫子庙东北,淮清桥南侧。南起贡院街东端,北至建康路淮清桥西口。相传东晋大书法家王献之常在此迎送爱妾桃叶,故名。

《秦淮地名概览》：◇桃叶渡，位于夫子庙以东、淮清桥西南侧，西起贡院街东端，东至建康路淮清桥西口，长 120 米，宽 8 米，青石板路面。巷因近桃叶渡口而得名桃叶渡，一名南浦渡。◇利涉桥。原址位于夫子庙贡院街东端，紧邻古桃叶渡，为石墩木桥。据清·金鳌《金陵待征录》记载，清顺治三年（1646），孝陵卫人金云甫见渡者多溺，捐建木桥，太守李正茂提名“利涉”。康熙年间，改为石桥。金云甫逝世后，桥下建阁，称“金公祠”，以志纪念。道光中，曾修缮，朱绪曾作记。同治十年（1871），总督何璟重建，为石墩木桥。1958 年，桥圮，拆除无存。◇桃叶渡遗址（公园）。位于夫子庙东端淮清桥南畔、秦淮河与青溪交汇处，为古代著名渡口，又名南浦渡。相传东晋书法家王献之常在此渡口迎接爱妾桃叶，遂由此得名。“桃渡临流”先后名列“金陵四十景”、“金陵四十八景”。1987 年，在桃叶渡遗址北岸建“古桃叶渡”石牌坊及套亭各 1 座。2003 年，扩建为桃叶渡遗址公园，东起淮清桥，沿秦淮河北岸，西至平江桥，总面积约 5000 平方米。公园以六朝文化为主题，建有诗碑廊，镌刻历代文人墨客所作有关桃叶渡的诗词，并复建了桃叶古渡、邀笛步、停艇听笛等景点。现为秦淮区文物保护单位。◇桃叶渡小区。位于淮清桥西南侧，东至桃叶渡，西至姚家巷，北至建康路，南至贡院街，有多层住宅楼 6 幢。1997 年建成。◇桃叶桥。位于淮清桥以南、文正桥西北，跨青溪丁字帘，桥东长白街，桥西桃叶渡。始建于 2011 年，单孔石拱桥，青石桥栏，娟秀灵动，堪称“渡江不用楫”。

贡院街

位于内秦淮河北岸、夫子庙及江南贡院以南，东接桃叶渡，西至东牌楼，长620米，历史悠久，人文丰厚，是南京著名古街巷之一。六朝时期，其地为宫城宣阳门(南门)至朱雀桥间夹路御道(朱雀街)南端东侧的衙署聚集之所。宋代，文庙、府学、贡院，先后建于街北，地属状元坊。元代，庙、学依旧，贡院改作东织染局。明清时期，街道宽整，初名东西街，亦名庙前街、贡院前街，终名贡院街。文庙、府学、贡院，均沿袭宋制，唯太平天国时贡院改作粮仓。及至清末民初，废除科举，文庙、府学、贡院，均相继废止，文庙、府学变身为夫子庙游乐场所，贡院则全部改作市场，仅存贡院街名至今。民国时期，贡院街上茶馆酒楼、戏院舞厅，比邻而设，热闹非凡。新中国成立后，复经多次整治维修，面貌焕然。"文革"时期，改名人民街，1973年恢复原名。改革开放后，贡院街得到彻底翻新，成为秦淮风光带夫子庙景区内一条亮丽的步行风景线。

《吴都赋》：列寺七里，侠栋阳路。屯营栉比，廨署棋布。李善[李善(630-689)，江都(今扬州)人，有雅行，淹贯古今，不能属辞，人称"书簏"。显庆年间(656-660)，先后任秘书郎、崇贤馆直学士兼沛王侍读、潞王府记室参军、泾城令等。有《昭明文选注》《汉书辩惑》。]注云：吴自宫门南出苑路，府寺相属，侠道七里也。[注：左思(250-305)，字泰冲，亦作太冲，齐国临淄(今山东淄博)人。勤学善诗，辞藻壮丽。泰始八年(272)，任秘书郎，举家迁居洛阳。此后，构思十年，始成三都(魏、蜀、吴)之赋，一时洛阳为之纸贵。有《左太冲集》]

《舆地志》卷一五：京城夹路，自宫门至朱雀桥作夹路，筑墙，瓦覆，或作竹篱，使男女异行。[注：顾野王(519-581)，字希冯，吴郡吴县(今江苏苏州)人。博通经史，擅长丹青。仕梁，任太学博士；仕陈，历国子博士、黄门侍郎、光禄大夫等。太建十三年(581)卒，诏赠秘书监、右卫将军。著有《舆地志》《玉篇》等。]

《景定建康志》卷一六：朱雀街，按《宫城记》："自宫门南出夹苑路,至朱雀门七八里,府寺相属。”《舆地志》云:“朱雀门北对宣阳门,相去六里,名为御道。夹开御沟,植柳环济。”《吴纪》曰:“天纪二年(278),卫尉岑昏[岑昏(?-280),三国东吴末年位至九卿的宦官佞臣,好兴土木,民不堪命。天纪四年(280),晋军攻破建业前夕,群臣愤起诛而碎其尸。]表修百府,自宫门至朱雀桥,夹路作府舍。又开大道,使男女异行。夹道皆筑高墙瓦覆,或作竹藩。”

《景定建康志》卷二八:儒学志一,本朝兴崇府学。雍熙(984-987)中,有文宣王庙,在府西北三里冶城故基。天圣七年(1029),丞相张公士逊[张士逊(964-1049),字顺之,均州阴城(今湖北老河口)人。淳化三年(992)进士,授郧乡县主簿,除射洪县令。历官江南转运使、侍御史、礼部尚书、刑部尚书、同中书门下平章事、集贤殿大学士等,拜太傅,封邓国公。卒赠:太师、中书令,谥:文懿。]出为太守,奏徙庙于浮桥东北,建府学,给田十顷,赐书一监。景祐(1034-1037)中,陈公执中[陈执中(990-1059),字昭誉,洪州南昌(今江西南昌)人。袭父荫为秘书省正字,迁卫尉寺丞、知梧州,后历知江宁府、扬州、永兴军等。累官同知枢密院事、参知政事、同平章事兼枢密使、镇海军节度使等,以司徒致仕,卒年七十,谥:恭。]又徙于府治(宋代建康府治在今三山街东北王府园锦绣坊一带)之东南,即今学基,建炎(1127-1130)兵毁。绍兴九年(1139),叶公梦得[叶梦得(1077-1148),字少蕴,号石林居士,吴县(今苏州)人。绍圣四年(1097)进士,授丹徒尉。历官尚书左丞、江东安抚制置使兼建康知府、行宫留守、资政殿大学士、福建安抚使兼福州知府等。晚年隐居湖州弁山石林,故号石林居士,以读书吟咏为乐,有《石林燕语》《石林词》《石林诗话》等。]更造学,援西京例,奏增置教官一员。淳熙四年(1177),刘公珙[刘珙(1122-1178),字共父,崇安(今福建崇安)人。以荫补承务郎,登进士乙科,监绍兴府都税务。历任礼部郎官、大宗正丞、秘书少监、衢州知府、湖南安抚使知潭州、翰林学士、知制诰兼侍读、同知枢密院事、荆襄安抚使、江东安抚使、建康知府、行宫留守、观文殿学士等,卒赠:光禄大夫，谥：忠肃。］重修。庆元二年（1196），张公杓［张杓（1136-1205），字范夫，汉州绵竹（今四川绵竹）人。抗金名将张浚（1097-1164，字德远）次子，荫补承议郎、成都府路提点刑狱。历官湖北提举常平茶盐司奉议郎、饶州知府、衡州知府、浙西提举、两浙运判、两浙运副知临安府、大理寺卿、浙东安抚使、镇江知府、建康知府、刑部侍郎等。］建阁以奉御书，阁下为“议道堂”，稍重释奠礼仪，储典籍，增既廪，文风大振。淳祐初年（1241），别公之杰［别之杰（1174-1253），字宋才，郢州（今湖北钟祥）人。嘉定二年（1209）进士，授太府寺主簿，历官京西安抚司参议官、将作监丞、沣州知州、德安知府、湖北安抚副使、京湖制置副使、太平州知州、沿江制置使兼建康知府、兵部尚书、同知枢密院事、资政殿学士、湖南安抚使知潭州、参知政事等，卒年八十，赠：少师。］增修学宇。六年（1246），赵公以夫［赵以夫（1189-1256），字用父，号虚斋，长乐（今福建长乐）人。嘉定十年（1217）进士，初知监利县，历官漳州知州、邵武知府、枢密院都承旨兼国史院编修官、沿海制置副使知庆元府、建康知府、平江知府等，以资政殿学士致仕。］即命教堂更名“明德”。增造两廊，以妥从祀。十年（1256），吴公渊［吴渊（1190-1257），字道父，号退庵，宣州宁国（今安徽宣城）人。嘉定七年（1214）进士，调建德县主簿，历官浙东制置使司干办、知扬子县兼淮东转运司干办、真州通判、将作监丞、秘书丞兼刑部郎官、浙西提点刑狱、镇江知府、太府少卿、工部侍郎、江西安抚使兼转运副使知江州、兵部尚书、浙西两淮发运使兼知平江府、沿江制置使兼江东安抚使知建康府、资政殿大学士、福建安抚使知福州、参知政事等，初封金陵侯，后改金陵公，卒赠：少师。］列祠先贤，增学廪，创义庄。宝祐（1253-1258）中，马公光祖（生平见《武定桥》条目下注释）兴学校，举孝廉，集周汉以来名贤赞而祠之，士气兴焉。

大成殿，在棂星门北、戟门内。从祀位在两廊，旧礼器漆绘竹木为之。宝祐二年（1254），王公埜［王埜（?-1260），字子文，号潜斋，婺州金华（今浙江金华）人。嘉定十三年（1220）进士，初入潭帅真德秀（1178-1235，字景希）幕下，后摄邵武县事。历官枢密院编修兼检讨、两浙转运判官、江西转运副使知隆兴府、镇江知府、沿江制置使、江东安抚使知建康府兼行宫留守、端明殿学士签书枢密院事，封吴郡侯。景定元年（1260）卒。]置新礼器，尊罍勺爵，簠簋坫豆，皆造以锡，定陈器，实馔仪，为一图。春秋上丁释奠，则舒于殿前，以示执事。

御书阁，在明德堂后。

讲堂，即明德堂。虚斋，赵公以夫所更也。

议道堂，在御书阁下。

正录位，在明德堂之左。

直学位，在东廊之首。

诸职事位，在明德堂之右。

斋舍。东序三斋，曰“守中”、曰“进德”、曰“说礼”；西序三斋，曰“常德”、曰“育材”、曰“兴贤”。又一斋，曰“由义”，在职事位之后。

直舍，二所，在议道堂。

新祭器库，在大成殿前，东廊之南。

旧祭器库，在御书阁之东偏。

客位，在西侧门里。

公厨，在东序后。

学廪，在西序后。

义庄仓，在议道堂后西偏。

射圃，在义庄仓之西，有亭，名“绎志”。

《景定建康志》卷三二：儒学志五，贡院。建康府贡院，在青溪之南，秦淮之北，即蔡侍郎宽夫[蔡居厚（1060—1125），字宽夫，临川（今江西抚州）人，熙宁八年（1075），随父举家徙居金陵。绍圣元年（1094）进士，授太常博士。历官吏部员外郎、右正言、起居郎、右谏议大夫、户部侍郎，历知秦州、沧州、应天等州府。宣和七年（1125），由户部侍郎改知青州，以病不赴任，回金陵宅邸,未几,罹背疽卒。]宅旧址也。乾道四年(1168),留守史公正志[生平见《镇淮桥》条目下注释]建。绍熙三年(1192),留守余公端礼[余端礼(1135-1201),字处恭,衢州龙游(今浙江衢州)人。绍兴二十七年(1157)进士,授湖州乌程令。历官监察御史、大理寺少卿、吏部侍郎、太平知州、焕章阁直学士、通议大夫、江东安抚使知建康府、吏部尚书、同知枢密院事、右丞相、左丞相,终以观文殿大学士提举洞霄宫。卒授:少保、郇国公,赠:太傅,谥:忠肃。]修而广之。嘉定十六年(1223),端礼之子嵘[余嵘(1162-1237),字景瞻,衢州龙游(今浙江衢州)人。淳熙十四年(1187)进士,授饶州安仁县主簿。历官江西转运司干办公事、大宗正丞兼右曹郎官、太常寺少卿、礼部侍郎、工部尚书,嘉定四年(1211),任赴金贺生辰使,出使金国。嘉定十五年(1222),以朝散大夫、焕章阁待制、沿江制置使、江东安抚使知建康府兼行宫留守。后以龙图阁学士、光禄大夫致仕。卒赠:少师,谥:壮敏。]为守,撤而新之,为屋百有十楹。

《景定建康志》卷一六:状元坊二,一在御街左、东锦绣坊南;一在府学南。

《至正金陵新志》卷六:东织染局,至元十七年(1280),于城东南隅前宋贡院立局。

《至正金陵新志》卷九:路学。建康路自至元十二年(1275)归附,因前宋府学差官主教。寻设教授,又设江东道儒学提举司,居前宋教授东厅,今为仓及学录廨;西厅为教授厅、学正所居,即宋射圃。至元三十一年(1294),诏学校之设。大德四年(1300)秋八月,庙学灾,惟尊经阁及二教授厅存。五年(1301),行台大使彻理公[彻理(1260-1306),蒙古燕支吉台氏,家居徐州。历任御史中丞、福建行省平章政事、江南诸道行台御史大夫、江浙行省平章政事、中书平章政事等,卒封:武宁王、徐国公。]首与僚属谋,劝谕巨姓出私钱,创建正殿。郡人王进德[王进德(生卒不详),字仁甫,建康(今南京)人。急公好义,大德五年(1301),出钱7万余缗以构郡学讲堂、置礼器。又于至治元年(1321)买宅一区,割田900

亩，于建康城内永安坊盐仓街创建江东书院。]**独建讲堂。七年(1303)，总管陈元凯**[陈元凯(1230-1307)，字时举，冀宁临晋(今山西临猗)人。至元三年(1267)，被荐除官籍监，出为同知复州路总管。历任江西行省郎中、江州路总管、龙兴路总管、岭北湖南道肃政廉访使、建康路总管、浙东海右廉访使等。]、**府判百寿**[生平无考，《至正金陵新志》卷六："建康路，府判官百寿，忠显大德五年(1301)。"]、**推官韩居仁**[韩居仁(1257-1320)，字从义，般阳路长山县(今山东邹平)人。历任监察御史、枢密都事、庆元路经历、建康路推官、江北河南道廉访司佥事等。]、**高仁**[高仁(1254-1326)，字寿之，棣州无棣县(今山东滨州)人。少有俊才，元军南下时被荐为官。历任万户知事、江浙行中书省检校官、左吉刁都事、中书工部主事、江西行中书省理问、建康路推官、亚中大夫、镇江路总管等。卒封：渤海郡公。]**与教授赵由暲，协力节费，重构周围廊庑斋舍、先贤祠、教官直舍、仓库庖湢，内外一新，复置大成乐器。**

《金陵世纪》卷二：◇**应天府学，即集庆路学。初为国(子监)学，后乃徙为府儒学，上元、江宁二县学并省入。增斋序，学官制度仍其旧。永乐六年(1408)，庙学灾。宣德七年(1432)，守臣襄城伯李隆**[李隆(1393-1447)，字彦平，号湛然，和州(今安徽和县)人。永乐四年(1406)，袭爵襄城伯。历任南京守备、山海关总兵、大同巡边总兵、禁军总督、南京守备兼掌中后二军都督府事及操江屯田事等。]、**府尹史怡**[史怡(生卒不详)，乐亭(今河北乐亭)人，永乐二年(1404)甲申科贡生。时辽军乱，入关，乐亭处于危难，怡助守城有功，授户部郎中，历官江西布政司左参政、应天府尹等。]**重建。成化七年(1471)复毁，御史严铨(洤)**[严洤(1424-1483)，字宗源，号纯庵，福建莆田人。景泰五年(1454)甲戌科殿试二甲第85名进士，授翰林院庶吉士。历任监察御史、南畿提学御史、浙江按察副使、广东按察使、湖广左布政使等。卒于任，归葬莆田，入祀乡贤祠。]**再建，府尹鲁崇志**[鲁崇志(1418-1483)，字懋功，天台(浙江天台)人。景泰五年(1454)甲戌科殿试二甲第76名进士，授吏科给事中。忠贞廉直，爱民勤政，累官至应天府尹。成化十九年(1483),卒于任所。]继成之。弘治间(1488-1505),府尹秦崇[生平见《文德桥》条目下注释]作堤以障秦淮水。正德间(1506-1521),府尹白圻[生平见《文德桥》条目下注释]缭以石槛,元"封号碑"覆以亭,重檐数丈,极其伟丽。御史萧鸣凤[萧鸣凤(1488-1572),字子雍,号静庵,祖籍浙江绍兴,生于山东高密。正德九年(1514)甲戌科殿试二甲第20名进士,授御史。历官南畿提学御史、河南按察副使、湖广兵备副使、广东学政等。著有《萧鸣凤文集》《海钓遗风集》等。]以风水家说毁之,甚为人所惜。隆庆初(1567),教授赵孝祖乃于宫前种柳植柏,缭以朱槛。嘉靖间(1522-1566),别增"启望祠",祀孔子父叔梁纥[叔梁纥(前622-前549),孔子之父,春秋时期宋国栗邑(今河南商丘夏邑)人,避乱流亡,徙居鲁国昌平陬邑(今山东曲阜)。人品出众,博学多才,曾官陬邑大夫。];建"敬一亭",贮宸翰六碑:敬一箴,序范浚[范浚(1102-1150),字茂名,一作茂明,号香溪,婺州兰溪(今浙江兰溪)人。绍兴二年(1132),被举贤良方正,七荐于朝,坚辞不就。笃志求道,隐居授徒;精于理学,研读百家。著有《香溪文集》,尤以《心箴》一篇,享誉古今。]心箴,程颐[程颐(1033-1107),字正叔,洛阳伊川(今河南洛阳)人。嘉祐四年(1059),诏赐进士出身,历官汝州团练推官、西京国子监教授、秘书省校书郎、崇政殿说书等。与其兄程颢共创"洛学",世称"二程"。有《程颐文集》。]视、听、言、动四箴,共六碑。东置程明道[程颢(1032-1085),字伯淳,洛阳伊川(今河南洛阳)人。嘉祐三年(1058)进士,初授鄠州主簿,调上元主簿。历官晋城令、太子中允、监察御史里行、宗正丞等。与其弟程颐同创"洛学",世称"明道先生"。著有《定性论》《识仁篇》等,均收入《二程全书》。]祠,西置名宦、乡贤二祠。◇贡院,在秦淮上,府学之东。大门之内,西折为二门,地广十余亩。中有楼曰明远,大堂为至公堂。堂左右皆有大宇,为监试提调院,列以誊录、对读、供给诸所。前空处,即东西文场地,号若干间。大堂后,有堂七间,三间为会堂,左右各二门,为考官燕居;两序则五经同考官室。堂后大池,架梁于上;

池北之堂，曰飞虹，左右掖皆有屋。隆庆初（1567），都御史盛汝谦［盛汝谦（生卒不详），字亨甫，号古泉，南直隶桐城（今安徽桐城）人。嘉靖二十年（1541）辛丑科殿试三甲第172名进士，授行人，擢御史。历官光禄寺少卿、南太仆寺卿、大理寺卿、操江佥都御史、户部右侍郎等。］续购隙地，缭以上垣四通，以贮巡兵。外设公馆及群舍，以备供馔，应天府领之。［注：陈沂（1469-1538），字宗鲁、鲁南，号石亭，祖籍浙江鄞县，生于金陵，遂入上元籍。博学多才，诗词书画，无一不精。正德十二年（1517）丁丑科殿试二甲第57名进士，授翰林院编修，进侍讲。历官江西布政司参议、山东布政司左参议、太仆寺卿等。著有《金陵世纪》《金陵古今图考》等。］

《洪武京城图志》学校：府学，在秦淮水北、放生池南，今针工坊（亦名奇望街，今为建康路）内、元（路学）故基。

《万历应天府志》卷一八：大明初，改（元路学）为国学，后复为府学。

《万历野获编》卷一六：乙卯（万历四十三年，1615）科，应天修葺试院（贡院），有鱼见于圊（茅厕化粪池）中，识者已怪之。［注：沈德符（1578-1642），字景倩、虎臣，号他子，浙江秀水（今浙江嘉兴）人。万历四十六年（1618）中举人，聪明好学，熟谙掌故，著有《万历野获编》《清权堂集》《敝帚轩剩语》等。］

《万历野获编》卷一九：街道惟金陵最宽洁，若京师虽大，不如南京。

《白下琐言》卷六：贡院前有卖雀戏者，蓄鸠数头，设高桌，旁列五色纸旗，中设一小木笥。放鸠出，呼曰："开场！"鸠以嘴启笥，戴假脸，绕笥而走。嘉庆间（1796-1820），有卖戏法者，为北省人，设场于泮宫前。［注：甘熙（1797-1852），字实庵、号石安，晚号二如居士，江宁（今南京）人。道光十八年（1838）戊戌科殿试三甲第13名进士，初授知县，旋改礼部郎中，官至户部广东司道员。潜心研读，勤事著述，有《白下琐言》《桐荫随笔》《重修灵谷寺志》等。]

《白下琐言》卷七：江南乡试改期，自道光辛卯（道光十一年，1831）始。因贡院积水，号舍淹灌，至公、衡鉴两堂皆深三四尺不等。县学邻近贡院，每乡试时，吏胥假名宦、忠义诸祠为科场差局，溷杂不堪言状。

《嘉庆新修江宁府志》卷一二：贡院前街，沿秦淮北，西南交南城大街（今中华路）。

《同治上江两县志》卷八：儒学大门，其外有坊，曰：泮宫。此坊之南，则车马通衢，为东西街。

《贼情汇纂》卷一〇：伪圣粮馆，分丰备仓、复成仓、贡院三处屯贮。

《墨余录》卷二：同治三年（1864），历元甲子，爵督曾滌生阁部克复江宁省城。计贼踞金陵，已阅一纪，祠宇官署，尽为所毁，惟贡院尚存。[注：毛祥麟（1815–？），字瑞文，号对山，祖籍苏州，生于上海。监生，官浙江候补盐大使。喜于著述，不乐仕进，有《墨余录》《三略汇编》《史乘探珠》等。]

《天京录》卷一：圣粮馆，分圣备仓、复成仓、贡院三处，盖太平军无常俸，口粮有定制。

何绍基《金陵杂述三十二绝句之一》：夫子宫墙无处攀，秦淮仍作泮池环。何年礼殿重修复，两庑颓垣夕照殷（文庙仅余两庑红墙半壁）。[注：何绍基（1799–1873），字子贞，号东洲，晚号蝯叟，道州（今湖南道县）人。清道光十六年（1836）丙申恩科殿试二甲第8名进士，授翰林院编修。迁任文渊阁校理、国史馆提调等职，曾充福建、贵州、广东等省乡试考官，累官至四川学政。后辞官，主讲山东泺源书院、长沙城南书院、浙江孝廉堂，并主持苏州、扬州书局。擅长书法，自成一家，尤以草书为一代之冠。]

《金陵待征录》卷二：庙前街，宜肃清，不容搭篷货买。

《上元江宁乡土志》卷三：贡院前街，沿秦淮北，县学文庙。

《里乘备识》：◇县学夫子庙，易名曰：孔子庙，先贤先儒位皆毁。崇圣祠五代之神位，作地平铺板。祠堂庭前，唱鼓书、作茶寮。大成殿配位既两庑从祀位，皆毁为薪材。庑宇改作图书馆，至悬裸体女子画，任人观览。大成殿亦常作骨董肆，环宫墙内外，杂列破旧诸肆，如阛阓。棂星门外，天下文枢坊既泮宫前坊，均拆卸卖木作价。考：坊建于同治庚午（同治九年，1870），仅一周甲而已。坊字为里人端木埰[端木埰（1820-1892），字子畴，江宁（今南京）人，廪生。道光二十六年（1846）选拔入贡，朝考以知县用，丁忧未赴。释服后，历任内阁中书、会典馆总纂、侍读等。书法得颜（真卿）体真髓，传世手书有《宋词赏心录》。]书，闻为木匠某得去。衡府纪善周公祠、贤良祠、孝悌祠、上江两县儒学署，均易名各有用，祠内神位皆毁弃。明德堂开小学校，堂后尊经阁作赁舍。◇贡院废为市廛，明远楼迤北内宅，皆更为他用。东西文场号舍，均卖民间筑屋设肆。贡院诸碑记，嵌"至公堂"廊下，皆存。特留左右数号舍，资遗念。

《首都志》卷二：贡院街，旧为蔡居厚宅。《南窗纪谈》云：蔡宽夫治第于金陵青溪之南，穴地为池。数尺之下见有瓦砾及朱髹匕筯数十；又深尺余，釜镬瓦锡之器甚多。乃知前代此下皆人居也。今为贡院基。

《金陵杂志》：◇局所会志。官书局，在夫子庙。◇学校志。第二十四国民学校，在夫子庙。◇公所志。书铺公所，在贡院西街。◇祠祀志。孝悌祠，在夫子庙。◇照相馆志。惟肖，在贡院大街；妙斋，在贡院西街；美真，在贡院大街；美容，在贡院大街；荣芳公司，在姚家巷口；天真，在贡院西街；惟妙，在贡院大街。◇客栈志。近淮宾馆，在贡院大街；临淮旅馆，在利涉桥旁；长发栈，在贡院大街；福安栈，在贡院西街。◇中西菜馆志。秦淮旅馆，在贡院大街；

小乐意，在贡院西街；金陵春，在贡院大街；第一旅馆，在利涉桥口；海洞春，在姚家巷口；第一春，在贡院大街；长松分号，在贡院大街；问柳，在贡院大街。◇茶馆志。奎光阁，在夫子庙；得月台，在文德桥；德星聚，在夫子庙；近水台，在利涉桥；问渠，在桃叶渡。

《金陵杂志续集》：◇夫子庙。文庙一带，向为游人聚集之所。自辟新市场后，较前清气象，迥不相侔。下午时，士女如云，夜间尤甚。至十二句钟为止，灯火灿若明星，车如流水马如龙，到此者竟流连忘返。茶馆酒肆，不下数十家。书寓弹唱者，一为新奇芳阁，一为全安楼；打鼓金腔者，一为五云日升楼，一为龙威阁；男女合演者，名游戏场，锣鼓喧天，颇形热闹。对文庙河旁，排列茶船，尤为特色，上有留音戏（机），供人冶游、啜茗、消遣……此外，又有露天游戏、说书、唱小曲、西洋景、卖武艺等，亦复不少。◇茶坊。自贡院辟为新市场之后，游人较诸往日增添数倍，茶馆增设亦多，军政商学各界到此品茗者，颇不乏人。新奇芳、六朝居、奎光阁、青云阁、五云日升楼，首屈一指。价分三等，一律洋码：上等五分，中等四分，下等三分。此外，得月台、义顺、德星聚、文来、迎水台、问渠，皆系钱码，堂信照应，一切较他处格外周到也。◇酒肆。宁垣为省会之区，官商云集，故酒肆林立，推东牌楼贡院街一带为夥。中西菜全备者，则有四家：金陵春、第一旅馆、第一春、群乐楼。有中菜而无西菜者，则有十四家：江南大旅社、万家春、共和旅馆、万全、长松、海洞春、秦淮旅馆、长发、问柳、宴乐春、老宝新、醉仙居、小如意、小乐意，坐位均极宽敞雅洁，食品亦精美可口。此外，素菜馆亦有两家：绿柳居、芹香楼。惟价目一律大洋，小账加一。牌声、统管声，通宵达旦，不绝于耳。

《金陵岁时记》：县学文庙，俗称夫子庙，四时游人毕集，正月尤盛。府县学前、评事街，皆灯市也。高跷会，妆演优俳面目，双足系以木杆,行走如飞,杂于龙灯会中,亦有售其术于贡院前者。

《秦淮画舫录》:◇王小秋,行一,韵秋王桂养女,居贡院前。◇赵福,字素琴,居贡院前。◇赵凤音,素琴赵福女也。素琴归鹅湖后,乃寓贡院前祁四家。◇许畹香,行一,元和人,住贡院旁。◇王宝珠,住姚家巷旁。◇昭林,年十七,厉二养女,由城南钓鱼台僦居贡院前。◇赵三福,锡山人,妹于三庆,居棘(贡)院前。◇张宝苓,字韵仙,本邑人,或云邗江人,住贡院前。◇慎喜龄,号又芹,行一,不知何处人,居棘院东头。◇王兰姿,无字,余戏呼之曰"者香",行一。居在棘(贡)院东首第三家。

《画舫余谭》:起泮宫(夫子庙)前,至棘(贡)院为止,值晴明日,百戏俱陈。如解马、奇虫、透飞梯、打筋斗、吐火、吞刀、挂眼、旋腹、三棒鼓、十不闲、捉狭、相声、鼻吹、口歌、陶真、撮弄,凡可以娱目示听者。翘首伸颈,围如堵墙;评泊优劣,啧啧有言。

《三十六春小谱》:◇陆爱龄,字雪香,住姚家巷。◇李小如,住贡院东头。◇王筱玉,住贡院前。◇高翠莺,寓贡院西头。◇吴秋月,字姮仙,住贡院东头。◇涂翠云,妹秀云,住贡院东头。◇王瑞云,住姚家巷前。

《白门食谱》:◇贡院前问柳园炒鱼片。问柳园之炒鱼片,其嫩异常。闻系执锅者手艺之高,并不须用锅铲炒也。先看炉火正好后,将已切之鱼片放入锅内,以手执锅,就火上数播即成。无一片不熟,无一片不嫩,真妙手焉。◇贡院西街韩益兴炮牛肚颈与炮羊肉。韩益兴之炮牛肚颈与羊肉,火候之到,气味之佳,耐人咀嚼。他处所作,迥不能如。来此食者,恒称之不已,以为一绝也。◇文德桥得月台羊肉。得月台,紧靠文德桥,远望钟山,近临淮水,食景极佳。平时品茶之处,以此为最。而冬日之羊肉面,尤称一绝,肉烂而味香,面亦匀细。每早晨来此,食此面一碗,不觉满身温暖,忘却楼外风寒。推窗一览钟山，积雪如白头老人，隔城相对也。

《金陵十记》：◇三十年代新增舞厅。当时知名度较高的如：天韵楼、飞龙阁、鸣凤茶社、凤凰舞厅、六华春餐厅、太平洋餐厅等，多散处于桃叶渡、龙门街、贡院街之间。◇南京最早初具规模的电影院，是平江府街口的首都电影院，今解放电影院。首场放映的是美国无声黑白片。◇夫子庙东牌楼口，有家茶社叫市隐园，它和文德桥畔的得月台茶社、泮池东边的奎光阁茶社，都是庙上稍具规模的说书场所。◇永安商场，设在夫子庙的黄公桥（今白鹭桥）边。◇贡院西街泮宫后面的小乐意菜馆，以肉丝炒面独步金陵。◇夫子庙贡院街卖豆腐涝、葱油饼的有五凤居、六凤居、老六凤居等五六家，紧密相邻。◇贡院街的奇芳阁是清真茶社，以供客泡茶、小坐清谈为主，早晨也卖点心，有豆沙包子、菜包子、牛肉面等。◇贡院西街泮宫后门的永和园茶社，以干丝精细闻名全市。◇龙门街口的雪园茶社，以小笼包饺、千层油糕、花色点心，独步一时。

《秦淮感旧录》第一回：（秦淮）河的北岸，靠着路北那一长行，都是茶楼酒馆。在我们记忆中，只有六朝居、南园这几家茶楼。

《新都胜迹考》：贡院街，在中正街（今建康路）南、秦淮河北岸，今之市政府所在地也。后有茶馆、饭铺、戏园，为游戏场集中之处。贡院街西头，为夫子庙，前临秦淮河，河中泊有画舫。舫身极长大，终年停泊此处，供卖茶之用，故又名茶舫。前有校书坐唱京剧，以助雅兴。近于夫子庙西（东），辟有秦淮公园，亦游人麇集之所。

《新南京（民国）》：◇贡院明远楼，贡院创建于明永乐时，为科举时代秋试之所，在东区夫子庙东。国民政府建都南京，即就院址设立市政府。明远楼为院内旧遗建筑物之一，居市府之首，形四方，高三层，登临四顾，秦淮风景，历历在目。◇秦淮小公园。园之面积，约数十方丈，成长方形，亦为贡院旧址，在夫子庙贡院街前，背临秦淮河。前经市府简单修饰，植树数十株，并题名曰：秦淮小公园。迄今绿叶扶疏，蔚然为市民休息之所。◇夫子庙，在秦淮河北岸，东牌楼文德桥旁。正中大成殿，后有明伦（德）堂、尊经阁，现市府以大成殿为市立图书馆馆址，明伦（德）堂为夫子庙小学校舍之一部。庙前原立有大牌楼一，年前经市府重新改建，并就四周空地，辟为广场。庙之左右，游技麇集，百戏杂陈；茶坊酒肆，鳞次栉比，实为市集之中心点。◇夫子庙小学，地址：夫子庙，源于清末之江宁公学。◇春生医院，院址：姚家巷7号。◇城南医院，院址：新姚家巷。◇袁征义医师，开业地点：贡院西街5号。[按：1949年后，袁征义诊所迁至新姚家巷袁宅开业。1956年，应聘入鼓楼医院工作。笔者幼时随父母徙居丁官里21号，在建康路小学读书，上学途中必经袁宅门前，其景至今犹记。]◇余霖医师，开业地点：新姚家巷。◇杨椿生医师，开业地点：姚家巷春生医院。◇贺俊医师，开业地点：贡院西街49号。◇国医。李金魁，开业地点：贡院西街9号；陈雨村，开业地点：贡院街第一春饭店；裴沐天，开业地点：姚家巷11号；钟荫村，开业地点：贡院西街17号；石培基，开业地点：贡院街47号；洪少山，开业地点：贡院街144号。◇岭南药社，地址：贡院街112号。◇戊辰印刷所，地址：贡院西街。◇边隆丰机器厂，地址：姚家巷。◇秦淮旅馆，地址：贡院街；电话号码：21272。◇菜馆地址及电话号码：六华春菜馆，贡院东街，23613；金陵春菜馆，贡院东街，21730；浙江酒菜馆，贡院西街，21492；首都菜社，贡院东街，21354；四五六菜馆，贡院西街，22796；四五六西号，龙门街，23316；老万盛园菜馆，夫子庙；第一春菜馆，贡院街，22574；小乐意菜馆，贡院西街，22690；都益处川菜馆，贡院街，22419；粤南公司，贡院东街，

22854;太白酒家,贡院东街, 21578;杏花村酒菜馆,贡院西街,22085。◇洁园盆浴堂,地址:姚家巷;电话号码:23274。◇人人理发店,地址:贡院西街;电话号码:23523。◇摩登理发馆,地址:贡院西街;电话号码:23729。◇电影院地址及电话号码:首都大戏院,贡院街, 22207;南京大戏院,新姚家巷, 21960。◇茶社及地址:新奇芳阁,贡院街;六朝居,贡院街;大禄,贡院街;奎光阁,贡院街;雪园,龙门街;民众茶园,贡院街;天韵楼,贡院街;文鸾阁,龙门街;天香阁,贡院街;麟凤阁,贡院街;群众,龙门街;全安,贡院街;市隐园,贡院街;飞龙阁,贡院西街;月宫,贡院街。◇大鼓书场及地址:鸣凤,龙门街;奎光阁,贡院街;又世界,贡院街。◇道情戏院及地址:中央戏院,市府路(今金陵路);金陵大戏院,新姚家巷。◇自来水工程处,地址:贡院街。◇外交电信社,地址:市府路(今金陵路)。◇太平洋通讯社,地址:姚家巷。◇第三警察局,地址:贡院街。

《南京游览指南(民国)》:◇秦淮公园。秦淮公园在秦淮河的北岸,贡院街的南边。该园由市政府建造,于十七年(1928)八月间落成。园内中央,有一八角茅亭,可供游人休息。园东有滑桥、平台、秋千等运动器具,可供游人自由运动。园地虽小,布置尚称整齐。园南有画舫埠头,可雇船游河。◇贡院。贡院在秦淮河的北面,是科举时代举行乡试的地方。院前房屋,已改建商场,极为热闹。院中有明远楼,楼高三层,登楼凭眺,秦淮诸景,历历在目。后有至公堂、衡鉴堂等处,现已改为南京特别市政府。◇夫子庙。夫子庙在贡院的西边,秦淮河的北岸。庙已荒芜零落,可是庙前一带,茶菜馆林立,十分热闹。河岸石栏外,全是茶舫、画舫,供游人雇用。◇旅馆。秦淮旅馆,城内贡院街,电话:133;第一旅馆,城内贡院街,电话:177。◇茶社。大世界茶社,城内贡院西街,电话:1300;大进步茶社,城内贡院,电话:192;六朝居茶社,城内贡院街,电话:529;大禄茶社,城内贡院街,电话:1160;新奇芳阁,城内夫子庙,电话:389;奎光阁,城内夫子庙,电话:1563;市隐园,城内夫子庙;德星聚,城内文德桥。◇茶舫。茶舫都在夫子庙、秦淮河一带,形式如船,可是并不开行。现在有复兴、悦来、复来、万元、得胜、涛园、宛中等。◇菜馆。第一春,城内贡院街,电话:228;金陵春番菜馆,城内贡院街,电话:170;小乐意酒馆,城内贡院西街,电话:1004;万全菜馆,城内利涉桥,电话:733;海洞春旅菜馆,城内利涉桥,电话:168;乐斋卫生宵夜馆,城内夫子庙,电话:1521。◇电影院。中央电影院,城内文场街(即今金陵路,中央电影院即大光明电影院,前临平江府路、后门正对金陵路),电话:1113;一洞天影戏院,城内夫子庙。

《旅京必携》:◇夫子庙,在秦淮河北岸,庙已荒芜零落,而庙前一带茶馆林立,十分热闹。河岸石栏内,各种小摊极多,游人四季不绝。◇奎光阁,在夫子庙之东南隅,成六角形,高凡三层,顶作长图形。阁西河面较阔,此处为茶舫栖泊之所,可与北方之落子馆仿佛。◇秦淮小公园,在夫子庙秦淮河河边,内有树林及儿童运动器具、休息亭等。◇大新汽车公司,地址:贡院街;电话号码:21354。◇龙门汽车行,地址:龙门街;电话号码:23413。◇新宝泰马车行,地址:贡院东街;电话号码:21753。◇夫子庙小学,校址:夫子庙。◇夫子庙小学幼稚园,地址:夫子庙。◇市立妇女职业补习学校,地址:夫子庙。◇市立民众图书馆,地址:夫子庙。◇市立第一简易体育场,地址:夫子庙小学内。◇新上海通讯社南京分社,地址:贡院街姚家巷口 91 号。◇慕慈医院分诊处,地址:贡院西街;电话号码:22261。◇广济医院,地址:贡院西街;电话号码:22027。◇传华医院,地址:贡院西街;电话号码:22330。◇

医师戴夏民,地址:姚家巷。◇医师余维章,地址:姚家巷。◇西医贺品三,地址:贡院西街。◇西医袁精研,地址:夫子庙。◇马元龙药房,地址:贡院西街。◇首都建设委员会,地址:贡院内;电话号码:23572。◇自来水工程处,地址:夫子庙;电话号码:22728。◇江宁县教育局,地址:贡院西街;电话号码:22198。◇首都大戏院,地址:夫子庙。◇南京大戏院,地址:夫子庙旁姚家巷;电话号码:21960。◇金地大戏院,地址:新姚家巷。◇夫子庙一带歌唱茶社名称、地址列下:飞龙阁,贡院西街;天韵楼,夫子庙;麟凤阁,夫子庙;新世界,夫子庙;又世界,夫子庙;群乐,龙门街;新奇芳阁,夫子庙;市隐园,夫子庙;德星聚,夫子庙;得月台,夫子庙;四明楼,夫子庙;全安,夫子庙;奎光阁,夫子庙;太平春,夫子庙。◇白话剧场二所,一为中央戏院,一为一洞天戏院。地址均在城内夫子庙。◇弹子房及地址:东园,姚家巷;南园,贡院街;华园,南京大戏院楼上;淮园,夫子庙新世界内;新华,贡院街。◇动物场,本市有露天动物场三所,地址在夫子庙及下关。◇杂耍场,杂耍包括武术、魔术戏法、相声、双簧、苏滩等露天场而言,每日下午大多集于夫子庙及下关怡和塘等处。◇旅馆。全安旅馆,地址:贡院东街;电话号码:22425。秦淮旅馆,地址:贡院街;电话号码:21272。◇酒菜馆。大庆楼菜馆,地址:夫子庙;电话号码:22124。六华春饭馆,地址:贡院东街;电话号码:23613。四五六菜馆,地址:贡院东街;电话号码:23796。四五六西号,地址:龙门街;电话号码:23316。小乐意菜馆,地址:贡院西街;电话号码:22690。海洞春菜馆,地址:贡院东街;电话号码:21175。上海酒菜馆,地址:贡院西街;电话号码:21967。长松东号,地址:贡院东街;电话号码:21825。老万盛园菜馆,地址:夫子庙;电话号码:23204。都益处川菜馆,地址:贡院街;电话号码:22419。金陵春番菜馆,地址:贡院东街;电话号码:21730。第一春番菜馆,地址:贡院街;电话号码:22574。徽州菜社,地址:贡院东街;电话号码:22005。粤南公司,地址:贡院东街;电话号码:22854。太白酒家,地址:贡院东街;电话号码:21578。万家春菜馆,地址:贡院街94号。道记新万盛园菜馆,地址:贡院东街。第一春菜馆,地址:贡院东街;电话号码:22574。◇酒店。绍兴,地址:贡院东街。◇茶食店。明星,地址:新姚家巷。世界,地址:贡院东街。薇香斋茶食,地址:贡院街。顶好吃食物店,地址:姚家巷6号。苏州采之村,地址;贡院东街。◇卷烟。一品香号,地址:贡院东街。裕华号,地址:夫子庙贡院西街。张泰隆号,地址:贡院西街。◇印刷业。新光工业社,地址:贡院街。戊辰印刷厂,地址:贡院街;电话号码:22360。◇谈元章纸业,地址:贡院西街。◇老森记笔墨店,地址:贡院西街。◇吴晋大百货店,地址:贡院西街。◇木器。吉祥斋中西木器号,地址:贡院西街;电话号码:23696。大东木器号,地址:新姚家巷。◇照相馆及地址:美真照相馆,贡院街;惟肖照相馆,贡院街;安利照相馆,贡院街;新美照相馆,贡院街;妙齐(斋)照相馆,贡院西街;美华照相馆,贡院西街;夺天工照相馆,贡院西街;锦明照相馆,贡院东街;容丰照相馆,夫子庙;庐山照相馆,贡院东街;美伦照相馆,贡院东街;新华照相馆,贡院东街;肖真照相馆,文场西街(即今金陵路);明华照相馆,贡院街;花锦春照相馆,贡院街。

《新都游览指南(民国)》:◇南京市政府,地址:贡院街;电话:1006。◇东区警察署,地址:贡院街;电话:125。◇广济医院,地址:贡院西街;电话:595。◇妇孺救济会,地址:贡院街。◇南方日报馆,地址:城内姚家巷;电话:404。◇官书局,地址:城内夫子庙。◇庐山照相馆,地址:贡院街;电话:676。◇旅馆地址及电话:全安旅馆,贡院街, 363;秦淮旅馆,贡院街, 133;第一旅馆,利涉桥, 177。

◇菜馆地址及电话：金陵春，城内贡院街，170；第一春，城内贡院街，228；长松东号，城内贡院街，193；一品香，城内贡院街；小乐意，城内贡院街，1004；万全，城内贡院街，733；海洞春，姚家巷口，168；万家春，姚家巷口，789；老宝新教门馆，桃叶渡，74；又益处川菜馆，利涉桥；大庆楼菜馆，贡院街；停舟买醉轩，桃叶渡。◇茶馆地址：四明楼，夫子庙；得月台，文德桥；迎水台，利涉桥；新奇芳阁，夫子庙；奎光阁，夫子庙；麟凤阁，夫子庙；飞龙阁，夫子庙；六朝居，夫子庙；青云阁，夫子庙；市隐园，夫子庙；德星聚，文德桥。◇秦淮池，地址：城内利涉桥，电话：722。◇金陵大戏院，地址：姚家巷；电话：258。

《秦淮粉墨图》第二三回：六华春，西头"太平洋"，东头"老万全"……却说那时候南京夫子庙每一家菜馆都有一些女招待。真正管酒菜张罗的，还是男茶房。第二九回：话说在那凤凰舞厅里，灯红酒绿之中，男男女女，载歌载舞，正自乐成一片……却说这凤凰舞厅的地址，正好和夫子庙警察局对门，这边音乐一响，那边听得清清楚楚。[注：张友鸾(1904-1990)，生平详情见《大油坊巷》条目下小西湖10号张友鸾故居注释。《秦淮粉墨图》为其著作之一。]

《南京概况(秘密)》：◇伪市府各局及附属机关地址：市府本部，贡院街；会计处，夫子庙；统计处，夫子庙；教育局，市府内；财政局，市府内；卫生局，贡院街；社会局，龙门街；地政局，夫子庙；工务局，市府路(今金陵路)。◇永安商场，地址：贡院街。◇百乐百货公司，地址：贡院西街26号。◇地方建设协会，会址在平江府南街2号。◇汽车商同业公会，地址：贡院街60号。◇第一民众教育馆，馆址：夫子庙57号。◇南京市文献委员会，会址：夫子庙泮宫内155号。◇首都电影院，地址：贡院东街28号。◇大光明电影院，夫子庙平江府11号。◇春台旅馆，地址：贡院东街5号。◇夫子庙，秦淮河北岸文德桥旁。◇自来水管理处,地址:贡院街45号;管线股,地址:贡院街45号。◇南京市第二信用合作社,地址:夫子庙317号。◇第三区公所,地址:贡院街45号之1。◇空军第一路司令部官佐住宅,地址:贡院街43号。◇稽查处侦防大队,地址:贡院街21号。◇南区警察局,局址:贡院街39号。◇国库总库审计办事处,在贡院街。◇监政总局审计办事处,在永安商场二楼。

《民国会社党派大辞典》:◇南京市汽车行业同业公会。1928年9月组织成立, 1946年3月25日在南京改组成立为汽车商业公会,会址设在贡院街60号。◇南京市书店业同业公会。1927年3月7日组织成立南京市书业公会, 1946年4月10日在南京改组成立为图书教育用品商业公会,会址设在南京贡院西街65号。◇南京市永安商场厂商联谊会。1946年7月在南京成立,会址设在南京永安商场二楼。◇南京市地方建设协会。1946年5月在南京成立,会址设在南京平江府南街12号。◇南京市照相馆业同业公会。1927年开始组织成立为市商民协会摄影业分会, 1931年2月26日改组成立为南京市照相馆业同业公会, 1946年4月19日在南京改组成立摄影商业公会。会址设在南京贡院街。◇南京市镶牙商业公会。1946年4月23日在南京成立,会址设在南京贡院街47号。◇南京市罐头食品商业公会。1946年3月28日在南京成立,会址设在南京贡院街。◇南京粤厨生活互助物质研究社。1947年9月在南京成立,会址设在南京龙门酒家(在贡院龙门街)内。◇南京市筵席酒茶业同业公会。原名为“厨业公会”, 1927年改名为“商民协会东南分会”。1930年12月19日改组成立为酒席业公会, 1934年6月改组为市筵席酒茶公会。1946年3月8日和4月9日在南京改组成立为中西餐食商业公会和茶社面点商业公会,会址分别设在南京石坝街34号和贡院街150号。

◇南京市戏院业同业公会。1930 年底组织筹备，1931 年 2 月 4 日成立。1946 年 4 月 19 日在南京改组成立为电影戏剧商业公会，会址设在南京首都大戏院(即贡院街解放电影院)。◇南京市酒业职业工会。1927 年 6 月发起组织，6 月 12 日成立。1946 年 4 月 1 日和 4 月 6 日，在南京改组成立为酒商业公会和酿酒工业公会。会址分别设在南京中华路 29 号和贡院街 56 号。

《南京曲艺志》:1955 年 6 月 1 日，夫子庙人民游乐场建成，

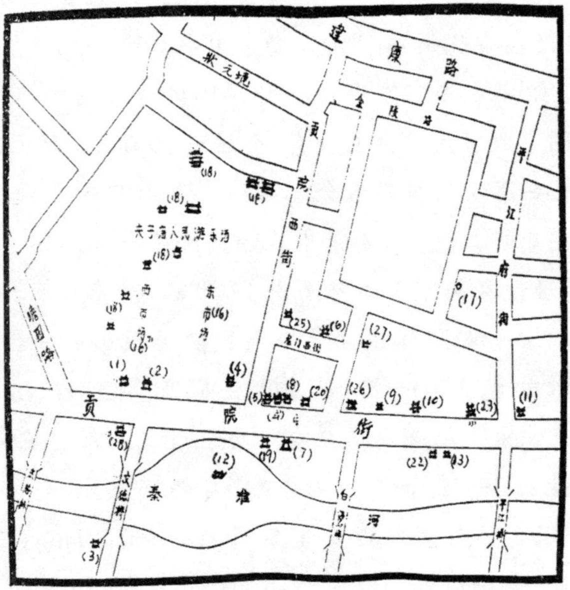

夫子庙地区曲艺场所示意图

(1)义顺茶社，(2)市隐园，(3)饮绿茶社，(4)鉴新茶社，(5)新奇芳阁茶社，(6)鸣凤茶社，(7)金谷书场，(8)天香阁茶社，(9)全安戏茶社，(10)四明楼戏茶社，(11)都城乐府，(12)月来阁，(13)大众茶社，(14)老万全茶社(中华门外)，(15)胜和园茶社(中华门外)，(16)夫子庙东西市场书场，(17)金陵路露天曲艺场，(18)夫子庙游乐场，(19)奎光阁茶社，(20)新世界内书场，(21)麟凤阁，(22)天韵楼书场，(23)金门剧场，(24)万全茶社(长乐街)，(25)飞龙阁，(26)六朝居，(27)群乐戏茶厅，(28)得月台。

内有梨香馆、青云楼、讴歌院等曲艺演出场所十余处。附:夫子庙地区曲艺场所示意图,夫子庙人民游乐场全景图。

《秦淮古今大观》:◇群乐。夫子庙的戏茶厅,名声较大的首推“群乐”,它历史最久,并始终以京剧清唱、彩排为主。老板梁甸奎,通晓文墨戏文,善于经营,所以群乐生意一直独占群首。[按:梁甸奎(1905-1956),江苏宝应人,生于南京。清朝末年,其父梁其圣,举家徙居南京夫子庙秦淮南岸之白塔巷17号宅院。其时正值贡院改作新市场,梁其圣购得贡院明远楼东南侧至贡院街的一大片宅基地,创建“六朝居”茶社,生意十分兴隆。1928年,复于六朝居北侧辟建“群乐”戏茶厅。抗战时期,市场萧条,未几,梁其圣病逝,梁甸奎又嗜吸鸦片,耗费巨大,入不敷出,家道日渐衰落。1945年

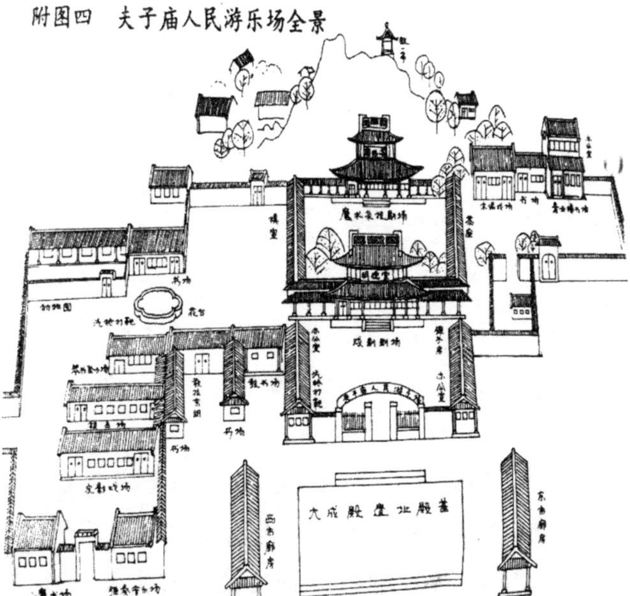

夫子庙人民游乐场全景

抗战胜利后，梁甸奎迫于无奈，将六朝居兑售予人，创“鸿运楼”，即后来的秦淮剧场；自己经营“群乐”戏茶厅谋生。笔者父母在20世纪40–50年代，与梁家同住白塔巷17号大院，笔者家在第二进，梁家住第三进。梁妻谢佩华(1908–1963)因疾未能生育，非常喜爱小孩，笔者与胞姐一直称梁氏夫妇曰“后头爸爸”、“后头妈妈”，两家相处甚睦。其时，笔者父亲濮道南(1905–1966)创办大夏轮船运输公司，办公地点就设在白塔巷17号大院第一进。笔者与胞姐濮小文均出生于该宅院，衣胞之地，了然无痕(1986年白塔巷及周边拆除，重建成金陵闸小区)；至今思之，良多感慨。]◇二十年代以后的秦淮影坛。1927年，夫子庙首先出现了“中央电影院”(即今大光明)；1929、1930年，南京又相继出现了“国民”和“首都”两家电影院。“国民”即是今“人民剧场”(在杨公井)的前身，“首都”位于夫子庙贡院街上，即今解放电影院。[按：笔者母亲张惠文(1920–1993)，曾于1952年至1958年间，先后在群乐和大光明工作。因此，对两处情况略有了解：群乐，始创于1928年，1945年梁甸奎接手经营。1954年歇业，1956年并入鸿运楼，收归国有。初名鸿运剧场，不久，改名秦淮剧场。“文革”时期，改名遵义剧场。1976年，恢复原名，仍称秦淮剧场。2014年，拆除无存；大光明经理唐静波(1919–2003)，江苏句容人。大光明电影院开业于1927年，初名中央电影院，业主为佘文淑。1935年，转让给苏州大光明大戏院老板陶寿逊经营，改名大光明大戏院。1945年，陶又将大光明大戏院转让给唐静波经营。1952年，改名大光明影剧院。1956年，收归国有，唐仍任经理。“文革”时期，改名燎原电影院。1979年4月，恢复原名，并改名大光明电影院。2009年，拆除无存。]

《秦淮区志》：◇贡院街，东起桃叶渡，西至瞻园路。清同治年间，因贡院得名。1969年改名人民街，1973年恢复原名。◇贡院西街，南起贡院街，北至建康路。因地处贡院街之西北侧，故名。◇龙门街，南起贡院街，北至金陵路。南宋绍兴年间建贡院，因贡院大门(龙门)而得名。◇龙门西街，东起龙门街，西至贡院西街。

因位于贡院大门(龙门)之西,故名。◇永安商场,地址:贡院街61号;创办时间:1943年5月。◇1949年11月夫子庙地区中西餐馆名称及地址:六华春,贡院街17号;老宝兴,桃叶渡6号;太平洋,贡院街21号;鹤园,贡院街56号;同记小巴黎,贡院街29-1号;五味斋,贡院街66号;东正兴,贡院街76号;丽都,贡院街86号;上海,永安商场;大上海,贡院街124号;西正兴,贡院街51号;同兴楼,贡院街120-1号;别有天,新姚家巷20号;韩益兴,贡院街27号;大富贵,贡院街48号;全兴康,平江府8号;新华园,市府路(今金陵路)2号;同茂园,龙门街12号;龙门居,龙门街9号;奇乐园,贡院西街83号;民生,贡院西街94号。◇1944年秦淮(夫子庙)地区茶社名称及地址:新奇芳阁茶社,贡院街150号;雪园茶社,龙门街1号;永和园茶社,贡院西街33号;德义园茶社,文德桥5号;大富贵,贡院西街48号;五芳斋,贡院西街78号;梅园,贡院西街72号;中华戏茶社,贡院街138号;天香阁戏茶社,贡院街134号;蔡顺兴,夫子庙市场154号;亦乐园,文德桥1号;饮绿,文德桥13号;得月台茶社,夫子庙27号;永兴茶馆,贡院东街18号。◇1997年夫子庙地区茶社酒楼名称及地址:魁光阁茶馆,位于贡院街121号;老正兴菜馆,位于贡院街119号;奇芳阁酒楼,位于贡院街158号;永和园酒楼,位于贡院街122号;六凤居餐厅,位于贡院街144号;蒋有记包饺店,位于贡院西街10号。

《南京地名大全》:贡院街,位于夫子庙东南侧,东北起桃叶渡,西南至瞻园路。明景泰间,建应天府贡院后成街,街以北侧"应天府贡院"名中"贡院"二字得名。清同治十二年(1873),曾国藩重修贡院,更名江南贡院,街名未变。1969年,更名人民街。1973年,复称原名。为夫子庙地区最繁华的地段之一,也是秦淮河风光带和金陵新四十景之一"灯火秦淮"的核心区域。

《秦淮地名概览》：贡院街，位于夫子庙东南侧，东起桃叶渡，西至瞻园路，长620米，宽12米，花岗岩路面。此街是夫子庙步行街的主干道，原长520米，1995年将原瞻园路的文德桥北口至来燕桥北的100米路段，划入贡院街。该街始于清同治十二年（1873）辟建江南贡院东西辕门形成的一条街，因贡院而命名。民国时期，拆除贡院考场，辟为街市。此后，茶馆酒楼，相继迁入；戏院舞厅，应运而生。其中，著名的茶馆酒楼有：大集成、海洞春、太平洋、六华春、老万全、永和园、新奇芳阁、六朝居、德顺居、明远居、六凤居、龙门居、春云阁、老正兴、金陵春、一品轩、太平春、小乐意、快活林、大三元、永顺居、太白酒家、五芳斋、好好楼、小巴黎、义顺等餐饮名店，是当时秦淮风味饮食的荟萃之地。戏院舞厅生意红火，著名的有：群乐、月宫、全安、中华、永安、天香阁、飞龙阁、鸿运楼、麟凤阁、凤凰、四明楼、天韵阁、鸣凤、市隐园、奎光阁等。抗日战争时期，贡院街上的大部分店家歇业，或迁往他处。1949年以后，街上的永和园、老正兴、奇芳阁、六凤居、魁（奎）光阁等老字号保留下来。1969年改名为人民街，1973年恢复原名。

东牌楼

位于夫子庙西牌坊西南，东起来燕桥北，迤西南至长乐路武定桥西堍，长350米。六朝时期，其地为骠骑航西岸，人烟辏辐，初名参佐巷。相传著名才子顾恺之［顾恺之（348—409），字长康，小字虎头，晋陵无锡（今江苏无锡）人。博学多才，尤善绘画。所绘人物，注重传神，世称“三绝”，现存《女史箴图》，传乃其手迹。］即居于巷西之顾楼街。及至宋元，因辟建嘉瑞桥（即武定桥），易名嘉瑞坊。明清时期，该地由数条小巷即豆腐巷、瓦匠巷、水巷等相衔组成。巷北头有明初敕建徐达王府之大功坊东牌楼（西牌楼在今瞻园路西端），东牌楼地名始于其时。受贡院街夫子庙县学和贡院的辐射，每逢县学期考及贡院乡试，东牌楼至武定桥西口的街道两侧，设满了出售笔墨纸砚等文具的店铺和摊贩，时人称为“考市”。太平天国时期，东牌楼一带为城南“女馆”集中区。另有一说，相传曾国藩消灭太平天国后，在道署街（今瞻园路）东端树牌坊以标榜战功，俗称其地为东牌楼。民国时期，该巷仅亚于夫子庙贡院街，是餐饮等大众消费的场所。新中国成立后，数经修筑，尤其是改革开放以来，彻底改建，成为一条濒临秦淮的景观大道。街南段西侧有消防三中队和南京市财经学校。

《景定建康志》卷一六：骠骑航，在东府城外渡淮，会稽王道子所立。［按：详情参阅《来燕桥》条目下释文及引文。］

《正德江宁县志》卷五：骠骑航，在古东府城外渡淮，乃秦淮南岸，会稽王道子所立。纪瞻［生平见《来燕桥》条目下注释］以镇东长史乞归，元帝进为骠骑将军，即其宅为骠骑府。府侧浮桥，名曰：骠骑航。

《至正金陵新志》卷四：参佐巷，在古东府城西。《金陵故事》：会稽王镇东府，立骠骑亭，通骠骑航。参佐巷，在航西。

《秦淮志》卷五：顾恺之宅，顾楼，本顾恺之宅。在武定桥西，后为酒肆。

《景定建康志》卷一六：嘉端坊，在御街左（今中华路以东），状元坊（宋元时期的夫子庙贡院一带）南。

《万历上元县志》卷四：武定桥，在镇淮桥东，旧名嘉瑞。

《续金陵琐事》上卷：大功坊。高帝（朱元璋）以魏国公（徐）达勋业非常，于居第左右，特各建一坊，榜曰：大功，以旌异之。或谓：西边坊太祖所造，东边坊中山王自造。今两坊皆工部修理。

《秦淮志》卷八：大功坊。高帝以魏国公功业非常，于居第左右特各建一坊，榜曰大功，以旌异之。（金陵琐事）。案：今东牌楼，为东坊所在。

《同治上江两县志》卷五：东牌楼，有石埭会馆、豆腐巷、瓦匠巷、小瓦匠巷、水巷（滨淮）。

《白门残柳记》：郑二娘，金陵人。幼时从秦淮名曲师学技，故至今犹以歌曲胜，节拍不差累黍，群推为老成典型。居东牌楼水阁，左为文德桥，右为武定桥，双虹掩映，一水沦涟。

《炳烛夜谈》：明太祖诸子，惟齐王后废居南京。咸丰中（1851—1861），有朱祐之孝廉期保，实为其裔。祐之从弟子涵期诰，今居东牌楼。

《秦淮志》卷八：考市。东牌楼沿秦淮东（西）岸，北抵学宫贡院，南达下江考棚。大比之年，商贩云集。凡考试所需书籍而外，各县著名文玩物产，若歙之笔墨、宣之纸、歙之砚、宜兴之竹刻陶器、金陵之刻瓷，乃至常之梳篦、苏之糖食、扬之香粉，可以归贻细君者，鲜弗备。名之曰：考市。

《金陵杂记》：女馆住处甚多，城东在石桥新廊（今长乐路东段）、武定桥、石坝街、军师巷、东牌楼、状元境、奇望街（今建康路中段）、承恩寺、王府园口。

《秦淮感逝》：陈荣之，住秦淮之西、东牌楼。

《首都志》卷二：东牌楼，原有街名大水巷、小水巷、瓦匠巷、豆腐巷。现有官署学校及各机关：江宁洋酒税稽征所、江苏宁浦六烟酒税稽征分局、江苏印花烟酒税局驻京办事处、江苏印花税江宁分局、江苏宁浦六烟酒牌照税稽征分局。

《秦淮区志》：东牌楼。东北起瞻园路，西南至武定桥。清同治三年（1864），曾国藩进驻江宁府，在道署街（今瞻园路）东口建牌楼,故名。

《白门食谱》:◇东牌楼老宝兴烤鸭与鸭腰。老宝兴之在东牌楼时,对门即一大鸭铺,其有肥鸭与大鸭腰,皆为宝兴所定用。◇东牌楼南口元宵店之软糕与黑芝麻心汤圆。是处之软香糕,粉细而加入松仁极多,真软香而可口。至汤圆,以黑芝麻和糖为心,外包面粉亦细,食时内黑香而外洁白,其味大佳。◇东牌楼北口稻香村蝙蝠鱼与麻酥糖。是处所售之鱼,新鲜酥透,其味最佳。每片形如蝙蝠,故有此名。佐酒侑饭,皆为美品。其麻酥之香脆,尤胜于他铺之所售者。此外,午节之火腿粽子与年节之猪油年糕,亦名盛一时也。

《金陵杂志》:◇客栈志:叶家楼,在东牌楼;大方栈,在东牌楼;庆升栈,在东牌楼;福来栈,在东牌楼。◇中西菜馆志:小乐意,在东牌楼;宴乐春,在东牌楼;宝新(教门),在东牌楼。◇茶馆志:义顺,在东牌楼;柳园,在东牌楼;文来,在东牌楼;宝新,在东牌楼。

《冶城话旧》卷一:宴乐春鸭。南京以善制鸭著,桂花鸭、盐水鸭、板鸭、酱鸭,名目繁多。沙湾濮恒兴、黑廊韩复兴与武定桥刘天兴,皆名鸭子铺。然予犹取宴乐春,买一鸭可以成全席。宴乐春在武定桥侧。

《东山琐缀》:近百年刻书业始于洪杨事变之后,随曾左而起者曰李光明,江南官书局所刻皆出李氏。其后则有姜氏,姜氏名文卿,在东牌楼党家巷。

《旅京必携》:◇石埭会馆,地址:东牌楼。◇江苏全省印花烟酒税局,地址:东牌楼;电话号码:22196。◇江宁第一区烟酒事务分局,地址:东牌楼;电话号码:23381。◇东波园菜馆,地址:东牌楼;电话号码:21214。◇六华春酒菜馆,地址:东牌楼;电话号码:22155。◇宴乐春菜馆,地址:东牌楼;电话号码:22874。◇裕泰春茶叶号,地址:东牌楼。◇钰成号卷烟店,地址:武定桥。◇钰成钱庄,地址:武定桥;电话号码:23674。◇任森泰木器号,地址:东牌楼;电话号码:23337。◇煤炭锅业。昶兴号,地址:东牌楼。沈广兴号,地址:东牌楼。

《新南京(民国)》:◇劳书一医师,开业地点:东牌楼17号。◇国医。任鉴卿,开业地址:东牌楼28号;张少南,开业地址:东牌楼32号;潘周仁,开业地址:东牌楼117号。◇中药铺。老广和,营业地点:东牌楼144号。

《南京概况(秘密)》:◇江苏区货物税局南京分局,设东牌楼136号。◇机器制冰业同业公会,地址:东牌楼167号。◇消防总队第二分队,驻东牌楼。

《金陵十记》:◇张薰南,南京市立一中国文教员,住本市东牌楼,善书,尤嗜酒。◇东牌楼,(抗战时期)鸦片烟馆在这长街上,几乎是一家紧接一家的比户相连。◇出售笙、箫、管、笛之乐器作坊,多在东牌楼。

《民国会社党派大辞典》:安徽省石埭县旅京同乡会,1947年9月在南京成立,会址设在南京东牌楼104号。

《秦淮区志》:◇消防警察队。民国十七年(1928)八月,南京特别市政府公安局成立消防警察队,下设南区消防队,驻今东牌楼。◇消防三中队。1949年5月,市公安消防大队成立,其中第三中队设在区境东牌楼。◇南京市财经学校,校址:东牌楼74号。1980年创办。

《南京辞典》教育:南京市财经学校,省级重点职业学校。夫子庙校区位于东牌楼74号,新街口校区位于慈悲社5号。其(夫子庙校区)前身,是城南中学分校。1955年,易名南京市第三十二中学。1980年12月,改名南京市中等专业学校财经分校。1987

年12月定现名，2001年与南京市第五十八中（新街口校区）合并。

《南京地名大全》：东牌楼，位于夫子庙西南，东北起来燕广场，接贡院街、瞻园路，西南至长乐路武定桥。1864年，曾国藩打败太平军后，进驻南京，在道署街（今瞻园路）东口建一座表功的牌楼，名东牌楼。后附近成巷，巷以为名。清《同治上江两县志》载："东牌楼，有石埭会馆。"

《秦淮地名概览》：东牌楼，位于夫子庙西牌坊西南，东北起贡院街，沿内秦淮北岸，西南至长乐路武定桥，长350米。该巷原宽仅3米。两侧多为旧式平房。1999年，拓宽改建为大道。

信府河

位于中华门东北，内秦淮河右岸，北起长乐路武定桥西堍，南向，越马道街，迤南至中华路镇淮东桥北堍，长639米。六朝时期，其地为朱雀门（航）西侧，属古桐树湾。东晋即在其址置国子学，南唐更设国子监于该址，故其地初名国子监巷。居其巷者，多有闻人，宰相宋齐丘[宋齐丘（887–959），字子嵩，豫章（今江西南昌）人。历仕杨吴与南唐，累官至左右仆射平章事。]，即寓宅其地。宋元时期，属长乐坊，有明道书院（内设程子祠），其时该地周边，士庶杂居，人烟颇密。明代，其地属织锦一坊、织锦二坊，信国公汤和府宅建于斯，故名信府河。清代，临秦淮辟建救生局，江苏学政署在其侧。巷西有下江考棚及诸葛祠。民国时期，渐成市井，巷西侧创建南京市立医院。新中国成立后，尤其是改革开放以来，信府河（街）已华丽转身成为一条古色古香的临河景观道路。

《舆地志》卷一五：朱雀桥，当朱雀门下，渡淮水。王敦作逆，温峤烧绝之，是后权以舶航为浮桥。（按：详情参阅《朱雀桥》条目下释文及引文。)

《建康实录》卷九:(太元)十年(385)春,尚书令谢石[谢石(327-388),字石奴,陈郡阳夏(今河南太康)人。历任秘书郎、尚书仆射、中军将军、尚书令等。]以学校陵迟,上疏请兴复国学于太庙之南。

《舆地志》卷一五:国学,在江宁县东南二里一百步右御街东,东逼淮水,当时人呼为国子学。

《南唐书》卷二三:南唐跨有江淮,鸠集坟典,特置学官,滨秦淮,开国子监。

《景定建康志》卷一六:◊国子监巷,今镇淮桥北御街东,旧比较务(比较务,亦名平准务,为唐宋时期专门管理并核定"度量衡"标准的衙署。)即其地。◊长乐坊,在御街左,镇淮桥东北。◊长乐桥,唐秦淮上有长乐桥,又曰长乐渡,在县东南六里,今桐林湾是其地,隶长乐坊。

《至正金陵新志》卷一二:◊平准务,在御街东。◊宋子嵩宅,齐丘宅在国子监巷。

《六朝事迹编类》卷七:宋齐丘宅,旧传在镇淮桥之北、御街之东,今南北较务是也。其后又为南唐国子监。

《同治上江两县志》卷八:南唐建国子监于镇淮桥北,在御街、旧比较务地,人呼国子监巷。

《景定建康志》卷二九:明道书院,在学宫(即南唐国子监)西(东)北,淳祐元年(1241)建。先是,淳熙初(1174)忠肃刘公珙[刘珙生平,见《贡院街》条目下注释]祠程子[即程颢,世称"明道先生",生平见《贡院街》条目下注释]于学宫,朱文公[朱熹(1130-1200),字元晦,号晦庵,婺源(今江西婺源)人。绍兴十八年(1148)戊辰科第五甲第90名进士,三年后铨考中等,授左迪功郎、泉州同安主簿。历官枢密院编修、知南康军、提点江西刑狱公事、江东转运副使、漳州知府、潭州知府、秘阁修撰、焕章阁待制等。卒赠宝谟阁直学士,谥:文,封徽国公,从祀孔庙。一生研究理学,著作很多,后人辑有《朱子大全》《朱子语类》等。]为之记。绍熙间(1190-1194),主簿赵君师秀[赵师秀(1170-1219),字紫芝、灵芝,号灵秀、天乐,永嘉(今浙江温州)人,宋太祖八世孙。绍熙元年(1190)庚戌科进士,授上元主簿,后调任江西筠州推官。未几,辞官寓居杭州。仕途不佳,诗坛著名,有《赵师秀集》。]来居其官,即听事西偏绘像祠之。嘉定乙亥(嘉定八年,1215),主簿危君和[危和(1166-1229),字应祥、祥仲,号蟾塘、闲静居士,临川(今江西抚州)人。开禧元年(1205)乙丑科进士,嘉定七年(1214)授上元主簿,大辟祠宇祀程颢;知德兴府,振荒有惠政。著有《蟾塘文集》。]复请于太守刘公榘[刘榘(1149-?),字仲则,号求斋,莆阳(今福建莆田)人。淳熙八年(1181)辛丑科进士,授嵊县令。历官朝奉郎、漳州通判、中奉大夫、宝文阁待制、江东安抚使知建康府、工部尚书等。著有《金陵吏余》四卷。],乃于簿廨之东得钤辖旧廨之地,改筑新祠。未几,李公珏[李珏(?-1275),字梦闻,平江府(今江苏苏州)人。名臣李弥逊(字似之,1085-1153)之孙,初授江阴司法参军。累官大理评事、大理寺丞、朝散郎知常州、湖北提举常平、江东提刑、浙东提刑、绍兴知府、江西提刑、江西安抚使兼节制江淮军马、户部侍郎、宝谟阁学士、江淮制置使、江东安抚使兼行宫留守知建康府、礼部侍郎等。德祐初(1275),乞归,以刑部侍郎召,不赴,卒。]来继刘公,咸相其役,前护重门,中俨祠像,扁其堂曰"春风"。淳祐己酉(淳祐九年,1249)二月,天大雷电,书阁忽灾。退庵吴公[吴渊(1190-1257),字道父,号退庵,宣州宁国(今安徽宣城)人。嘉定七年(1214)甲戌科进士,授建德县主簿。历官秘书丞、镇江知府兼淮东总领、户部侍郎、江东转运使知太平州、江西安抚使兼转运副使知江州、江东安抚使知建康府、兵部尚书、端明殿学士、资政殿大学士、福建安抚使知福州等。封金陵公,拜参知政事。卒,赠少师。有《退庵集》《退庵词》。]因更创之,阁视旧益伟。下为春风堂,聘名儒以为长,招志士以共学。广斋序,增廪稍,仿白鹿洞规,以程讲课,士趋者众。圣天子(南宋理宗赵昀,1205-1264)闻而嘉之,亲洒“明道书院”四大字赐为额，与四书院等。

《至正金陵新志》卷九：明道书院，仍宋旧规，无所更易。

《万历上元县志》卷四：明道书院，在镇淮桥北。宋淳熙初(1174)，留守刘珙以先生尝为上元簿，祀之学宫，朱熹为之记。弘治己酉(弘治二年，1489)，提学御史司马亜[司马亜(生卒不详)，字通伯，号惧庵、兰亭居士，山阴(今浙江绍兴)人。成化八年(1472)壬辰科殿试三甲第2名进士，授国子监助教。历任广德州提学、南畿提学御史、福建督学副使、福建按察司副使、巡按直隶佥都御史等。乞归后，筑园莳卉，赋诗自娱，善书法，精行草，著有《兰亭集》。]于府学东偏建祠祀之，榜其门曰：明道先生祠，自为记。嘉靖初(1522)，御史卢焕[卢焕(1483-1530)，字尧文，汝宁府光州(今河南光山)人。正德十六年(1521)辛巳科殿试第二甲第101名进士，选庶吉士，授御史。巡盐河南，督学南畿，有政声，惜早逝。]始即今址为书院，祠祀焉。有绰楔(古代四立面牌坊之称谓)，题曰：明道书院。

《嘉庆新修江宁府志》卷一六：明道书院，在镇淮桥东北。国朝康熙六年(1667)，郡守陈公开虞[陈开虞(生卒不详)，字嗣徽，一字大亨，关中(今陕西富平)人，诸生。顺治十二年(1655)，其兄陈有虞(字嗣韶，一字大陆，顺治九年壬辰科殿试第三甲第165名进士，授福建仙游县令)在闽与海匪战殉，开虞哭奔福建仙游，料理其兄后事。时值定远大将军济度(爱新觉罗·济度(1633-1660)，清宗室，袭封简亲王，议政大臣。顺治十一年(1654)，授定远大将军，出师福建。顺治十七年(1660)，病逝于北京。卒年28岁，谥：纯。)求文武才，招试数百人。开虞与焉，居第一，承制授漳州同知。缮雉堞，严斥堠，募勇敢，寇不敢窥，民赖以安。连署龙溪等四邑，皆有政绩。康熙二年(1663)，陞江宁知府。在任六年，大兵大役，支应有方，毫不累民。又清案牍、辨冤狱、释株连，活凡数十人。力请除浮赋数千金，兴学校，修《江宁府志》。政尚严肃，境内称治。]修复之，今亦废。

《洪武京城图志》：织锦一坊，在聚宝门内，旧桐树湾街；织锦二坊，在镇淮桥北，旧国子监街。

《同治上江两县志》卷五：信府河街南，《帝里人文略》："京城南，古桐树湾，今谓之信府河。"因信国公［汤和（1326–1396），字鼎臣，濠州（今安徽凤阳）人。与朱元璋（字国瑞，1328–1398，明朝开国皇帝。）为少年好友，随之征伐南北，英勇善战，屡立功勋。初封中山侯，继封信国公，卒封东瓯王，谥：襄武。］久居于此，故名。巷内旧有汤和祠，今废。信府河街北，古长乐坊也，有救生总局。

《嘉庆新修江宁府志》卷一二：江苏学院（政）署，在府南武定桥旁。

《秦淮志》卷八：长乐渡，《应天府志》："在武定桥西（南），今救生局口是也。"有坊，题古长乐渡。

《金陵待征录》卷三：信府河，今长乐渡地，旧名桐树湾。

《上元江宁乡土志》卷三：信府河，明信国公汤和府遗址也。又西南交南门大街。

《秦淮志》卷六：汤和宅，在武定桥南，即古之桐树湾也。以信国公府所在，今称信府河。

《白下琐言》卷一：今信府河救生局正当古长乐渡处，有真武庙。

《嘉庆新修江宁府志》卷一三：诸葛武侯庙，在镇淮桥东北军师巷。

《白下琐言》卷二：诸葛祠，在信府河军师巷。相传：和吴破魏时，武侯驻节于此，近归生生堂救生局。高楼三楹，南窗夜启；塔灯在望，颇称僻静。

《金陵待征录》卷二：辛卯庚子（道光十一年十一月，1831、12），江南大水，改试期于（翌年）九月乙巳（初八），增修下江考棚。沈韩峰《新亭闻见记》："旧以抄没内官私宅为总督府，武宗南巡居之，因改督学署。”万历乙未（万历二十三年，1595），移句容。国朝改归，修缮完固。号舍桌凳皆嵌以石，因地道传递事罚修也。［按：《新亭闻见记》应为（嘉隆）《两朝闻见纪》，作者：沈越（1501–？），字中甫，号韩峰，应天（今南京）人，南京锦衣卫匠籍。嘉靖十一年（1532）壬辰科殿试第三甲第96名进士，授罗田知县，调平江知县。历官监察御史、开州通判、河南卫辉府推官、德安府同知等。著有（嘉隆）《两朝闻见纪》《藩镇传》《诸史撮要》等。］

《同治上江两县志》卷一一：下江考棚，国朝康熙五十一年（1712）改建，今地遭乱毁。（同治）四年（1865）重建，六年（1867）增修，共屋百十七间。按：考棚在道光初，曾因案罚修，至为坚实。

《白下琐言》卷七：下江考棚之左长生庵，本为三学设历案宗师长生禄位之所，继奉禁撤去，遂为僧庵。至今考棚内，犹有去思碑数通。

《里乘备识》识废置：下江考棚、江苏学政试士所，改为织布厂；在南门程子祠之右，又以余屋改为积谷义仓。

《白门食谱》：信府河陈鱿鱼，火候极有讲究，不易烂之鱼，竟能使之异常烂也。且烹治亦甚有味，食者皆以为一绝。其所作他菜，亦皆异乎寻常，而成为该厨之独制，故其名亦颇著于城市中焉。［注：张通之（1875–1948），名葆亨，字通之，六合人，世居南京仓巷。宣统元年（1909）拔贡，终生未仕，工诗词、擅书画，以教书为生。著有《娱目轩诗集》《庠序怀旧录》《趋庭纪闻》《秦淮感逝》《白门食谱》等。］

《秦淮感逝》：◇濮仲厔，住秦淮之西、白酒坊。◇朱幼文，住秦淮之西、白酒坊。◇程冠山，住秦淮之西、信府河。◇张曾璧，住秦淮之西、白酒坊。

《金陵杂志》：◇庙宇志。玄帝庙，在信府河；长生庵，在下江考棚。◇学校志。艺徒学堂，在下江考棚；第二十国民学校，在程子祠。◇祠祀志。大程子祠，在下江考棚；诸葛武侯祠，在军师巷。

◇慈善事业志。救生总局,在信府河;信河水龙局,在信府河。◇社会志。南园浴池,在信府河。

《新都游览指南(民国)》:社会调查处,地址:下江考棚。

《南京游览指南(民国)》:仁寿工厂,地址:城内下江考棚;电话:1389。

《旅京必携》:◇信府河小学,校址:信府河。◇考棚小学,校址:下江考棚。◇第一平民工厂职业工会,会址:下江考棚。◇中医朱子卿,地址:信府河。◇第五警察局第二分驻所,地址:信府河;电话号码:21303。◇王朝甫笔墨店,地址:下江考棚。◇刘振瀛律师,住址:信府河。◇不动产经纪人张鹤颜,住址:信府河厨子营13号。

《新南京(民国)》:◇信府河小学,地址:信府河;◇中华门义务小学,校址:信府河163号。◇市立第二诊疗所,地点:下江考棚;◇国医。朱子卿,开业地址:信府河111号;邵星斋,开业地址:信府河92号;陈少海,开业地址:信府号8号;孙绳祖,开业地址:信府河81号;黄仲和,开业地址:信府河133号;程筱竹,开业地址:信府河116号;朱衡三,开业地址:信府河54号;朱正元,开业地址:信府河103号。◇现代新闻社,地址:信府河。

《金陵十记》:◇金陵世医。濮静文、濮仲卿,为白酒坊著名的喉科。◇三十年代,南京厨行享有盛名的有:船板巷的田厨行、信府河的陈厨行、下江考棚的邵厨行、大辉复巷的伍厨行等。

《民国会社党派大辞典》:复兴俱乐部。1933年10月16日组织成立,会址设在南京下江考棚14号。

《南京概况(秘密)》:◇南京市立医院,地址:中华路下江考棚内。◇南京市立第一卫生事务所,地址:下江考棚。

《南京民国建筑》:南京市立医院,位于秦淮区长乐路68号(其址东临信府河,南值下江考棚,西邻中华路,北面长乐路),现为南京市第一医院。1934年11月,国民政府拨款12万元,令南京市政府在下江考棚(市立第二诊所)旧址筹建楼房两幢,创设市立医院。一年后建成,1936年1月2日开诊收治病人。1949年5月,南京市人民政府接管该院,易名为南京市立第一医院。1968年,改名为南京市第一医院。1984年,定为南京铁道医学院(2000年并入东南大学)教学医院。至今已发展成集医疗、科研、教学为一体的大型综合性医院。

《秦淮区志》:◊信府河,在秦淮西岸的武定桥至镇淮桥之间。此街古称桐树湾,后因明代信国公汤和府邸在此,故改称信府河。信府河街一带的秦淮水道曲折变化,巷陌依河道呈现宛转多姿之态,且残缺的河房河厅及巷陌旧貌依稀尚存。1997年,是秦淮风光带轮廓未失的明清老街。◊信府河小学,校址:信府河100号。◊培智中心学校,校址:信府河95号。

《南京地名大全》:信府河,位于中华门东北,内秦淮河西岸。西南起镇淮东桥,东北至武定桥,明代《帝里人文略》载:"京城南,古桐树湾,今谓之信府河。"以巷内有明初信国公汤和祠而得名。

《秦淮地名概览》:信府河,位于中华门东北、内秦淮西岸,北起长乐路武定桥,南至中华路镇淮桥北堍,长639米,宽5米。《明代帝里人文略》:"京城南,古桐树湾,今谓之信府河。"巷内原有明初开国功臣信国公汤和祠,今废。清《同治上江两县志》分为信府河街南、信府河街北,并称"信府河街北,古长乐坊也,有救生总局。"现沿河新建仿明建筑,古色古香,十分宜居。

糖坊廊 · 长乐街

位于中华门城内西北侧、内秦淮右岸,东起镇淮西桥北堍,迤西北接长乐街，长280，为糖坊廊；续行西北越中山南路，至新桥东堍，长322米，为长乐街。两街首尾相衔，原系一体，六朝时期，其地为建邺城垣南侧临淮之盐渚，设有盐仓，开有盐市，故初名盐仓街。唐宋以降，盐仓北迁（今城北鼓楼区有盐仓桥），其时，该街东南段属建业坊；西北段属永安坊，滨淮多有竹排泊停，竹木行业应运而生，各类竹木工匠纷纷在此设店，故始名竹街，亦称篾街。南宋侍卫马军司统制牛富［牛富（1238–1273），字明义，号耿夫，霍丘（今安徽霍邱）人。官侍卫马军司统制，固守襄阳、樊城六年之久，咸淳九年（1273），元军水陆夹击，城破投火殉国。］宅府即在竹街，其战殁噩耗传来，夫人悲痛不已，舍宅建祠祀之。无独有偶，元江南行台御史大夫福寿［福寿（?–1356），西北党项族人，俊茂知书，尤善应对。历任长宁寺少卿、饶州路达鲁花赤、淮西廉访副使、工部侍郎、同知枢密院事、江南行台御史大夫等。至正十六年（1356），明军攻陷集庆（今南京），福寿奋力抵抗至战亡。追封卫国公，谥：忠肃。］亦寓宅竹街，其战亡时，同死者除家人外，尚有众多将卒，殆尽无遗。因该街俗谓篾街，故后人有据此称其地为“灭街”者。元代，有江东书院；明代，有新泉书院。明清时期，其地属杂役二坊，一街始分为二，东南段称糖坊廊，西北段名长乐街。民国时期，人烟日众。民居鳞次，公寓栉比。中华人民共和国成立后，特别是改革开放以来，该地发生巨大变化。长乐街改建成仿古街区，新貌古意，一派生机；糖坊廊跑马楼及河房河厅，原为清代陶氏“德泰和布庄”，现修旧如旧，保持原状，为江苏省文物保护单位。

《景定建康志》卷一六：◇盐市，在朱雀门西。◇建业坊，在御街右，镇淮桥西北。

《至正金陵新志》卷四：◇盐市，在朱雀门西。《金陵故事》：有盐市，即盐渚也，在县东南三里。◇《庆元志》载：六朝及唐里名，（御街）右南，坊九，曰：承贤、舜泽、建业、兴政、雅政、凤台、滨江、永安、敦教。

《秦淮志》卷八：盐市，在箴街，《肇域志》曰：竹街，又名盐渚，旧置盐市于此，俗名箴街。

《钟南淮北区域志》街巷：南门桥北西转，为箴街，一名竹街，又为盐仓街。旧有江东书院，元吴草庐先生澄讲学之地也。

《正德江宁县志》卷五：竹街，在县南，临秦淮，即古滨江（永安）坊，又名盐渚，旧置盐市于此。今东通朱雀街，西通饮虹桥，路北有巷，通古花行。

《嘉庆新修江宁府志》卷一二：箴街，宋之竹街也。

《同治上江两县志》卷五：箴街，《肇域志》曰：竹街，又名盐渚，旧置盐市于此，俗谓箴街。有江东书院，《金陵新志》：在永安坊盐仓街。郡人王进德（生平见《贡院街》条目下注释）创，南临秦淮。吴草庐[吴澄（1249—1333），字幼清、伯清，抚州崇仁（今江西乐安）人。宋末乡贡，隐居治学，人称草庐先生。元至大元年（1308）被征任国子监丞，历任翰林学士、经筵讲官等。卒赠临川郡公，谥：文正。]尝讲授于此。

《至正金陵新志》卷一一：牛将军庙，在城西南隅竹街。宋末樊城死节，敕赠节使，庙额“忠烈”。

《正德江宁县志》卷六：忠烈祠，在县西南隅竹街，即竹篆港下口，祀宋静江军节度使牛富。富，霍丘人，以统制守樊城。元兵陷城，赴火死。诏赠官，谥：忠烈。

《宋史》卷四五〇：牛富，霍丘人，为侍卫马军司统制。戍襄阳五年，移守樊城，累战不为衄，且数射书襄阳城中遗吕文焕[吕文焕（?—1299），号常山，小名吕六，安丰（今安徽寿县）人。咸淳初，任京西安抚副使兼知襄阳府，驻守襄阳抗元。咸淳九年（1273），襄樊失守后，降元，官至江淮行省右丞。大德三年（1299）病卒。]，相与固守为唇齿。两城凡六年不拔，富力居多。城破，富率死士百人巷战，（敌）死伤不可计。渴饮血水，转战前，遇居民烧绝街道，身被重伤，以头触柱赴火死。

《元史》卷一四四：福寿，唐兀人。(至正)十五年(1355)，迁江南行台御史大夫。十六年(1356)，大明兵围集庆，福寿数督兵出战，尽闭诸城门，独开东门以通出入。而城中势不复能支，城遂破，百司皆奔溃。福寿乃独据胡床，坐凤凰台(在竹街新桥以西)下指麾，左右或劝之去，叱之曰："吾为国家重臣，城存则生，城破则死，尚安往哉！"俄而乱兵四集，福寿遂遇害，不知所在。达民达思(字思明)死之，又同时死者，有治书侍御史贺方(字伯京，晋宁人)。

《嘉庆新修江宁府志》卷一三：◊忠烈庙，在府治竹街，祀宋静江军节度使牛富。富，霍丘人，以统制守樊城。元兵陷城，赴火死，诏赠官，谥：忠烈。◊卫国忠肃公庙，旧在府治城南土门冈(即今雨花台北大门)，祀元江南行台御史大夫福寿。明洪武间，改建于钦天山阳，今废。

《至正金陵新志》卷九：江东书院，在城内永安坊盐仓街。至治元年(1321)五月，郡人王进德创建，子霖，又为营度庙屋，通六十余间。地临秦淮，竹木修茂。置田溧阳九百亩，供赡生徒。前翰林学士草庐吴公，尝于其中讲授群士，往从受业甚众。泰定元年(1324)，定今额。

《洪武京城图志》：杂役二坊，在镇淮桥北，旧竹街。

《金陵世纪》卷二：◊盐市，在朱雀门西。◊百花巷，在竹街北。◊杂役二坊，镇淮桥北。◊竹木行，在武定桥西，临秦淮，竹木所聚。

《万历上元县志》卷四：新泉书院，在长乐街。嘉靖初(1522)，湛若水[湛若水(1466—1560)，字元明，号甘泉，增城(今广东增城)人。弘治十八年(1505)乙丑科殿试第二甲第3名进士，选庶吉士，擢编修。历任南京国子监祭酒、礼部侍郎、南京礼、吏、兵三部尚书等。卒赠太子少保，谥：文简。有《湛甘泉集》。]为礼部侍郎(时)建。置田数顷，以延四方之士。万历十一年(1583)废。

《正德江宁县志》卷七:陈巳宅,在秦淮北岸竹街。[按:陈巳生平无考,唯于《至正金陵新志》卷一二:(宋)《游宦》条目下,录有其名。]

《秦淮感逝》:冷仲瑶,住秦淮西流之北、长乐街瓦匠巷。

《金陵杂志》街道志:第二区第二段街巷地址名称:糖坊廊、长乐街。

《首都志》卷二:中华门、糖坊廊、长乐街,右四局三所。

《新南京(民国)》:◇国医张仲镜,开业地址:长乐街16号。◇国医时斌儒,开业地址:糖坊廊61号。◇公昌机器厂,负责人姓名:褚才根;地址:糖坊廊。◇新中国报社,地址:长乐街。◇时事通讯社,地址:长乐街。

《南京概况(秘密)》:◇海军第五署处长胡敬瑞,江西人,字茂先,年卅九岁,美海军研究院毕业。住址:糖坊廊54号。◇安徽区货物税局驻京通讯处,设长乐街68号。

《旅京必携》:◇时事通讯社,地址:长乐街86号。◇鞋业同业公会,地址:长乐街。◇江宁烟酒牌照局,地址:新桥长乐街;电话号码:21827。◇祥丰钱庄,地址:篾街;电话号码:21777。◇李宗谦律师,住址:长乐街。

《金陵十记》:盐市,即今篾街,但地名已改为糖坊廊。

《金陵野史》秦淮风情:篾街和事,不找外人。从前,篾街(今中华门内长乐街)有一爿老万全茶馆,每天总有一帮人要到那里去调解民众间发生的纠纷。如篾街内部发生纠纷时,就由当地人自行调解,不必找外人了。此语喻某件事可由内部研究处理,不必求助外人。

《秦淮夜谈(第24辑)》德泰和布庄:清朝同治二年(1863),徽商陶氏四兄弟从安徽陶吴来南京开设“德泰和布庄”,并在南京篾街(现糖坊廊61号)择基建房,销售家乡的畅销品“本布和蓝印花布”。因为销售量日益增多,且印染过程跟不上,故又在德泰和布庄对面的糖坊廊66号另设“印染坊”。民国期间,又在糖坊廊68号增设了“织布坊”。

《民国会社党派大辞典》:南京市鞋商业公会。1946年3月26日在南京成立,会址设在南京糖坊廊55号。

《金陵胜迹大全》:糖坊廊61号陶宅,建筑平面呈菱形,两进跑马楼,中间内天井,四周的檐下,栏板、挂落满目雕刻,为清代中晚期建筑风格。外观保存相当完整,高大的封火山墙在秦淮河畔尤为突出。

《南京地名大全》:糖坊廊,位于中华门内镇淮桥西北,东南起中华路镇淮西桥,西北接长乐街。清《同治上江两县志》谓:“篾街,《肇域志》曰竹街,又名盐渚,旧置盐市于此,俗曰篾街。有江东书院。”为竹器作坊集中地,故名。民间传:曾称灭街。一说,明初,因一户人家扎了一只大脚女人的彩灯,锦衣卫枉杀了全街人,故名;另一说,元朝官员福寿及其部下住此街,在元亡时,不肯投降,纷纷全家自尽,整条街大小人口几乎灭绝,故名。清末,王、陈二氏在此街开糖坊,因“篾街”与“灭街”同音,人们认为不吉利,遂更今名。

《秦淮区志》:◇长乐街,南起糖坊廊,北至集庆路。相传:明清时期,此地集市兴旺,且因街道中段有长(常)乐庵,故名。◇糖坊廊,东南起镇淮西桥,西北至集庆路。原名灭街,讹为篾街。后设糖作坊于此,故名。◇常乐社(庵),地址:长乐街75号,负责人(住持):印缘。◇长征碱厂,地址:长乐街45号。◇光绪末年(1908),在长乐街59—61号,有伊斯兰教协会办的篾街女学,占地434平方米。◇鞋商业工会,地址:糖坊廊55号。

《秦淮区文物保护服务手册》:保护级别,省级。文物名称:糖坊廊河房;时代:清;地址:糖坊廊61号;公布批次:省保第五批。

《秦淮地名概览》:◇糖坊廊,位于中华门城堡西北侧,东起镇淮西桥北堍,西至长乐街,长280米,宽4米。原名篾街,《钟南淮北区域志》:"南门桥北西转,为篾街,一名竹街,又为盐仓街。旧有江东书院,元吴草庐先生澄讲学之地也。"《首都志》载有此巷,古代竹器作坊集中于此,因名篾街。后屡经兵燹,居民散佚殆尽,故谐音称为灭街。清末,有王、陈二姓在此街开糖坊,遂更名糖坊廊。巷内61号为清代陶氏宅院,跑马楼及河房河厅,尽显古风古貌。现为江苏省文物保护单位。◇长乐街,位于中华门西北,南起糖坊廊,迤北过中山南路,至新桥东堍,长322米,宽5米。《首都志》载有此巷,因街中段曾有长乐禅林,故名。现街被中山南路截为两段,西段现已建成仿明建筑街区,东段于甘露桥畔建有甘露阁,古朴端庄。◇长乐园,位于中华门城堡西北侧、糖坊廊65号,东起糖坊廊,西邻长乐街,南临内秦淮,北至煤灰堆,建有住宅楼4幢。1996年12月建成,因紧邻长乐街,故得名为长乐园。

牛市·颜料坊

位于三山街中山南路西南侧,南起新桥东堍,迤北沿秦淮右岸,至上浮桥东堍,长486米。六朝时期,该地属竹格渡口,周边市场毗邻,人烟辏辐,十分繁华。唐宋以降,渡口不存,市场依旧,地属宽征坊,仍是庶民聚居之区。及至明清,始筑上浮桥以利济渡。桥东堍南侧形成街道,名牛市,与颜料坊相邻,以童子巷相携,多有闻人建宅寓居于斯,且百货商铺栉比其间。民国时期,一直为城南居民的集中住宅区。1949年后,牛市、颜料坊两街除路面改为沥青外，明清老宅虽旧仍在。2009年，牛市颜料坊片区全部拆除，延至2017年始建88幢别墅，名之曰：南京院子。

《舆地志》卷一五：竹格渡，两岸要冲处，并以航济。西自石头、东至征虏亭，凡二十四所。［详情参阅《上浮桥》条目下释文及引文。］

《正德江宁县志》卷五：◇竹格渡，在宋县治西南二里，即竹格航。当在今下水门东南。◇新桥市，在县西南，通饮虹桥，即古鱼市。《建康志》：鱼市，在东市、西市、凤台、鹭洲四方之会。今新桥十字街口，即其地。◇颜料坊，在草鞋（彩霞）街东，即古西市。东接铜作坊。◇童子巷，在颜料坊南。

《景定建康志》卷一六：◇案《宫苑记》："又有小市、牛马市、谷市、蚬市、纱市等一十所，皆边淮列肆裨贩焉。"◇西市坊，在鱼市西。◇宽征坊，在西市之南。

《至正金陵新志》卷四：◇自昔言市者，则以东市、西市、凤台、鹭洲四坊之建为市，盖即鱼市。◇西市坊，在鱼市西。◇宽征坊，在西市之南。

《金陵琐事》卷三：秀才徐九功，一日饮友家。夜归，月明径静，见南门河中突出一女子，姿容妖冶异常，同行里许。九功家在上浮桥南岸（牛市），敲门而入，登楼开窗，再玩月色。

《金陵世纪》卷二：◇颜料坊，铜作坊西。◇童子巷，颜料坊南。

《嘉庆新修江宁府志》卷一二：颜料坊，江宁县治西，草鞋（彩霞）街东南。

《同治上江两县志》卷五：◇牛市，《肇域志》引《南畿志》：牛市在饮虹桥东北，西临淮水，有浙江会馆，有古槐，又有古风盛宅。古本繁昌（今安徽芜湖繁昌）人，徙家居此。世称古子敬香皂、汪天然包头、吴玉峰膏药、耿氏香糕、杨君达海味、仰氏纸扇、伍少西毡货，皆以一物名其家，而其招牌又皆名人手笔。◇童子巷，宋夏锡[夏锡(生卒不详),衢州江山(今浙江衢州)人。咸淳三年(1267)丁卯科乡荐举进士,授奉议郎,官至太常博士。]居此,曾膺童子科。又有顾文庄公起元[顾起元(1565-1628),字邻初、太初,江宁(今南京)人。万历二十六年(1598)戊戌科殿试第一甲第3名进士(探花),授翰林院编修,历官南京国子监祭酒、詹事府詹事、吏部左侍郎等。辞官归隐后,初居牛市童子巷,后徙凤凰台花露岗"遯园"(今南京花露岗39号),潜心著述。有《客座赘语》《遯园漫稿》《懒真草堂集》等。]旧宅。◇颜料坊,《袁志》:颜料坊在草鞋(彩霞)街之东,即古西市,有山西会馆。

《炳烛夜谈》:牛市口之肥皂香粉店直扁"古子敬家"四字,系刘青田基所书。

《客座赘语》卷七:◇镇江人徐某,牛市寓中有一白兔,阅之毛白如雪,眼赤红,颇驯扰,能出入人衣袖中,亦奇物也。◇余家淮水饮虹桥北(牛市童子巷)河房,为家僮所居,中有白鼠若初生者,仆辈时见之。白物不必长年,亦不必瑞世,自有此种,不足为异。

《白下琐言》卷一:城中人烟辐辏,食井不可胜计……颜料坊内有凤凰井。

《白下琐言》卷二:金陵五方杂处,会馆之设甲于他省。若评事街之江西、武定桥之石埭、牛市之湖州、安德门之浙东、颜料坊之山西、天妃宫之全闽、陡门桥之山东、百花巷之泾县,殿阁堂楹,极其轮奂。

《白下琐言》卷六:颜料坊之童子巷,旧有鬼祟。

《续板桥杂记》:秦淮名姝,首推二汤。二汤者,本郡人,以九、十行称,孪生姊妹也。居新桥之牛市,临流数椽,湫隘已甚。

《白门新柳记》:◇安巧龄,妹巧珠,巧龄年十三,巧珠年十一,金陵人,居牛市水阁。◇文玉,广陵人,年十五,随母来金陵,居牛市秦二家水阁。◇金龄,姓耿,广陵人,己巳岁来金陵,亦居(牛市)

秦二家。

《秦淮画舫录》：王倚霞，小字阿三。牛市诸艳，无过倚霞。

《三十六春小谱》：马秀云，住牛市西头。牛市，饮虹桥以西。

《钟南淮北区域志》：颜料坊，径凤凰井南口、童子巷北口，遂抵上浮桥北街矣。

《里乘备识》：顾文庄著《顾氏小史·宅居序》谓：其先居北门桥，其父毅庵公，始卜居洪武街（今珠江路）李氏宅。后遭大水，时毅庵公守襄阳，移居城南之牛市，视旧居稍崇。公归，见之不悦。牛市之屋，前临秦淮，后通颜料坊，初置一宅，故知县陈横厓之所居；后置左一宅，故少宗伯殷秋溟[殷迈（1512—1581），字时训，号秋溟、白野，直隶南京人。嘉靖二十年（1541）辛丑科殿试第二甲第64名进士，授户部主事，历官江西参政、南京太常寺卿、南京礼部右侍郎、国子监祭酒等。]之所居。其右邻巷，有陈氏小楼，续置之。又后东北隅史氏宅，文庄谓与其弟起南置，前有河房亭榭。又《顾氏谱·续宅居说》云：文庄兄弟聚庐托处于牛市颜料坊之间，其宅旁从童子巷通牛市，有河房三间临淮水。考：今之市巷犹是旧名，文庄之居不知其为谁氏居矣。牛市旧宅，今惟吴兴会馆为最宽宏。据云：是康熙时之建筑，非明代时物。童子巷之左右，惟昔日先世父有赁宅，余归里应试时犹居之，文庄所居殆是矣。其屋甚旧，若河房则已隔牛市街路，或当日在对宇置宅，便起居耳。文庄晚年，又自牛市迁于花盝冈，起遯园。大抵是自购地址，就固有者而修葺之。遯园在宅之右，今尚有水石一二可证。

《秦淮志》卷六：缪筱珊宅，江阴缪太史荃荪[缪荃孙（1844—1919），字炎之、筱珊，号艺风，江苏江阴人。光绪二年（1876）丙子恩科殿试第二甲第125名进士，授翰林院编修。历任清史馆总纂、南菁及泺源书院讲习、南京惜阴书院主讲、钟山书院山长等。其颜料坊宅院内辟有“艺风楼”藏书，亦为当时文士造访雅集之所。]主讲惜阴书院，移家金陵，买宅于饮虹桥西(即颜料坊86号)，结艺风楼，藏书其中，今归夏氏。

《里乘备识》识事：江阴缪小山荃孙，喜藏书，在颜料坊购李氏宅，筑“艺风楼”三楹。缪避难去上海，楼中书籍亦随以去。久之，宅又易姓。今为夏博言、梅叔昆玉住屋，而艺风楼实梅叔憩息之所。庭前竹树，略有点缀；楼外天阙、天印诸峰，亦罗列可指。

《冶城话旧》卷一：艺风故居。先生(缪荃孙)居金陵久，故宅在颜料坊。身后藏书略尽，诸子多穷困，并此宅亦不能守。此宅今归“篆枚堂”夏氏，正宅仅四进，后进有楼，而旁宅并有楼相连，南京俗所谓“跑马楼”者是也。

《白门食谱》：颜料坊蒋府假蟹粉，蟹味虽佳，而性太凉，有寒湿人，多不敢食。蒋府主妇取大鳜鱼之肉，和鸡子黄，加以姜醋，作成假蟹粉，其味与真蟹粉无异，亦极养人。

《首都志》卷二：牛市、颜料坊……右三局三所。

《金陵杂志》：◊街道志：第二区第三段街巷地址名称：颜料坊、童子巷、彩霞街、上浮桥、牛市。◊庙宇志：财神庙，在颜料坊。◊会馆志：山西会馆，在颜料坊。◊公所志：酱业公所，在牛市。

《秦淮感逝》：◊夏枚叔，住秦淮西流之北、颜料坊。◊卢桔生，住秦淮西流之南、新桥下，堂子巷。◊蔡超伯，住秦淮西流之北、颜料坊。

《金陵十记》：◊南京名塾师。卢桔生，住门西新桥之堂子巷，人称卢先生。其貌魁伟，蓄小胡须，戴老光眼镜，对学生从不疾言厉色。◊张弼臣，住南京颜料坊，即其宅为画室，代人画像兼绘“影像”(即满族袍服、凤冠霞帔画轴)，是以此为生的职业画师。◊三十年代，颜料坊有铭轩和玉兴池两家浴室。

《新南京(民国)》：◊次屏慈善医院，院址：颜料坊83号。◊傅济沧医师,开业地点:颜料坊美德医院。◇朱苏忱医师,开业地点:颜料坊43号。◇古文海医师,开业地点:颜料坊次屏慈善医院。◇田履冰医师,开业地点:颜料坊次屏慈善医院。◇国医冯宝之,开业地址:牛市。◇国医朱小波,开业地址:颜料坊。◇国医陆熙伯,开业地址:颜料坊89号。◇国医陈荫庭,开业地址:颜料坊63号。◇国医张镜秋,开业地址:牛市33号。◇国医蔡超伯,开业地址:颜料坊61号。◇国医朱冠五,开业地址:颜料坊80号。◇铭轩盆堂,地址:颜料坊;电话号码:23125。◇商声杂志社,地址:新桥牛市。

《南京概况(秘密)》:◇中华基督教会城南会堂,所在地:颜料坊。◇中华基督教会半日女小学校,地址:颜料坊长老会。

《旅京必携》:◇三邑会馆,地址:颜料坊。◇山西旅京同乡会,地址:颜料坊。◇衣业同业公会,地址:牛市街。◇漆业同业公会,地址:颜料坊山西会馆。◇光中分医院,地址:颜料坊,电话:22798。◇美德医院,地址:颜料坊,电话:22563。◇医师余光中,地址:颜料坊。◇西医管桔轩,地址:牛市。◇西医戴盛熙,地址:新桥堂子巷。◇中医随翰英,地址:颜料坊24号。◇江宁县土地局,地址:牛市;电话号码:21038。◇苏南记茶庄,地址:牛市;电话号码:21384。◇泰成布庄堆栈,地址:牛市;电话号码:21045。◇冯鲁记绸布庄,地址:颜料坊。◇人和煤炭号,地址:牛市;电话号码:22391。◇刘哲律师,住址:牛市。◇蒋锡琦律师,住址:牛市。

《民国会社党派大辞典》:◇南京市衣庄业同业公会。1931年2月组织成立,1946年4月2日在南京改组成立为估衣商业公会。会址设在南京牛市分号。◇山西省旅京同乡会。1946年7月在南京成立,会址设在南京颜料坊山西会馆。

《金陵胜迹大全》:◇李熙(生平参阅《新桥》条目下释文及引文),明弘治九年(1496)进士,家居新桥(旧名饮虹桥),为人正直,人称饮虹先生。他的故居在新桥北牛市25、27号，一路五进，西倚秦淮河。门厅和大厅完整，雕刻细致，门厅有双抱鼓石，为南京地区少见。◊明清时期，南京的会馆很多。颜料坊90号山西会馆，在民国三年(1914)大修，规模很大，人称九十九间半。有二进毗连的大厅，中间有一卷棚和轩作为过渡；前厅六架梁，后厅五架梁，共有32根落地柱；北为一大花厅，中间七架梁，进深九架；花厅后有楼厅，底层前檐廊步有轩。

《秦淮区志》：◊颜料坊，东南起中山南路，西北至彩霞街。明代，此地颜料商店和染坊较多，故名。◊牛市，南起新桥，北至上浮桥。《肇域志》引《南畿志》记：牛市在饮虹桥(今新桥)东北，西临淮水。◊颜料坊小学，校址：颜料坊86号。◊南京向阳糖果厂，地址：颜料坊60号。◊南京教会，地址：颜料坊。◊估衣商业工会，地址：牛市分号。

《秦淮区文物保护服务手册》：保护级别，市级。文物名称：牛市古民居建筑；时代：清；地址：牛市64号、颜料坊49号；公布批次：市保第三批。

《秦淮地名概览》：◊牛市，位于三山街西南，南起新桥东堍，北至上浮桥东堍，长486米，宽3.5米，沥青路面。《明代南京城图》标有此街。《同治上江两县志》："牛市，在饮虹桥(新桥)东北，西临淮水。"即此处。因古代此街曾为买卖耕牛的集市，故名。民国时期，商贸兴盛。《首都志》："牛市，在饮虹桥东北，西临淮水。有浙江会馆，有古槐，又有古风盛宅。古本繁昌人，徙家居此。世称古子敬香皂、汪天然包头、吴玉峰膏药、耿氏香糕、杨君达海味、仰氏纸扇、伍少西毡货，皆以一物名其家，而其招牌又皆名人手笔。"牛市25、27号为明代直臣饮虹先生李熙的故居。李熙(1465–1524)，字师文，上元(南京)人。明弘治五年(1492)中举，九年

(1496)进士及第,授将乐知县,擢御史。因忤太监刘瑾,废居十六年。嘉靖初(1522),起为饶州知府,转浙江按察司副使,寻卒。著有《尚文集》《明农稿》等。2006年部分折迁,现正在改建中。◇颜料坊,位于三山街西南,南起中山南路,北至彩霞街,长480米,宽4米。明代,此街为颜料商店和染坊的集中地,故名。因与东市对应,故又名西市坊。清《同治上江两县志》:"颜料坊,在草鞋(彩霞)街之东,即古西市,有山西会馆。"山西会馆在原颜料坊90号,曾是南京最大的会馆。巷内86号曾是缪荃孙(1844-1919)的老宅,宅内建有艺风楼,专门收藏经典古籍、古董等,为南京著名藏书楼之一。缪荃孙是进士出身,曾任京师学监、江楚编译书局主办等,主讲南菁、泺源、钟山等书院。光绪三十二年(1906),应两江总督端方之聘,创办江南图书馆(今南京图书馆),被誉为中国近代图书馆之父。其学识渊博,著作等身,所撰《秦淮广记》,为秦淮地方文献之瑰宝。2006年折迁,现正在改建中。

《光明日报(2015.3.19)》:2006年和2009年,南京老城南曾有两轮折迁,牛市和颜料坊地块最终被拆成一片空地。

《秦淮夜谈(第22辑)》秦淮文化,千年一脉:2009年8、9月间,笔者在牛市、颜料坊折迁基坑中,捡拾历代瓷片等遗存甚夥。

《吉屋网(2017.6.26)》:南京院子,位于中山南路501号,即颜料坊以西、集庆路以北、秦淮河以东、洋珠巷以南,占地面积约4.17公顷。目前用地内保留牛市64号、颜料坊49号(市级文物保护单位),建别墅式宅院88幢。复建牛市街、颜料坊,由天香坊、修篁坊、冰梅坊、榴云坊、金栀坊、锦枫坊、桂馥坊七坊和紫云巷、葵黄巷、古月巷、黛蓝巷、天青巷、广绿巷、彤霞巷、藕荷巷八巷,共同形成南京院子"一河两街七坊八巷"的规划格局。

玉带巷·彩霞街

位于升州路中段南侧、彩霞街以西，东南起上浮桥东堍，沿秦淮右岸迤西北，至仙鹤桥北堍，长约250米。六朝时期，其地属运渎入淮口（时称禅灵渚渡，后俗称渡船口）东侧，隋唐因之，跨运渎

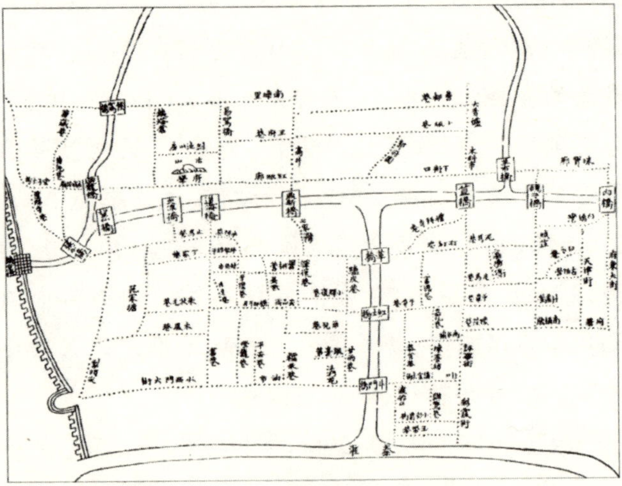

运渎桥道图

有禅灵渚桥。宋元以降，人烟渐聚，庙市兴盛，禅灵渚桥易名斗门（陡门）桥，桥东亦初成巷陌。明清时期，始有玉带巷、草鞋（彩霞）街诸街巷名。民国时期，玉带巷为清静的居民区，相邻咫尺的彩霞街却热闹非常。1995年拆迁改造，将大彩霞街拓宽，玉带巷与小彩霞街则改建成居民住宅小区，名曰：玉带园。

《建康实录》卷二：赤乌三年（240）十二月，使左台侍御史郗俭监凿城，西南自秦淮，北抵仓城，名运渎。运渎旧有六桥：孝义，本名甓子桥；次南有杨烈桥，宋王僧达［王僧达（423—458），琅琊临沂（今山东临沂）人，王导五世孙。历任宣城太守、征虏将军、吴郡太守、中书令等。自负

高门,屡经犯忤,赐死。]观斗鸡鸭处;次南出有西州桥,今县城东南角路东,出何后寺门;次南有高畔桥,建康西尉在此桥西,今延兴寺北路东度此桥;次南运渎临淮有一新桥,对禅灵渚渡。

《景定建康志》卷一六:斗门桥,在乾道南桥之南。景定二年(1261),马公光祖重建,自书桥榜。跨运渎。

《至正金陵新志》卷一一:东岳庙,在城内西南,斗门桥之东。宋雍熙二年(985)置,绍兴十一年(1141)重建。今至正癸未(元至正三年,1343)郡民宋通甫等重修。

《万历上元县志》卷四:斗门桥,即古禅灵寺桥,秦淮入运渎之始

《嘉庆新修江宁府志》卷八:禅灵渚渡,当古禅灵寺前,今陡门桥地是也。

《正德江宁县志》卷五:草鞋(彩霞)街,在县西,东通颜料坊,西接斗门桥,路北通毡匠坊。

《万历应天府志》卷一六:草鞋街,自斗门桥东向,抵颜料坊。

《同治上江两县志》卷四:斗门桥,景定二年(1261)马光祖修,古禅灵渚桥也,西出有禅灵寺。

《白下琐言》卷三:上浮桥西玉带巷,旧指为俞通海[俞通海(1329-1366),字碧泉,江淮行省安丰路(今安徽寿县)人。元末随父投奔朱元璋,初授万户,骁勇无畏,长于水战,以功累迁至中书省平章政事。后于平江战役中,为流矢所伤,未几,卒。初封豫国公,改封虢国公。]宅。今中州会馆内石坊尚存,南临淮水,虽无字可识,而雕凿狮子气象轩昂,非公侯家不办。郡志未载,袁简斋[袁枚(1716-1797),字子才,号简斋,别号随园老人,钱塘(今浙江杭州)人。乾隆四年(1739)己未科殿试第二甲第5名进士,选翰林院庶吉士。七年(1742)外放,历知溧水、江浦、沭阳、江宁等县。十三年(1748)辞官,后不复仕,于南京小仓山筑"随园",蒐集书籍,创作诗文,优游山水之间。

著有《小仓山房集》《随园诗话》《子不语》等。]先生《江宁县志》称:“明成国公宅,在上浮桥西南,临秦淮。”姓名独阙。通海封爵为虢国,或有误欤?

《白下琐言》卷六:街巷之名,今昔多殊,间有可识者,亦皆讹舛。如……草鞋街在斗门桥南,讹为彩霞街。

《同治上江两县志》卷五:◇玉带巷,《白下琐言》:“上浮桥西玉带巷,旧指为俞通海宅。”案《南都察院志》云:“成国公朱仪宅,在上浮桥西。”或即俞宅之误。◇大彩霞街,《白下琐言》:“草鞋街,在斗门桥南,讹为彩霞。”

《运渎桥道小志》:禅灵寺桥者,即今之斗门桥也。桥上有观音阁,同治初(1862)里僧所建。后轩三楹,俯临渎水,舟过其下,时闻桨声。然沿河细径,为所占断矣。桥东右转循渎,南临淮水为渡船口。渡口滨淮,东出有玉带巷,东通上浮桥。明成国公朱仪宅在焉。稍北又有巷,曰小彩霞街,东通颜料坊。街南有聚峰园,湖石嵌空,梓阴蔽日;林亭点缀,郁为茶寮。

《白下琐言》卷二:小彩霞街聚峰园前开酒馆,池亭树石,结构紧簇。中有太湖石,头锐旁张,作款款点水之势,名曰“飞燕投湖”。透、瘦、皱,三者具备。

《里乘备识》:上浮桥北岸、玉带巷口,今有大石坊。四柱尚全,前后石狮、蹲象,已存一二。坊上字亦磨灭,且巍然仅存数石峙立空中。俗名之曰:白猫坊,以俞通海宅在此,石坊在宅前耳。今在人家废屋院内,立桥上可见之。

《冶城话旧》卷二:南京之有戏院,当以彩霞街升平茶园始。升平茶园建筑无异寻常茶馆,门为木栅,看客所坐池子为长木椅。椅后有木板一条,可以置茶具。惟第一排有桌,亦置茶果盘,所以招待贵宾也。《海报》书演员姓名,黑底描金,纸用红色,为今日戏报之滥觞。

《新南京(民国)》:◇国医丁伟卿,开业地址:玉带巷25号。◇国医谌慕韩,开业地址:大彩霞街47号。◇延寿堂中药铺,营业地点:大彩霞街43号。

《南京概况(秘密)》:◇江苏省邮政管理局升州路邮局,地址:升州路彩霞街。◇大同新闻社南京总社,社址:大彩霞街51号。

《东山琐缀》鸭史:彩霞街金恒兴开业已五十余年,祖若父三代于兹矣……挂炉鸭与烧鸭制法略同,亦以供饭馆用,寻常鸭店而不能备。老宝新及老万全、六华春诸酒家所用,皆金恒兴出品也。

《白门食谱》:彩霞街周益兴冰糖小肚与火腿,周益兴之开在彩霞街,八十余年矣。分号在承恩寺南首。其小肚之著,名闻于(大)江南北,远处人亦知之。

《新都游览指南(民国)》:长松园菜馆,地址:彩霞街。

《金陵杂志》:◇长松园菜馆,在大彩霞街。◇长松茶馆,在大彩霞街。

《南京游览指南(民国)》:◇萃奇南货号,地址:城内彩霞街;电话:366。◇罗万兴水果店,地址:城内彩霞街;电话:519。◇魏洪兴鸡鸭号,地址:城内彩霞街;电话:162。

《旅京必携》:◇西医吴炳生,地址:彩霞街。◇罗万兴水果店,地址:彩霞街;电话:22063。◇周益兴火腿店,地址:大彩霞街,电话:22013。◇源发祥火腿店,地址:大彩霞街。◇德大号卷烟店,地址:彩霞街。◇成大纸业,地址:彩霞街。◇新华洗染店,地址:玉带巷。◇顺泰洗染店,地址:玉带巷。◇复兴隆洗染店,地址:彩霞街。◇长春发号煤炭店,地址:彩霞街。◇春茂砖瓦厂,地址:玉带巷。

《金陵十记》:◇因地传名的食品:彩霞街新上市的时鲜;彩霞街的臭干;彩霞街魏恒兴鸭子店的盐水鸭;彩霞街周益兴火腿店的松子香肚和火腿。◇彩霞街四鹤春面馆的肉丝小煮面,面汤味鲜,鲜入面里。妙在汤面不浑,质柔而有筋骨,滑而经得起咬嚼,因此颇负盛名。

《民国会社党派大辞典》:南京市湘皖宁荫惜善堂。1946年10月在南京成立,会址设在南京大彩霞街40号。

《秦淮区志》:◇玉带巷,东起上浮桥,西至渡船口。传说:古时有个皇帝巡视南方,路过此地遗失玉带一根,故名。1995年旧城改造,并入玉带园小区。◇小彩霞街,东南起大彩霞街,西北至升州路,曾名鸡鹅巷。相传:明清时期,此处是出租婚丧服装、花轿、亭台、仪仗用物的场所。其街较小,故名。1995年,并入玉带园小区。◇彩霞街,南起上浮桥,北至升州路。据《白下琐言》载:陡门桥南有草鞋街,后误为彩霞街。1949年后,改称大彩霞街。1995年,复名彩霞街。◇玉带园小区,位于彩霞街和仙鹤街之间。1995年旧城改造,小彩霞街并入。内有1号26层、3号19层居民高层住宅楼各1幢。◇四鹤春,地址:大彩霞街56号。◇聚乐茶社,大彩霞街26号。◇延寿堂药店,地址:大彩霞街45号。

《南京地名大全》:◇玉带巷,位于三山街之西,秦淮河东北岸。东起上浮桥,西至渡船口。清南洋陆师学堂《江宁省城全图》即载有此巷。传古代有个皇帝巡视经此,在此丢玉带一根,后成巷,遂名玉带巷。另一说,巷靠内秦淮,因此段河弯弯曲曲,形似玉带,巷以为名。《白下琐言》称:旧有俞通海宅。1995年,该巷与小彩霞街拆建为玉带园。◇彩霞街,位于升州路中段南侧,北起升州路,南至上浮桥。《明代南京城图》谓彩霞街,清《同治上江两县志》有彩霞街和小彩霞街之分。民初,称此街为大彩霞街。

1949年后，大彩霞街经拓宽改造，仍用原名。◇玉带园，位于升州路南侧，彩霞街西北侧，东南至彩霞街，西至仙鹤街北段，南滨秦淮河。1995年1月，因在拆除玉带巷、小彩霞街基础上建居民区，以原玉带巷名的“玉带”二字加居民区通名“园”字命名。

《秦淮地名概览》：◇玉带巷，位于升州路中段南侧、彩霞街以西，东起上浮桥东堍，西北至仙鹤桥北堍（渡船口），长180米，宽3米。相传：古时有皇帝在此遗失玉带一根得名。1995年，拆迁改建成玉带园居民区。◇彩霞街，位于升州路中段南侧，北起升州路，南至上浮桥，长180米，宽12米。原有大、小之分，此街为大彩霞街，原路幅仅4米。1995年，小彩霞街拆迁融入玉带园居民区，故已无大、小之分，且街经过改造，拓宽为12米，遂更名彩霞街至今。该街原名草鞋街，相传：旧时此街为农贸集市，每天都挤满穿草鞋叫卖新鲜蔬菜和家禽的近郊农民，故称草鞋街。后街道渐成气候，临街商户均打出五颜六色的店幌招牌，犹如彩霞斑斓，街也因此更名彩霞街。◇小彩霞街，位于升州路中段南侧，西北起升州路，东南通大彩霞街，长50米，宽2米。《首都志》：“小彩霞街，原名鸡鹅巷。”因东邻大彩霞街，巷窄且小，故名小彩霞街。1995年拆除融入玉带园居民区。◇玉带园小区，位于彩霞街以西、升州路南侧，东至彩霞街，西至仙鹤桥北堍，南临内秦淮河，北至升州路，占地20000平方米，建筑面积18000米，有多层住宅25幢。1995年，拆除原玉带巷、小彩霞街，建成住宅小区，取原玉带巷玉带二字，命名小区，称玉带园。原玉带巷一段，旧称百猫坊。相传：明初开国功臣俞通海居此，朱元璋忌其“入海成龙”，借俞通海生日之际，赐其牌坊，上雕刻百猫图案，以猫克鱼（俞），地因坊名，亦称白猫坊。后并入玉带巷。

徐家巷

位于升州路西段以南、玉带园以西，东起仙鹤桥北堍，西至下浮桥北堍，长约500米。六朝时期，其址地处运渎入淮口古斗门桥以西。北有庙宇，南滨秦淮，既是军事之地，也是送别之所。唐宋以降，淮水圈入城内，沿河多设军事仓库，亦有官邸寺院。及至明清，人烟渐聚，街巷初成。嘉庆四年(1799)，苏州吴县东山镇旅宁商家在该巷创建"洞庭会馆"后，徐家巷之名始著。民国时期，商贾士民，杂处其间。1949年以后，是城南居民聚居区之一。1996年，巷东渡船口拆建成两幢高层住宅；2010年，全巷拆除，拟建"十里秦淮"西五里风光带仿明清景观街。

《读史方舆纪要》卷二〇：◊斗门桥，在三山门内，其下即水闸，为运渎入秦淮处。◊禅灵寺，在府西南。

《嘉庆新修江宁府志》卷一〇：◊禅灵寺桥，《景定志》云：对禅灵渚。宜是今斗门桥。◊禅灵寺，在今斗门桥西北。

《景定建康志》卷二三：◊封桩甲仗库，在大军库(今生姜巷)东。◊回易库，在斗门桥西。

《至正金陵新志》卷一一：永福尼寺，《乾道志》："在广济仓东。"旧在冶城东南，本晋开福寺，后徙此，改景福寺。南唐避讳，改额。

《运渎桥道小志》：其淮水支港通渎处，古谓之禅灵渚。梁都督王僧辩讨侯景之师所从入焉。艨艟巨舰，衔尾而前，奔浪惊涛，渺弥可想。渚西北有禅灵寺，禅灵寺桥者，即今之斗门桥也。

《南朝佛寺志》：禅灵寺，其地当秦淮、运渎之交，有渚，即今之范家塘；有桥，即今之斗门桥。江淹尝宿于渚侧而得异梦。

《至正金陵新志》卷六：惠泽龙王庙，在水西门里，大军仓东。

政和(1111—1117)中建。

《万历应天府志》卷一六:常平仓,斗门桥南。

《光绪续纂江宁府志》卷八:渡船口,在上浮桥西,南有常平仓。

《至正金陵新志》卷一二:◇通江馆,在赏心亭东。月堂旧基后,为回易库。马光祖改立通江馆,以待四方宾客。◇回易库,在斗门桥西。

《万历上元县志》卷五:张洎宅,在秦淮北岸,洎为南唐参政时赐第。[注:张洎(934—997),原字师黯,改字偕仁,南谯(今安徽全椒)人。仕南唐、北宋两朝,南唐时,任记室参军、知制诰、清辉殿学士等;入宋,历官太子中允、刑部判官、户部员外郎、参知政事、刑部侍郎等。]

《白下琐言》卷二:金陵五方杂处,会馆之设,甲于他省……洞庭在徐家巷。

《同治上江两县志》卷五:徐家巷,有洞庭会馆。

《炳烛里谈》:江宁城中,五方杂处,惟吴县洞庭山人最多,大率皆习布业。来者久住不归,如席、翁、叶、石、周、严诸家,概从土断。而每岁正月间必集徐家巷会馆,祀刘猛将军以为福神,修乡人会饮之礼。非如他处会馆,仅供行旅往来、暂寄食宿而已。

《乡志类稿》:南京洞庭会馆,在江宁省城水西门内、陡门桥徐家巷。缘乾嘉年间,东山在金陵设肆贸易者日盛,议创会馆为聚会所。由翁怡亭倡捐,集众醵资,于嘉庆四年(1799)购屋建成。奉刘猛将为福神,凡岁时佳节及有公议事,乡众毕集。大比之年,东山士人赴试者,咸弛担于此。遇同乡染病无依者,得在馆休养;死则殡殓之,无归者代瘗之。经费所出,取诸商厘,立法美备。咸丰三年(1853)后,粤逆陷金陵,窃据虽久,而此屋未毁。同治三年(1864)克复后,因无人领业,遂充为书局。至六年(1867)丁卯,将举秋闱，山人潘其铃、周德梁时方从役于江督曾营，禀请督院乞领是产，得邀准给还。然是时城中山商，概行失业，惟赖山人寄籍江宁者席、叶数家，经纪其事。葺屋虽能完整，而前规不可复矣。是屋南向，计大门、厅堂及内楼两进，旁楼书室余屋共二十九椽。后通油市街市屋两所，又二十一椽。现司馆事者，为叶贡宸名廷璐，寄藉上元诸生。[注：叶承庆（1899-1956），字乐天，吴县（今江苏苏州）人，世居太湖洞庭东山镇。嗜藏书，尤重方志。一生搜藏吴中掌故及先哲遗书近万册，著有《乡志类稿》10卷。]

《中国会馆志》：南京洞庭会馆，清嘉庆四年（1799），由翁怡亭倡捐，在水西门徐家巷40号购屋建馆。民国初（1912），由叶丙功、叶世心、周小钧等经营，因筑路拆屋改建等因，将土地图状抵押他人，房屋全部出租。二十五年（1936），经土地局丈量核准，发给土地图状。三十年（1941）七月，由南京市政府确认同乡会产权，继续管业，直至新中国成立。

《杨仁山居士文集》：致杨自超。莘耕，江西人，与我同在英国。其家眷住在斗门桥下之徐家巷，问徐公馆便知。[注：杨文会（1837-1911），字仁山，石埭（今安徽石台）人。同治五年（1866）移居南京，创办金陵刻经处。光绪四年（1878）受聘任参赞，出使驻节英、法等国。一生属意佛学，著作颇多，有《大宗地玄文本论略注》《佛教初学课本》《十宗略说》《杨仁山居士文集》等。]

《光绪续纂江宁府志》卷一四：◇劝善堂，在徐家巷。施材，惜字义学，堂屋六间二厦。◇劝善堂义塾，在徐家巷。光绪五年（1879），邑人募捐设立。

《神密写真》：宁垣造币厂工头余怀先，家住徐家巷，后屋近（秦淮）河。[注：李定夷（1890-1963），字健卿、一作健青，别署墨隐生、墨隐庐主，武进（今江苏常州）人。光绪三十四年（1908），入上海南洋公学。毕业后，任上海《民权报》编辑，并兼任《小说丛报》《小说新报》《销闲钟》等杂志编辑或主编，其间，撰写大量长篇小说。民国十四年（1925），供职财政部，经北洋政府而南京政府。1949年后，任上海市文史馆馆员。著有《定夷小说丛书》《定夷丛刊》《定夷说集》《明清两代轶闻大观》《民国趣史》《神秘写真》等。]

《首都志》卷二：徐家巷，有徐家巷小学，有洞庭会馆。

《新南京（民国）》：◇徐家巷小学，地址：徐家巷。◇孙济方医师，开业地点：徐家巷11号。◇国医伍小秋，开业地址：徐家巷42号。◇江宁通讯社，地址：徐家巷。

《旅京必携》：◇洋广货业同业公会，地址：徐家巷。◇国药业同业公会，地址：徐家巷。◇长途送货业职业工会，地址：水西门徐家巷。◇慎昌北货号，地址：徐家巷；电话号码：41428。◇章锦昌北货行，地址：徐家巷；电话号码：41605。◇恒余钱庄，地址：徐家巷；电话号码：23669。◇诸鑫记煤炭号，地址：徐家巷。

《实业公报》（民国二十一年第53、54期合刊）：扬子面粉股份有限公司。监察人：朱仲宇，住南京徐家巷30号。

《国立东南大学一览》：乔佑林，字京生，江苏丹徒人，南京高等师范附中商科毕业。东大教务部事务员，住南京徐家巷10号。

《民国会社党派大辞典》：◇南京市玻璃商业公会。1946年4月5日在南京成立，会址设在南京徐家巷55号。◇南京市帽商业公会。1946年4月22日在南京成立，会址设在南京徐家巷55号。◇南京市国药业同业公会。民国前组织成立为药业公所，1931年2月25日成立，会址设在南京徐家巷44号。◇南京市京广百货业同业公会。1913年为洋广货业公所，1929年为商民协会，1931年为洋广货业公会，1935年4月8日正式成立改组为京广百货业同业公会。会址设在南京徐家巷55号。◇南京市卷烟业同业公会。1927年前组织成立时为卷烟业公所，1927年后，改为市商民协会卷烟业分会，1930 年 12 月 16 日成立为南京市卷烟业同业公会。会址设在南京邀贵井 7 号和徐家巷 53 号。

《秦淮区志》:◇徐家巷，东南起仙鹤街，西北至下浮桥，曾因徐姓居此得名。1984 年区划调整时，由建邺区划入。◇国药商业工会，地址:徐家巷 44 号。◇百货商业工会，地址:徐家巷 55 号。◇牙刷商业工会，地址:徐家巷 55 号。◇帽商业工会，地址:徐家巷 55 号。◇卷烟厂工业工会，地址:徐家巷 55 号。

《南京地名大全》:徐家巷，位于升州路南，东起升州路，西至下浮桥。清《同治上江两县志》称:“徐家巷，有洞庭会馆。”传以徐姓居此得名。

《秦淮地名概览》:◇徐家巷，位于升州路以南、仙鹤桥以西，东起仙鹤桥北口，西至下浮桥北口，长 465 米，宽 3.5 米。《首都志》:“徐家巷，有徐家巷小学，有洞庭会馆。”相传，旧时曾有徐姓家族聚居于此，故名。◇渡船口小区，位于升州路中段南侧，东至仙鹤桥北堍，西通来凤街，南临内秦淮河，北至升州路，有 24 层高层住宅楼 2 幢，水泥通道。1996 年，拆除原有小巷渡船口，建成住宅小区，以原巷名命名小区，称渡船口小区。《首都志》:“渡船口，古禅灵渡也。”相传，清代有一沈姓艄公，在此摆渡为生，故名。

生姜巷

位于升州路西段南侧、徐家巷以西，东起下浮桥北堍，西至水西门广场原大水巷，长 270 米，宽 2.5 米。六朝时期，其址属淮水入江口北侧之栅塘范围，为繁茂之区，隋唐因之不改。宋元时期，该地处于下水门内，建有大军仓等，属广济坊。明清时期，渐成街巷，始名生薑(姜)。及至民国，因毗邻油市大街(今升州路西段),

故商民麇集，日臻繁华。1949年以后，巷内先后建立工厂数家，与民居和谐共处其间。2010年，拆除无存。拟建“十里秦淮”西五里河房景观街。

《建康实录》卷四：栅塘，在今秦淮径口。

《秣陵志图》：烈主升元二年（938），广济仓灾，焚米三十万石。

《景定建康志》卷一六：广济坊，在广济仓南，近水西门。

《景定建康志》卷二〇：沿秦淮而西出折柳亭前，曰：下水门。

《景定建康志》卷二一：折柳亭，在赏心亭下；风亭，在折柳东。

《景定建康志》卷二三：广济仓西仓，在大军仓后，崇道桥（今仓巷桥）南；大军仓，在下水门内，北接广济仓。

《同治上江两县志》卷五：下浮桥西、生薑（姜）巷、大水巷、小水巷、西关头、银台闸，右西南第四十九甲。

《金陵杂志》：◇街道志。第二区街巷地址名称补遗：下浮桥北堍、生姜巷、大水巷、西水关。◇学校志。敦穆第三国民学校，在下浮桥。

《首都志》卷二：◇大水巷、小水巷、下浮桥、南湾子、生姜巷，右五局七所。◇第七民众学校，校址：生姜巷。

《旅京必携》：◇北货果酒业同业公会，地址：下浮桥生姜巷。◇振兴号卷烟店，地址：下浮桥。◇同康钱庄，地址：水西门大水巷。◇昶记纸业，地址：水西门生姜巷。◇义昌号煤炭锅业，地址：生姜巷；电话：23388。◇西水关稽查处，地址：西水关；电话号码：21471。

《秦淮区志》：◇生姜巷，东起下浮桥，西至大水巷。据传巷内有几家贩卖生姜的大户，故名。◇大水巷，南起生姜巷，北至升州路。因紧靠西水关，故名。◇南京板鸭厂，地址：生姜巷9号。◇复兴茶社，地址：下浮桥15号。◇香烛商业工会，地址：生姜巷34

号。

《民国会社党派大辞典》:◇南京市香烛业同业公会，1927年组织成立，并加入市商民协会，列入西区分会香烛组。1931年3月7日，组织成立市香烛业同业公会，会址设在南京水西门生姜巷34号。◇南京市皂烛碱业同业公会，1934年7月15日组织成立，会址设在南京钞库街54号;1946年4月19日在南京改组成立为香烛商业公会，会址设在南京生姜巷34号。◇南京市北货干鲜果业同业公会。由北货果酒业公所改组，并于1931年2月3日组织成立。会址设在南京生姜巷43号。

《南京地名大全》:◇生姜巷，位于升州路西端南侧，东起下浮桥，西至大水巷，清《同治上江两县志》即载有生薑巷名。传明清时，此处为买卖调味品市场，以生薑摊贩居多，成巷后，以“生薑”二字得巷名。◇大水巷，位于水西门广场西南，升州路西北端南侧，南起生姜巷，北至升州路。清南洋陆师学堂《金陵省城全图》即载有此名。传一蒋姓人在此开茶炉卖水，人称此巷谓(为)打水巷，后“打”讹为“大”，称今名。另传明清至民国老虎灶和茶馆用水，大多用长江水，水贩用木船在三汊河至长江一带取水，在苏码头(位于水西门西水关外)停靠上岸，分别用水车或挑运到各个用户，这里是水运量最大的街巷，故名。◇小水巷，位于升州路西端南侧，生姜巷西段，1969年并入生姜巷。

《秦淮地名概览》:◇生姜巷，位于升州路西段南侧，东起下浮桥北堍，西至水西门广场，长270米，宽2.5米。清《同治上江两县志·城图》称生薑巷，为古代生薑集贸场所，故名。另有一说，谓明代有孙、姜二姓官员居此，以二姓相连得名孙姜巷，化讹为生姜巷。该巷原43号为建于清宣统元年(1909)的“北货果业公所”，现拆迁正待复建中。◇下浮桥，位于升州路西段南侧，南起下浮桥，北至升州路，长 48 米，宽 8 米，沥青路面。《首都志》载有巷名。2009 年重修下浮桥时，归入来凤街。◇大水巷，位于升州路西端南侧，南起生姜巷，北至升州路，长 62 米，宽 3 米。《首都志》载有此巷，相传：清代巷口有一蒋姓老翁在此开茶炉（老虎灶），以卖冷、热水为生。常有大户人家推着小车前来打水，后谐音为“大水”以名巷。2000 年，建水西门广场时拆除。

卷三　左岸街巷

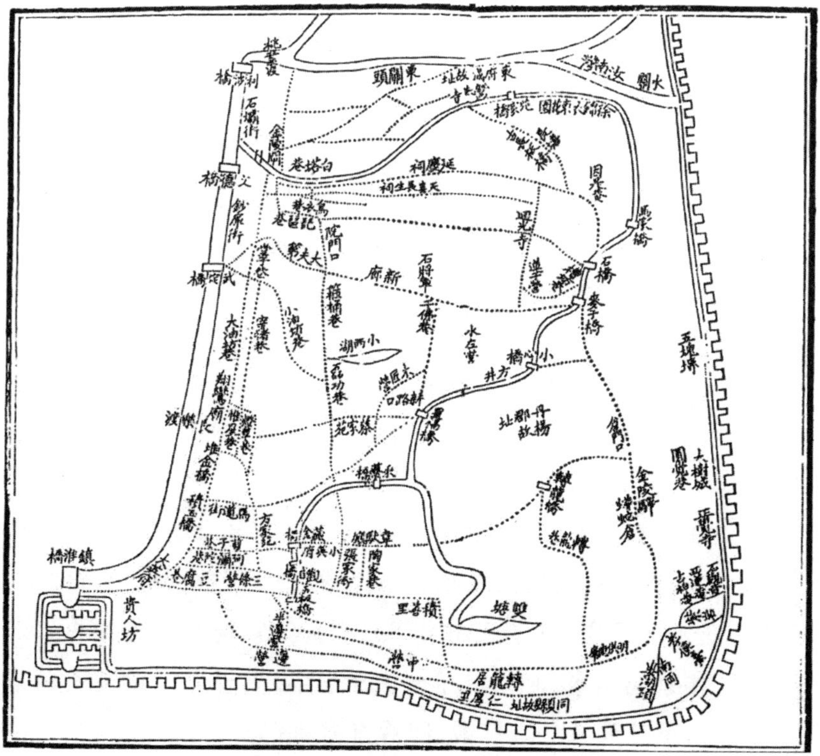

东城山水街道图

东关头

位于东水关与文正桥之间、秦淮河南岸，东起东水关城墙内侧，西至文正桥南堍长白街，长300米。六朝时期，其地属东府城范围，系江左重镇。及至隋唐，城址废圮，遗痕不存，建放生池焉。宋元因之。明清时期，人烟渐聚，遂成街巷。街北临淮，街南则有丁官营、丁官里、哑巴巷（后改名新声巷）等支巷以及东花园、鹫峰寺诸胜。民国时期，居民日众，良莠不齐，士庶乞丐，名人衙署，杂处其间。中华人民共和国成立后，万象更新，该巷面貌亦一扫旧容。1986年，街南侧全部拆除重建为白鹭小区。2006年，街北侧拆除，辟建临河游园并吴敬梓纪念馆——秦淮水亭；街东端沿城墙迤南至武定门，亦纳入该街，命名：东水关路。

《舆地志》卷一五：东府城，安帝［司马德宗（382–419），字安德，东晋第十位皇帝，史称晋安帝，397–419年，在位。］时筑，宋以后常为宰相府第。每建康有事，必置兵守此，亦谓之东城，梁末毁。陈天嘉（560–566）末，徙治府东三里齐安寺西，临淮水。

《建康实录》卷一〇：义熙十年（414）冬，城东府。案《图经》：今城县东七里、清溪桥东南，临淮水，周三里九十步。今太宗旧第，后为会稽文孝王道子宅。谢安薨，道子领扬州刺史，于此理事，时人呼为东府。至是筑城，以东府为名。

《至正金陵新志》卷一二：晋安帝义熙十年（414）冬，城东府，在青溪东南，临淮水，周三里九十步，去台四里。简文封王时旧第，后为会稽王道子宅，道子录尚书事，以为治所，时人呼为东府。其子元显，亦录尚书事，时谓道子为东录、元显为西录。西府车骑填凑，东第门下可设雀罗。东第，即后东府城也。

《东城志略》：其跨淮平旷之区，盖东府城故址，晋会稽王道子之第也。义熙十年，移扬州治于此，宋、齐、梁、陈因之，江左之重镇也。今则旧时明月犹过女墙，寂寞周遭，正临东关之上，乃秦淮水入城之处，所谓上水门也。

《景定建康志》卷一九：放生池，案：旧《图经》：唐乾元（758—759）中，诏于江宁秦淮太平桥，临江带郭，上下五里，置“放生池”八十一所。有碑，升州刺史颜真卿文。旧以府治东，东接青溪、北通运渎者为之，今秦园之侧、府学之东，即古放生池也。

《金陵梵刹志》卷二二：青溪鹫峰寺，在都城内，中城钞库街南。青溪地，西南去所统天界寺五里，齐为东府城，梁为江总宅。唐乾元中，刺史颜鲁公[颜真卿（709—784），字清臣，京兆万年（今陕西西安）人，开元二十二年（734）甲戌科进士，诠选校书郎。历官监察御史、殿中侍御史、宪部尚书、吏部尚书、太子太师等，封鲁郡公，人称“颜鲁公”。]置放生池，东接清溪。宋淳熙（1174—1189）间，待制史正志移于清溪之曲，建阁其上，岁久湮没。国朝天顺（1457—1464）间，即其地建寺，赐额“鹫峰”。寺后有塘，属内监，相传为放生遗址。

《正德江宁县志》卷六：徐太傅园（即东园、东花园），在县正东新坊（按：《正德江宁县志》卷五：正东新坊，在县东，自武定桥东旧院巷口，东抵城堧。）北。太傅讳达，开国元勋，赠中山王，谥：武宁。永乐（1403—1425）间，仁孝圣后赐其家，为蔬圃。正德三年（1508），东园公子天赐[徐天赐（生卒不详），字申之，徐达六世孙，荫袭封官锦衣卫指挥。改筑太傅园为东园，人称“东园公子”。]，遂拓其西偏为堂，曰：心远。又购四方奇石于堂后，垒山凿渠，引水间山曲中，乃建亭阁，环杂山上。下通以竹径，甚幽邃，为金陵池馆胜处。

《同治上江两县志》卷五：东关头，有恤嫠米粥厂。

《同治上江两县志》卷一一：东关头恤嫠米粥厂，自同治五年（1866）七月始收养嫠妇，朝夕粥二餐，凡屋十间，不准在外住宿，规制极严。首事胡启勋、胡启焜、王培德、林鼎文及寓公郭道直、汤裕、何庆澂等，周恤难民三百余，外发极贫不住厂者，月米一斗五升，四百余户。复有义塾、义医，冬棉衣、夏帐席之给。嗣经督宪发给谷二千二百石、米一千四百石，复蒙曾文正公饬上海道沈公，于筹防捐款项下，自十一年(1872)始，年给四千两以为经费。

《东城志略》：(淮水)南岸有长年赈粥厂，以食饥民，豪华浪子睹之，其有警心乎！

《白下琐言》卷一：东花园苑家桥，乃国初时守园苑老居，俗讹为晏，非也。危堤一曲，小屋数楹，窗闼洞开，篱垣周匝。当春光浓冶，鼠姑盛开，足揽东园之胜。

《留都见闻录》：近(东)水关，有丁郎中河房。丁为予贵池人，以南京河房不过以轩阑竞丽耳，特出新意，于堂外设屏，竖石数片，而栽竹其前，亦修然有致。

《续板桥杂记》：高四，太仓州人，居东水关。

《秦淮志》卷六：◇郭河厅、林河厅，在东关头。皖人郭月楼[郭月楼(生卒不详)，字道直，安徽合肥人。淮军将领，历官常镇道观察使、金陵机器制造局总办等。]观察与苏人林月秋观察，比户而居，至相得也。◇杨河厅，皖人杨总戎宅。杨随李勤恪汉(瀚)章[李瀚章(1821-1899)，字筱泉，安徽合肥人，李鸿章(1823-1901)之兄。道光二十九年(1848)，以拔贡署永定知县，后宦迹遍及川、赣、粤、湘、苏、浙诸省，历任道台、臬台、藩台、抚台，终两广总督、太子少保。光绪二十五年(1899)卒，谥：勤恪。]，任广州协，即当时所称三羊开泰之一也。光绪中年，罢官居金陵，卜筑东关头。

《秦淮感逝》：秦淮之东关头，后街巷内，地极幽僻。

《金陵胜迹志》卷二：避蚊石，相传：大中桥东关头有避蚊石，游人纳凉，每泊于此。《画舫余谈》：尝乘画舫往观，矗然二石，在河之干。

《秦淮画舫录》:◇陈喜子,宾霞之女,号兰舟,行一,年甫二十,住东关头。◇缪爱子,爱子,本郡人,居东关渡头。◇陆绮琴,名桐,以字行,泰州人。所居春波楼,在丁官营内。◇陆素月,宝霞陆二假女,原名桂香,于兰舟为小妹。先家贡院前,继移东水关。◇陆茗玉,为陆氏养女,亦不详其何处人,居鹫峰寺前曲衖(巷)中。◇王岫云,字小燕,行二,母家本姓李,邗江人王氏妇也。郑楼[汪度(生卒不详),字郑楼,号白也,上元(今南京)人。诸生,志行修洁,有《玉山堂词》。]颜所居曰"翦波楼",在丁官营口。◇赵爱珠,爱珠姓王,妾于桐华,遂从赵氏,字婉霞,行一。昨乃移居东关前。◇赵秀,行一,画眉郎出妾也。年貌与婉霞伯仲,本同住,未久,乃分居水关之东。◇武佩兰,居宫家水榭,年十七,肩削腰纤,玲珑宛转。昨晤丹伯,知佩兰又僦屋东关矣。◇张绣琴,字芳林,行二,居水关东。◇张宝龄,字素兰,又号蓉裳,居东水关头。◇罗巧龄,行一,家石婆婆巷口,初偕阿姥开客寓于东水关,今乃闭门花下矣。

《三十六春小谱》:◇章玉霞,初寓东关头,未久,去之芜城。◇章朝霞,住东关头。◇冯影香,住东花园。◇冯藕香,住东花园。◇冯月莺,住东花园。◇陆莲宝,字琴仙,住东水关南岸。◇曹五福,吴人,寓水关东头,旋又移住丁官营。

《秦淮闻见录》:素琴,张大娘养女,居丁官营口。

《谭嗣同年谱》:光绪二十三年(1897)正月初十日,乘兵轮赴南京,因沿途搁浅,十七日方抵达,起坡住东关头公馆。是行,谭嗣同[谭嗣同(1865—1898),字复生,号壮飞,湖南浏阳人。20岁入新疆,任巡抚幕僚。31岁任江苏候补知府。光绪二十四年(1898),授四品卿衔军机章京,参与新政。戊戌政变后,遇害,为"戊戌六君子"之一。有《谭嗣同全集》。]携眷属、奉寡嫂黎氏(谭嗣襄元配)、挈侄儿女同行。

《天京录》卷一:翼王石达开[石达开(1831—1863),小名亚达,绰号石敢当，广西贵县(今贵港)人。太平天国主要将领之一，16岁受访出山，20岁获封翼王，32岁英勇就义于成都。]初住东水关金姓家，后移下江考棚，建翼王府。

《秦淮感旧集》：东关头，在青溪(注：应为杨吴城濠)南岸，乃乞儿所居，彼岸则妓家鳞次也。

《金陵杂志》：◇慈善事业志。恤嫠米粥厂，在东关头。◇茶馆志。惠春，在东关头。

《金陵杂志续集》：水关洞，在东关头，俗云：三十三间楼。上下分两层，上层无人居住，下层为乞丐安乐之所。冬暖夏凉，面临钓鱼巷，花船咸聚集于此。通宵达旦，笙歌盈耳，所谓“苦中苦，乐中乐”是也。“

《新都游览指南(民国)》：菜馆。文明雅聚，地址：东关头。

《新南京(民国)》：◇国医。杭诚斋，开业地址：东关头63号。◇国医。周公显，开业地址：丁官营71号。◇民众团体。中华市政学会，地址：丁官营11号。

《金陵十记》：东水关，即今之东关头。(20世纪)三十年代，犹为地方恶丐结伙占据，人称其处为三十三洞天。

《旅京必携》：◇鹫峰寺，在东花园之北，若往白鹭洲，不妨入寺一游。寺内亦可饮茶小憩，内有草木廊殿，与正觉寺、石观音仿佛。◇第五警察局第五分驻所，地址：鹫峰寺：电话号码：21320。◇立言日报社，地址：东关头61号。◇义兴善堂，清光绪三年(1877)成立，地址：东花园。◇中医杭诚斋，地址：东关头。◇第二十一军驻京办事处，地址：东关头；电话号码：23187。◇卫戍司令部侦缉队，地址：东关头；电话号码：22779。◇永兴公曜记扇帽，地址：丁官营。◇石城营造厂，地址：东关头；电话号码：23422。

《民国会社党派大辞典》：首都东区第二救火会，1929年8

月24日组织成立,会址设在南京东关头62号。1946年6月在南京改组,会址仍设在南京东关头62号。

《秦淮区志》:◇东关头,东起东关闸,西至长白街,因靠近东关闸得名。◇丁官营,东起明城墙,西至长白街,相传:三国东吴时,一丁姓军官带兵在此扎营,故名。◇丁官里,东起新声巷,西至长白街,以丁官营得名。◇新声巷,东起明城墙,西至丁官里,原名哑巴巷,1969年改为现名。◇白鹭小区,位于明城墙和长白街之间,因靠近白鹭洲公园得名。80–90年代,旧城改造建成小区,内分丁官营、长白街、东花园、东关头、丁官里、新声巷6个片区。◇东花园,东北起明城墙,西南至白鹭洲公园,因明代中山王东花园得名,曾名太傅园。◇鹫峰寺,在白鹭洲公园花圃区内。明天顺五年(1461),宦官进保(又名祖定)择其地创建寺庙,英宗朱祁镇书赐其额"鹫峰寺"。◇救火会。清代后期,民间成立救火会,经费来源主要靠地方捐资,区境有弓箭坊、许家巷、东关头救火会。◇龙华庵,明代建于东水关。◇高王庵,地址:丁官营14号。◇增效庵,地址:丁官营5号。◇普照庵,地址:丁官营7号。◇壬年园茶社,地址:东花园26号。◇爱尔来茶社,地址:东花园15号。◇东关头小学,校址:东关头(原址现改为"南京市小西湖幼儿园东水关园")。

《秦淮地名概览》:◇东水关路,位于长白街南段以东,原名东关头。该路西起长白街,向东至东水关,再折向南沿明城墙内侧至长乐路,全长约1。5公里。2006年,因地近东水关而命名。该路北侧内秦淮河南岸有吴敬梓故居"秦淮水亭"。路南侧为白鹭小区,紧邻明城墙、白鹭洲公园。◇白鹭小区,位于长白街南段以东、内秦淮河南侧,东至明城墙,西至长白街,南至白鹭洲公园,北至内秦淮河。内分丁官营、长白街、东关头、东花园、丁官里、新声巷6个片区,39幢多层住宅楼,1987年建成。◇秦淮水亭,为纪念《儒林外史》作者吴敬梓，以其寓所名命名的纪念地，又名吴敬梓故居陈列馆。原址在利涉桥东的秦淮河南岸，太平天国时期被毁。[按：2006年，在原址重建"秦淮水亭"，并对外开放。]吴敬梓（1701-1754），安徽全椒人。早年进学为秀才，后数次参加乡试均落第，于1732年携家迁南京，寄居秦淮水亭。因长年生活拮据，留下冬日从东水关附近家中跑到西水关再返回取暖的"绕城暖足"典故。他在此用十年时间写下了著名讽刺小说《儒林外史》。

大石坝街

位于长白街南段西侧，东接东水关路，迤西跨小运河、过东园桥，越平江府路，经文源桥、文德桥南堍，至来燕桥南堍止，全长656米。街北临河，街南原有白塔巷、生林里、石坝里、金陵闸、小石坝街、乌衣巷（此乌衣巷，非古乌衣巷也）、琵琶巷等多条支巷，人烟密集，街巷毗连。六朝时期，该址为东府城至骠骑航（今来燕桥处）的主要道路，车驾辇舆，不绝于途。隋唐宋元，数百年间，时兴时废，其址属嘉瑞坊地。逮至明初，易名正东新坊，旧院曲中，设于其西，初筑长桥，后建石坝，以显泾渭，遂名斯地曰：石坝街。民国时期，民居渐稠，市井百态，于此为甚。1949年以后，万象更新，污泥浊水，荡然无存。改革开放以来，日新月异，旧貌新颜，宾馆鳞次，住宅栉比，已然融入秦淮风光带之中。

《南齐书》卷四五：永元元年（499），遥光[萧遥光（468-499），字元晖，齐高帝萧道成之侄。袭爵初为员外郎，历任太孙洗马、中书郎、都督扬南徐二州诸军事、扬州刺史、抚军将军加散骑常侍、侍中、中书令等。永元元年（499），据东府城反，被杀。]当据东府号令。收集二州（豫州、荆州）部曲，于东府门聚人众，街陌颇怪其异，莫知指趣也。

《南史》卷五一：天监十七年(518)，(梁武)帝将幸光宅寺(今江宁路雨花门北)，有士伏于骠骑航待帝夜出。帝将行，心动，乃于朱雀航过。

《景定建康志》卷一六：嘉瑞坊，在御街左，状元坊(其址在今夫子庙南侧)南。

《至正金陵新志》卷四：《庆元志》载六朝及唐里名，有翔鸾、滨江、舜泽、嘉瑞，凡四，与《乾道》坊名同，盖坊故里也。

《正德江宁县志》卷五：正东新坊，在县东，自武定桥东旧院巷口，东抵城堧。

《秣陵集》卷六：旧院，遗址在东花园之右，一河为界，建长板桥以通行人。后桥废，筑石埂，名曰石坝园，亦曰石坝街。今与东园皆成菜圃，土人犹称东花园。明初，为曲中女郎所居，统于教坊司。街东南有乐王庙，后人误为药王庙也。

《白下琐言》卷四：◇旧院有《教坊司题名碑记》，嘉靖壬午(嘉靖元年，1522)张鏊[张鏊(生卒不详)，字济甫，江西南昌人。嘉靖五年(1526)丙戌科殿试二甲第7名进士，授翰林院庶吉士。历官浙江提学副使、广东左布政使、南京兵部尚书等。]书，有左右司乐、俳长、色长诸名目，今碑徙于回光寺。◇回光寺，永乐(1463—1425)中，僧回光所建，本在白塔巷内。万历(1573—1619)间，以近旧院、净秽杂处，仍移置今所。嘉庆(1796—1820)间，为恤颐堂。今巷中白塔尚存，即回光旧塔。

《秦淮闻见录》：马又兰，居白塔巷。

《同治上江两县志》卷五：◇石坝街，《吕志》："旧院址在东花园之右，一河为界，建长板桥以通行人。后桥废，两旁筑石埂，名曰石坝园，亦曰石坝街。"有贵池会馆，祀明侍中黄观，夫人雍氏及二女配焉。有石坊临淮水，曰：一门忠烈。◇白塔巷，一名杨家巷，见蔡户部琳诗注。《白下琐言》："回光寺本在白塔巷，万历间，以近旧院乃移置东花园，今巷中白塔犹存，即回光寺塔也。”塔今亡，有桂园，詹事王孟起别墅，见《帝里人文略》。又有倪园，白云《名园记》：“笑峰大师所构也，后归倪氏。有亭三楹，虚敞而邃，修竹蔽天。”国朝，府守备卜世俨，康熙甲辰（康熙三年，1664）武进士，死吴三桂难。康熙四十六年（1707）南巡，赐“尽节边疆”额。又：樊圻[樊圻（1616-1694），字会公，江宁（今南京）人，擅画山水人物，“金陵八家”之一。]与兄沂[樊沂（生卒不详），字浴沂，樊圻之兄，亦善绘画，山水人物，悉皆精妙。]居回光寺畔，疏篱板屋，二老吮筆作画，如神仙中人。

《东城志略》：◊石坝街，亦曰石坝园，以近长桥石坝而名。街西有明黄侍中观（生平见《文源桥》条目下释文）祠，屋后临河，立忠节石坊。侍中贵池人，与妻翁氏俱死靖难之变，翁有血影石，旧藏祠中，今失。◊小运河，自金陵闸东北傍白塔巷而流。塔本在回光寺，永乐时，僧回光所建。万历中，以寺近旧院移去，而白塔犹存。巷中有倪园，释笑峰所构也。笑峰，即倪嘉庆，字笃之，官户科给事中，明亡为僧。又有卜守备世俨宅。世俨，以武进士起家，死吴三桂之难。圣祖南巡，赐“尽节边疆”额。一曰杨家巷，蔡部郎琳故居在焉。琳，字紫函，性至孝，咸丰（1851-1861）中进士。迤北为丁官营，直东为长塘，旧长板桥所跨也。桥西为教坊，明初，以胜国俘孥罪臣妻女没入其中，最称弊政。院旁有“乐王祠”，以祀鼓吹之神；后讹曰“药王”，医士祭之。祠外有《教坊司题名碑》。嘉靖中立，张鏊书，有左右司乐、俳长、色长等名，后徙于回光寺。至国朝康熙（1662-1721）间，改筑石坝，而桥始废。

《秦淮画舫录》：◊招龄，吴人，姓纪，居与金陵栅（闸）相望。帘纹荡月，阑影凌波。◊于福珍，姑苏人，初家武定桥，近又僦屋琵琶巷中。◊喻玉子，生小金陵，其母从一乡人去，遗玉子于外家水榭，在金陵闸旁。◊张宝龄，字蘅香，金陵人，居十八（石坝）街，风亭月榭，掩映河干。◇张素云，字藕香，年二十一、二，吴中人，住金陵栅(闸)前双素堂。◇吴玉徽，行四，居金陵闸。

《三十六春小谱》：◇文凤音，住石坝街南。◇方双喜，住白塔巷茉莉园。◇严凤翎，住城东琵琶巷。◇杨黛香，小字财宝，住金陵闸口。◇王双龄，住白塔巷。◇张素云，住利涉桥南岸丁字帘前。

《金陵胜迹志》卷二：媚香楼。《香东漫笔》：丙午(光绪三十二年，1906)丁未(光绪三十三年，1907)间，赁庐金陵闸西，邻有水阁，曰周河厅。数年前，掘地得石碣，刻“媚香楼”三大字，厅主人惧其有神灵也，亟复瘗之。余[注：即《香东漫笔》作者况周颐(1859—1926)，字夔笙、揆孙，别号玉梅词人、蕙风词隐，广西桂林人，光绪五年(1879)中举。一生致力于词，尤精词话，有《蕙风词》《蕙风词话》《香东漫笔》等。]曾得见拓本。白门寥落，意多违差，幸与媚香结邻耳。

《冶城话旧》卷一：媚香楼故址。李香君媚香楼，初不知其地。民国十二、三年(1923、1924)，在石坝街发见界石，始知楼亦去钞库街不远。

《新京备乘》卷上：黄文贞公祠，在石坝街。公名观，明侍中，与夫人翁氏及二女合祀焉。

《金陵杂志》：◇街道志。第三区第三段街巷地址名称：琵琶巷、乌衣巷、大石坝街、小石坝街、金陵闸、丁官营、石板桥、晏驾桥、东花园。◇桥梁志。利涉桥，在石坝街；晏驾桥，在东花园；长桥，在鹫峰寺；苑家桥，在东花园。◇庙宇志。惜字庵，在大石坝街。◇试馆志。江阴试馆，在金陵闸白塔巷；歙县试馆，在大石坝街；贵池试馆，在大石坝街；皖怀试馆，在大石坝街。◇会馆志。贵池会馆，在大石坝街。◇祠祀志。黄文贞公祠，在大石坝街。◇社会志。《大中华报》，在石坝街。

《秦淮志》卷六：◇张修[张修(生卒不详)，字损之，长洲(今苏州)人。

清代画家，寓金陵，居东园。]宅，居鹫峰寺侧，篱落幽闲，花竹静好。◇刘旂锡宅，旂锡[刘旂锡(1670-?)，字子望，号莪厓，江宁(今南京)人。诸生，博学工文。]作《白下余谈》，有宅在东园，废为菜圃。◇王亦将宅，亦将[其兄王亦临，字穆如，江宁人，崇祯十二年(1639)己卯科举人。]性孤僻，结楼东园。非其素好，不下楼一步。◇樊圻宅，圻与兄沂[樊圻、樊沂兄弟生平，见本条目所引《同治上江两县志》卷五注文。]居回光寺侧。◇胡晚晴[生平见《平江桥》条目下注文。]宅，在石坝街。◇朱述之[生平见《平江桥》条目下注文。]宅，在金陵闸西。◇刘河厅，六安刘壮肃铭传[刘铭传(1836-1896)，字省三，安徽合肥人。团练出身，官至台湾巡抚，卒赠太子太保，谥：壮肃。]之居也，在石坝街西。相传为丁继之[丁胤(1585-1676)，字继之，上元(今南京)人。诸生，结交广泛，为昆曲名票老戏骨。晚年在丁字帘前建河房水榭，会友饮酒，自得其乐。]河房旧址，"复社"会文处也。◇周河厅，在刘河厅北(西)，合肥周武壮盛波[周盛波(1830-1888)，字海舲，安徽合肥人。团练出身，历官甘肃凉州总兵、湖南提督等。卒，敕设专祠，谥：刚敏。]宅。

《桃花扇》卷一：这是丁继之水榭，正好登眺。[注：孔尚任(1648-1718)，字聘之、季重，号东塘，别号岸塘，山东曲阜人。孔子第64代孙，康熙二十四年(1685)授任国子监博士。康熙三十八年(1699)，完成著名剧本《桃花扇》。]

《负曝闲谈》第一一回：顺风顺水，不上三日，到了南京，进了旱西门，寻到石坝街预先租定的寓所。到了初八，一早抽身而起……直奔贡院而来，远远的看见"天开文运"的灯笼，点得辉煌耀目。[注：欧阳钜源(1883-1907)，名淦，字钜源、巨元，笔名蘧园、茂苑、惜秋生，江苏苏州人。生而早慧，15岁入庠。光绪二十四年(1898)赴沪，得李伯元赏识，先后任《游戏报》《世界繁华报》《绣像小说》等报刊编辑，著有《负曝闲谈》《皆大欢喜》等，活跃上海文坛8年，生活不检，日事冶游，光绪三十三年(1907)，染花柳,卒于沪,年仅25岁。]

《白门食谱》:石坝街石府鱼翅螃蟹面。石府诸媳,皆善烹饪。一日早晨,予过其庐,云轩老友[石凌汉(1871—1947),字云轩,号弢素,别署淮水东边词人,祖籍婺源,生于南京。精于医术,通晓韵律,时称儒医。]告予曰:"昨日忽思食蟹面,予媳即命仆出城,觅得蟹数只,以鱼翅合制。予方才食银丝面一大碗,即以此作成,味大佳,汝何妨亦食一碗。"语未毕,面已来,真平生未曾食过者也。第二日,遇仇述盦[仇埰(1873—1945),字亮卿、述盦,南京人。早年留学日本弘文学院,宣统元年(1909)拔贡。终生从事教育,擅填词,有《鞠燕词》。]同年,告此事。述盦曰:"予亦曾在石府尝过,不独蟹味大佳,其银丝面之细如线,亦异于市上之所售也。"

《秦淮感逝》:◇沈康伯,住秦淮之东,石坝街。后窗临淮,与石弢素为邻。◇张二树,住秦淮之东,石坝街。◇郑寄伯,住秦淮之东、琵琶巷。◇程鲁斋,住秦淮之东、琵琶巷。

《新南京(民国)》:◇第二交通职工子女学校,地址:琵琶巷。◇医师。金理财,开业地点:石坝街13号;徐世俊,开业地点:石坝街13号。◇国医。陈卜孚,开业地址:小石坝街44号;盛辅臣,开业地址:大石坝街83号;陈慈煦,开业地址:乌衣巷16号;曹光普,开业地址:乌衣巷16号;许懋龄,开业地址:大石坝街。◇电业季刊社,地址:大石坝街。

《新都游览指南(民国)》:新闻记者联合会,地址:石坝街。

《金陵五记》:◇白鹭洲公园的入口处,门上有"东园故址"的横额。东园,是明中山王徐达的东花园,又名太傅园。清末,园已荒废。"白鹭洲茶庐"开始出现于辛亥革命之后,曾悬有一副对联:"此地为东园故址,其名出太白遗诗。"简单说明了取名的由来。原址辟为公园,则在北伐以后了。◇乌衣巷是一条曲折的小巷,不用说汽车，脚踏车在这里也只能慢慢地穿过。巷里的人家屋宇还保留着古老的面貌，偶然也能看到小小的院落、花木，但王谢家族那样的宅第是连影子也没有的，自然也不会看到什么燕子。[注：黄裳（1919—2012），原名容鼎昌，笔名黄裳、仲勉、赵会仪等，满族，祖籍益都（今山东青州），生于河北井陉。交通大学毕业，1945—1956年，历任上海《文汇报》记者、编辑、主笔等。学识渊博，文笔流畅。著有《锦帆集》《黄裳书话》《过去的足迹》《金陵五记》《来燕榭文存》等。]

《旅京必携》：◇白鹭洲，在石坝街、东花园附近，中有茅亭二座。风景清幽，非李白所称之白鹭洲也。◇新政闻日报社，地址：大石坝街140号。◇日日报社，地址：小石坝街兴隆巷7号。◇多闻通讯南京社，地址：琵琶巷16号。◇建业新闻通讯社，大石坝街212号。◇义兴善堂，地址：东花园。◇旅京阜阳同乡会，地址：石坝街。◇江阴同乡会，地址：金陵闸。◇白铁业同业公会，地址：大石坝街惜字会。◇第二区，地址：琵琶巷。◇陶荣昌号卷烟店，地址：利涉桥。◇信康号锅业，地址：大石坝街；电话号码：23850。◇刘义兴煤炭号，地址：大石坝街；电话号码：21245。◇丁永年律师，住址：大石坝街。◇王国鸿律师，住址：小石坝街。◇李韧律师，住址：石坝街。

《金陵十记》：◇歌女舞星，大多赁居在桃叶渡至文德桥之间的秦淮河南岸，即《板桥杂记》所称的旧院所在，亦即大、小石坝街至钞库街一带。◇有一次，我和此君（即《南京晚报》记者席天慕）同至小石坝街歌星王熙春[王熙春（1919—2006），科班出身，南京人。嗓音清亮，天赋极佳，14岁登台，即成南京夫子庙的著名歌女。后转赴上海投身京剧界，并拍摄多部电影，均担任主角，是著名的京剧旦角和电影明星。87岁病逝于上海。]香巢小坐，王熙春刚刚下海，在南京大戏院公演，我们因而往访。

《南京概况(秘密)》:◇黄浦被服厂,厂址:东石坝街15号。◇江阴同乡会,地址:大石坝街白塔巷1号。◇《社会新闻》(周刊),社址:琵琶巷15号。◇市府调查室刘主任,住址:乌衣巷乌衣里5号。◇白鹭洲,地址:武定门内,小石坝街南端。

《民国会社党派大辞典》:◇南京市豆腐干商业公会,1946年5月11日在南京成立。会址设在南京大石坝街173号。◇南京市私立义兴善堂,1947年11月在南京成立。会址设在南京乌衣巷22号。◇南京市筵席酒茶业同业公会,原名为“厨业公会”,1927年改名为“商民协会东南区会”,1930年12月19日改组成立为酒席业公会,1934年6月改选为市筵席酒茶业公会。1946年3月8日和4月9日在南京改组成立为中西餐食商业公会和茶社面点商业公会,会址分别设在南京石坝街34号和贡院街150号。◇首都新闻记者协会,1931年2月5日组织成立。会址设在南京大石坝街51号。◇安徽贵池旅京同乡会,1946年4月11日在南京成立。会址设在南京大石坝街黄公祠。◇南京市白鹭区农会,1927年发起组织白鹭村农民协会,1928年改组为白鹭乡农民协会,1931年4月10日组织成立白鹭区农会,会址设在东花园延寿庵。1946年3月27日在南京改组为第三区农会,会址设在白鹭洲延寿庵。

《秦淮区志》:◇大石坝街,东北起东关头,西南至来燕桥。据《首都志》载,在黄公祠侧,以长板搭桥,后桥塌,筑石坝,名石坝园或石坝街。◇小石坝街,南起白鹭洲公园(西)北,北至文源桥。因邻近大石坝街且小,故名。◇东石坝街,南起小石坝街,北至金陵闸。因地处大石坝街之东,故名。◇琵琶街,东起平江府路,西至来燕路。以琵琶巷得名。◇白塔巷,东起长白街,西至平江府路。以舍利塔得名,曾名杨家巷。◇乌衣巷,东起平江府路,西至大石坝街。◇金陵闸小区，位于长白街和平江府路之间，八九十年代，旧城改造建成小区。内分金陵闸、长白街、大石坝街、白塔巷、森（生）林里5个片区。◇媚香楼，在钞库街38号（现为大石坝街150号）。原为清末袁道台故居，保存完好，具有秦淮河房的典型特征。1963年，电影《桃花扇》曾在此拍摄。1986年，辟为李香君故居陈列馆，并题名“媚香楼”。1997年，媚香楼占地面积565.3平方米，建筑面积571.3平方米。共计三进，每进为三楹，三进三间两重院。◇贵池会馆，在大石坝街74、76号，清代建筑，二门三进楼房。贵池会馆前身为“黄公祠”，因“黄文贞公”是安徽贵池人，缘此得名。1984年9月，列为区控制古建筑单位。1988年，因秦淮风光带建设而拆除。◇惜字庵，地址：大石坝街40号，负责人：妙果。◇新万全茶社，地址：大石坝街136号。◇体育总会，地址：西石坝街20号。◇中西餐食商业工会，地址：石坝街34号。◇豆腐干商业工会，地址：大石坝街173号。◇安徽贵池旅京同乡会，地址：大石坝街黄公祠。◇东方红幼儿园，园址：金陵闸43号。

《秦淮地名概览》：◇大石坝街，位于夫子庙内秦淮河南岸，东接东水关路，迤西过东园桥，越平江府路，经文源桥、文德桥南堍，至来燕桥南堍止，全长656米。明初为曲中（官办妓院）女艺妓所居。清《同治上江两县志》：“旧院址，在东花园之右，一河为界，建长板桥，以通行人。后桥废，两旁筑石埂，名曰石坝园，亦曰石坝街。”此后，街两侧陆续建房，形成大、小、东、西石坝街和石坝里，本街是主街，故名大石坝街。现为特色金陵美食一条街，有李香君故居陈列馆（媚香楼）、王导谢安纪念馆（王谢古居）、金陵春、秦淮人家宾馆、白鹭宾馆等。◇小石坝街，位于白鹭洲公园西侧，东起白鹭洲公园西大门，西至大石坝街文源桥口。清《同治上江两县志》载有此巷，因毗邻大石坝街而得名。原街长251米，宽2.8米，

2000 年拓宽为 16 米。现辟为白鹭洲公园至平江府路的通道。◇东石坝街，位于白鹭洲公园西北侧，东南起小石坝街，西北至金陵闸，长 43 米，宽 3.5 米。《首都志》称：旧名小石坝街。后因其在石坝街之东，故更名东石坝街。1989 年旧城改造，建住宅楼 4 幢，巷内已形成居民区。◇西石坝街，位于夫子庙东南、白鹭洲公园西侧，南起乌衣巷，北至小石坝街，长 227 米，宽 3.5 米。1995 年，拓宽延伸平江府路时拆除。◇石坝里，位于夫子庙文源桥东南侧，东南起东石坝街，西北至大石坝街，长 72 米，宽 2.4 米。1950 年，因地处大石坝街与东石坝街之间得名。1987 年，建金陵闸居民住宅区时拆除。◇白塔巷，位于白鹭洲公园北侧，东至长白街，西至金陵闸，北至森林里，原巷长 180 米，宽 6 米。《明代南京城图》载有白塔巷名。清《同治上江两县志》："白塔巷，一名杨家巷，见户部蔡琳诗注。"《白下琐言》：回光寺本在白塔巷，明万历年间，以近旧院乃移置东花园。白塔，即回光寺塔，毁于清咸丰年间，巷以塔名。另有一说：致和街佛光寺僧人，将寺内一座舍利塔迁置此巷，因以为名。1987 年旧城改造，建成多层住宅楼 6 幢。◇森林里，亦名生林里，位于白鹭洲公园北侧，东至长白街，西至金陵闸，南至白塔巷，北至大石坝街。原巷为一里弄，长 45 米，宽 3 米。相传：1927 年由黄、蔡两亲家合资建房出租，取"单木不成林，合伙力量大"之意，得名森林里。1987 年旧城改造，建成 4 幢多层住宅楼。◇金陵闸，位于白鹭洲公园西北，东至森林里，西至平江府路，南至东石坝街，北至大石坝街。原是明代小运河入内秦淮河上的一座水闸，《东城志略》："临石坝之首，有木板以蓄泄水，命曰：金陵闸。"清初，河废闸毁，后人为不让内秦淮河水倒流，又集资重建金陵闸。1987 年，重建河道时拆除，另建两座小桥（即今东园桥、白鹭桥）跨越小运河，现河道是连接内秦淮与白鹭洲的重要水道。1987 年旧城改造，在金陵闸附近建成8幢多层住宅楼，仍以金陵闸为名。

钞库街

位于夫子庙来燕桥西南侧，东北起来燕桥南堍，西南至武定桥东堍。该街原长340米，1998年8月，原属钞库街的文德桥至来燕桥100米路段，划属大石坝街，故现街长240米。六朝时期，其址为著名的骠骑航，有骠骑将军纪瞻府邸，在乌衣巷范围内。隋唐航废，宋时建武定桥，其地属嘉瑞坊。及至明初，设宝钞库于此，旋废为勾栏，即所谓富乐院（旧院）也。奢侈淫靡，延及清末，其间一度俗称为沉香街。民国时期，渐成居民和商贸之区。1949年以后，除钞库街小学外，全街尽为民居。改革开放以来，钞库街发生了巨大的变化，街道拓宽，街容整洁，沿河房屋均修缮一新。

《晋书》卷六八：瞻[纪瞻（253–324），字思远，丹阳秣陵（今江苏南京）人。江南士族，东晋重臣。历任大司马东阁祭酒、鄅陵相、扬威将军、会稽内史、侍中、尚书左仆射、骠骑将军等。卒，封华容子、开府仪同三司，谥：穆。]厚自奉养，立宅于乌衣巷，馆宇崇丽，园池竹木，有足赏玩焉。

《景定建康志》卷一六：◇嘉瑞坊，在御街左，状元坊南。◇骠骑航，在东府城外渡淮。

《江南通志》：骠骑航，或曰以纪瞻居此为骠骑将军而名。

《洪武京城图志》：◇富乐院，一在武定桥东南旧鹿苑寺基；一在聚宝门外东街。◇勾栏，一在武定桥东，一在会同桥南。

《客座赘语》卷一：木器，南则钞库街，北则木匠营。

《二续金陵琐事》中卷：万历癸丑年（万历元年，1573），新都人开一茶坊于钞库街，此从来未有之事，今开者数处。

《露书》卷一二：金陵钞库街，回子“寸金糖”极有名。[注：姚旅

(1572—1622),字园客,福建莆田人。少有才名,屡试不第。以布衣游学四方,万历三十年(1602)客居南京,赁屋淮青桥畔,曾入金陵诗社。晚年潜心著述,有《露书》刊行于世。]

《谐铎》卷一一:金陵钞库街某氏子,世业儒,因读书不能致富,弃而为贾。[注:沈起凤(1741—1802),字桐威,号蕡渔、蓉洲、红心词客,吴县(今江苏苏州)人。乾隆三十三年(1768)中举,后屡试不第,仅先后短时期担任安徽祁门、全椒两县之教谕。抑郁无聊,放情词曲,除著近40种戏曲外,尚著有《谐铎》《续谐铎》《十三经管见》《蕡渔诗稿》《吹雪词》《红心词》等。]

《儒林外史》第五三回:话说南京这十二楼,前门在武定桥,后门在东花园,钞库街的南首就是长板桥。

《白下琐言》卷三:癸未(道光三年,1823)八月二十七日戌时,城中钞库街回禄(回禄:火灾的古称)。

《白下琐言》卷七:钞库街南鹫峰寺,明天顺间(1457—1464)宦官进保创建,自释达宗住锡,寺乃中兴。

《同治上江两县志》卷五:钞库街,明置宝钞库于此,故名。

《板桥杂记》:旧院,人称曲中,前门对武定桥,后门在钞库街。

《续板桥杂记》:◇沉香街,即钞库街,在贡院对河。相传:嘉兴项子京[项元汴(1525—1590),字子京,号墨林,嘉兴(今浙江嘉兴)人,明嘉靖南京国子监生。工绘画,擅书法,博雅好古,绝意仕进;精于鉴赏,富于收藏;储藏之丰,甲于海内。]焚所制沉香床,香经四五日不散,因以名街。◇王秀瑛,小名爱儿,父母皆苏州人,生于金陵,遂家焉。所居钞库街之西,闺阁幽深,翛然绝俗。

《秦淮广纪》卷二之五:杨玉娟,小字自馥,苏州人,居钞库街。

《秦淮画舫录》:◇朱芸官,本名瑞龙,吴中人,赁居沉香街南。◇于三,逸其名,字以行,如皋人,或云即吾郡人,居钞库街南。◇周翠龄,行三,茂苑人,居钞库街。◇吴素珍,一曰小素,行一,母为吴四，旧偕寓高步家，名日益著。遂卜筑于钞库街。

《三十六春小谱》：◇陈喜林，寓沉香街南。◇金爱龄，字又云，住钞库街上岸。◇张双凤，寓钞库街。◇唐福珍，寓钞库街南岸。◇蒋素云，住沉香街南。

《秦淮闻见录》：冯玉林，如皋人，原与王桂娘同居。隔年余，再遇于钞库街，则桃花春水，顾影堪怜。

《吴门画舫录》：杨玉娟，小字自馥，居虎啸桥，流寓金陵钞库街。［注：西溪山人（姓名生平不详），武林（今浙江杭州）人。学殖瑰富，文采葩耀。旅食吴会（苏州），为画舫之游。揽斯荃蘅，录其梗概，撰《吴门画舫录》，刊于嘉庆癸亥（1803）、甲子（1804）间。］

《东城志略》：钞库街，明置宝钞库于此，一曰沉香街，以项子京焚沉香床得名。骠骑航实当其地，晋纪侍中瞻之宅在焉。又名东航，乌衣巷应与之近，吴时乌衣营处也。

《旅京必携》：◇崇道善堂，清光绪三十二年（1906）成立，地址：钞库街48号。◇新大同旅社，地址：钞库街；电话号码：21749。◇胡福泰砖瓦号，地址：钞库街；电话号码：22796。◇王朝干律师，住址：钞库街。◇兰燮元律师，住址：钞库街。◇典卖不动产经纪人胡豹林，住址：钞库街29号。

《首都志》卷二：钞库街，现有钞库街义务小学。

《新南京（民国）》：◇钞库街义务小学，校址：钞库街。◇新大同旅社，地址：钞库街；电话号码：21749。◇国医洪立升，开业地址：钞库街堂子巷2号。

《金陵十记》：骠骑航，在钞库街。古东航即骠骑航，在今钞库街。明置宝钞库于此，故名。

《秦淮区志》：◇洪武七年（1374）九月，朱元璋下诏设宝钞提举司。下设钞纸、印钞二局，宝钞行用二库。洪武八年（1375），在南京印制大明通行宝钞,后称其地为“钞库街”。◇骠骑航,又称东航,遗址在今钞库街一带,因东晋骠骑将军纪瞻宅邸在其南岸而得名。◇棋峰试馆,在钞库街52号。东邻李香君故居,是保存较好的清代建筑,由安徽省泾县黄田村人朱棋(旗)峰所建。◇钞库街,在秦淮南岸武定桥北(东)堍(北侧)。明洪武七年(1374)设置金钞库,故名钞库街。◇钞库街小学,校址:钞库街57号。◇夫子庙康乐城,地址:钞库街10号。◇钞库街河房(清代),市级文保单位,所在地:钞库街38号。◇吴万和药店,开设年份:1936;地址:钞库街25号。

《秦淮地名概览》:◇钞库街,位于夫子庙来燕桥西南侧,东北起来燕桥,西南至武定桥,长240米。该街原长340米,1998年8月,因夫子庙风光带旅游布局调整,将原钞库街文德桥至来燕桥100米路段,划属大石坝街。◇棋峰试馆,位于秦淮河南岸钞库街52号,是保存较好的清代建筑。系安徽泾县黄田村人朱棋(旗)峰[朱浙(生卒不详),字南江,号旗峰,人称“旗峰公”,泾县榔桥黄田人。亦儒亦商,业贾致富;不忘乡里,尤重文教。其玄曾辈后人朱理(1761-1822),字燮臣,号静斋,乾隆五十二年(1787)进士;朱琦(1769-1850),字玉存,号兰坡,嘉庆七年(1802)进士。诗书传家,代有才人。现黄田村尚有“旗峰公家庙”。]所建。用于家人和族人参加科举考试的住宿,故称“棋峰试馆”。三进两院,青砖小瓦,头进、二进为平房,三进河厅为二层楼房,建筑面积500平方米。原大门有砖刻“旗峰试馆”横匾,惜经乱不存。1993年,迁出居民,重新修缮。1997年,辟为秦淮民间艺术馆,亦称东方艺术院。1998年扩建,总面积约1000平方米。现为南京市文物保护单位。

大油坊巷

位于长乐路中段南侧，北接钞库街，西依内秦淮左岸，南北走向，北起长乐路武定桥东堍，南至马道街朱雀桥东堍，长330米。六朝时期，为朱雀航至丹阳郡城的主要路口。隋灭陈，垦荡金陵，航废城毁，道路亦弛。唐代建长乐桥，其址西为长乐坊，东属翔鸾坊，多有名人建宅于此。宋元时期，其地驻有军队营寨。及至明清，代有士绅筑园于斯，数百年相沿不废。其时，该地初名德庆巷，后更名曰：油坊巷。民国时期，称大油坊巷，其东侧有小油坊巷、堆草巷、小西湖、西湖里等支巷。改革开放以后，巷东大部拆建成住宅楼，巷西沿淮整治复建为仿古河房，古巷新貌，遗韵绵长。

《汉书》卷二八：丹扬郡，故鄣郡，属江都。武帝元封二年（前109），更名丹扬，属扬州。

《三国志》卷五六：建安二十四年（219），权［孙权（182-252），字仲谋，吴郡富春（今浙江富阳）人。三国时东吴开国皇帝，卒葬建业（南京）钟山南麓，追尊吴大帝。］破羽［关羽（160-219），字云长，河东解（今山西运城）人。初为刘备帐下别部司马，复被曹操拜为偏将军，封汉寿亭侯。后仍投刘备，任前将军、假节钺，镇守荆州。］还，都武昌，拜范［吕范（?-228），字子衡，汝南细阳（今安徽太和）人。东汉末三国东吴重臣，官至前将军、假节、扬州牧，封南昌侯。］建威将军，封宛陵侯，领丹杨太守，治建业。

《晋书》卷三：太康元年（280）二月戊午，王濬［王濬（206-285），字士治，弘农湖（今河南灵宝）人。西晋初期重要将领，官至巴郡太守、益州刺史等。］、唐彬［唐彬（235-294），字儒宗，鲁国邹（今山东邹县）人。西晋时期重要将领，历任鄚县令、弋阳太守、巴东监军、雍州刺史等。］等克丹杨城。

《世说新语》上卷：吴道助［吴坦之（生卒不详），字处靖，小字道助，濮阳鄄城（今山东鄄城）人。性至孝，《孝子传》："吴坦之，隐之兄也。母葬夕，设九饭祭。坦之每临一祭，辄号恸断绝，至七祭，吐血而死。”]、附子[吴隐之(?–417)，字处默，小字附子，濮阳鄄城(今山东鄄城)人。举孝廉，历任晋陵太守、广州刺史、尚书、领军将军等。]兄弟，居在丹阳郡后。遭母童夫人艰，朝夕哭临及思，至宾客吊省，号踊哀绝，路人为之落泪。韩康伯[韩伯(生卒不详)，字康伯，颍川长社(今河南长葛)人。东晋玄学家，历任中书郎、散骑常侍、豫章太守、丹阳尹、吏部尚书、领军将军等。]时为丹阳尹，母殷在郡，每闻二吴之哭，辄为凄恻，语康伯曰：“汝若为选官，当好料理此人。”康伯亦甚相知。韩后果为吏部尚书，大吴不免哀制，小吴遂大贵达。

《建康实录》卷九：宣尼庙，在故丹杨郡城前隔路东南。案《地志》：齐移庙过淮水，北将山置之，以其旧处立孔子寺，亦呼其巷为孔子巷，在今县东南五里二百步，长乐桥东一里。

《六朝事迹编类》卷三：丹阳门，按《前汉志》：秦鄣郡乃汉丹阳郡，武帝(元封)二年(前109)更名也。《九域志》引《江南地志》云：汉丹阳郡北，有赭山丹赤故，因名曰丹阳。至东晋，始以丹杨为义，按《地理志》：建业、秣陵、丹杨、句容、溧阳、江宁，皆隶丹杨郡，属扬州所统。

《景定建康志》卷二〇：丹杨郡城，案《宫苑记》：在长乐桥东一里，南临大路，城周一顷，开东、南、北门。汉元封二年(前109)，置丹杨郡。至晋太康(280–289)中，始筑城，宋、齐、梁、陈，因之不改。考证《汉志》：置丹杨郡，先治宛陵(今安徽宣城)。建安十三年(208)，孙权分为新都郡。二十六年(221)，权始置丹杨郡，自宛陵治建业。永安(258–263)中，分置故鄣郡，丹杨所领惟溧阳以北六县。晋太康元年(280)，改建业复为秣陵，置江宁县。唐初废为州，天宝元年(742)复置，至德二载(757)析置江宁郡。《元和郡国志》：“丹阳郡故城，在今江宁县东南。”蔡宗旦《金陵赋》注云：“《古图》：

长乐桥东一里，今桐林湾军寨处。”

《景定建康志》卷一六：长乐桥，唐秦淮上有长乐桥，又曰长乐渡，在县东南六里，今桐林湾是其地，隶长乐坊。

《景定建康志》卷二三：◇御前前军，在桐树湾以北。◇游击前军寨，在武定桥南。◇效用军寨，三所：一在府直街能仁寺后，一在武定桥南，又小寨在罗帛市。

《至正金陵新志》卷一：翔鸾坊军寨，旧小马司寨。

《至正金陵新志》卷一一：乾明尼寺，《乾道志》：在城内东南，翔鸾坊，南唐太庙基。后主[李煜(937–978)，字重光，号钟隐，本名从嘉，南唐最后国主，世称李后主。]宫中置归德、永慕二尼院，开宝(968–975)中废。移二院尼置寺，徙妙果院尼同居。太平兴国五年(980)赐额。

《至正金陵新志》卷一四：卢绛[卢绛(891–975)，字晋卿，号锦文，分宜观光(今江西宜春)人。读书明大旨，屡试不第。后诣南唐自荐，授沿江巡检，官至昭武军节度留后。]，寓居翔鸾坊，遘热病，弥日昼寝。梦一妇人，被真珠衣，持蔗一本，令绛尽食，歌《菩萨蛮》一曲送之。食毕而寤，病亦瘳矣。其词曰：“玉京人去秋萧索，画帘鹊起梧桐落。孤枕悄无言，月临残梦圆。 孤衾成暗泣，睡起罗衣然。眉黛远山攒，芭蕉生暮寒。”绛后立功，仕至节度留后。南唐亡，起兵匡复，不克而死。

《金陵世纪》卷一：汉丹阳郡城，按《宫苑记》：去长乐桥东一里，南临大路。长乐即今武定桥东南，有长乐巷，盖东城角之内外皆是。城周一顷，辟东、南、北三门。《汉志》：元封二年(前109)，置丹阳郡，治宛陵。建安二十六年(221)，始自宛陵徙治建业。晋太康(280–289)中，乃傍淮筑城。宋、齐、梁、陈，因之。

《金陵选胜》卷二：汉丹阳郡城，《吴苑记》云：长乐桥东一里，南临大路。长乐即今武定桥东南，有长乐巷。

《金陵待征录》卷一：丹杨郡城，《吴苑记》：在武定桥东南长乐巷，自东城角内外皆是。

《金陵选胜》卷六：翔鸾坊，在武定桥东，南唐卢绛居此坊。

《万历上元县志》卷四：◇德庆巷，在武定桥东南，一名油坊巷。◇翔鸾坊，在武定桥南。《南唐近事》：卢绛寓居翔鸾坊，遘热病，梦一妇人，持蔗一本啖绛，歌《菩萨蛮》一曲，送之而寤，病即愈。

《金陵玄观志》卷四：翔鸾庙，在都城内，中城古翔鸾坊地，去所领洞神宫二里。洪武二十五年（1392）建，万历十八年（1590）重修。殿堂：山门一座，土地堂三楹，混元阁三楹，道院一房。基址四亩：东至徐府花园，南至马道街，西至秦淮河，北至得（德）庆巷。

《客座赘语》卷五：市隐园，在武定桥油坊巷，即姚元白［姚潮（生卒不详），字元白，号秋涧，上元（今南京）人。明南京国子监生，谒选，授鸿胪寺丞。寻辞归，居在秦淮，辟市隐园。游神翰墨，善书法，爱绘梅。性至孝，《万历上元县志》卷九有《姚潮传》。］所创者。

《金陵琐事》卷三：市隐园，姚元白造市隐园，请教于顾东桥［顾璘（1476-1545），字华玉，号东桥，祖籍长洲（今苏州），寄籍上元（今南京）。弘治九年（1496）丙辰科殿试三甲第155名进士，授广平知县，历任开封知府、全州知府、吏部右侍郎、南京刑部尚书等。］，东桥曰："多栽树，少建屋。"故市隐园最有疏野之趣。

《留都见闻录》：◇市隐园，则弇州［王世贞（1526-1590），字元美，号凤洲，又号弇州山人，苏州太仓人。嘉靖二十六年（1547）丁未科殿试二甲第80名进士，授大理寺丞。历官刑部郎中，山东、山西、湖广按察使，以及郧阳巡抚、应天府尹、南京兵部侍郎、南京刑部尚书等。著有《弇州山人四部稿》等。］所记也，有《市隐园集》，皆隆（庆）万（历）间名人诗文，此称南中最胜者。◇翔鸾坊，有蔡弁河房，堂阁颇精，中列盆花甚茂。后为河南任子所买，此弁废，著为范大司马营居，司马曾称其高谊。

《嘉庆新修江宁府志》卷一二：清节堂，在江宁县治南，油坊巷。嘉庆十一年（1806），义民蔡荣、僧镜澄[镜澄和尚（生卒不详），乾隆、嘉庆时江宁诗僧。《随园诗话补遗》：“金陵水月庵有僧镜澄，颇能诗。闭户焚修，名场竟不知有此人，殊可敬也。”]及江都职员丁淮等捐建，以为敬恤节妇贞女立志苦守者。收养入堂，全其清节也。

《同治上江两县志》卷五：大油坊巷，《袁志》：油坊巷，一名德庆巷，有德庆庵，故名。巷左即翔鸾坊，南唐卢绛感梦处也。又：皇甫继（勋）[皇甫继勋（?—975），魏州（今河北魏县）人。初为军校，后以父荫擢将军，历池、饶二州刺史，神卫统军都指挥使等。营宅筑园秦淮之侧，珠翠环列，甲于金陵。]，晖[皇甫晖（?—956），魏州（今河北魏县）人。初仕后唐、后晋，官至陈、密二州刺史，后投南唐，历任歙州刺史、神卫都虞侯、奉化军节度使、加同中书门下平章事等，镇守江州（今江西九州）。显德三年（956），兵败重伤，不治而亡。]子，亦居此，有翔鸾庙。又：有溥泉，有石刻。《客座赘语》：市隐园，在油坊巷，即姚元白所创者，有玉林、茶泉、中林堂、思元室、春雨畦、观生处、容与台、海月楼、鹅群阁、鸥波、洗砚矶、柳浪堤、秋影亭、浮玉桥、芙蓉馆、鹤径、萃止居、偕眠庵诸胜，见许尚宝穀[许穀（1504—1586），字仲贻，号石城，上元（今南京）人。嘉靖十四年（1535）乙未科殿试二甲第11名进士，授户部主事。历任江西提学、礼部侍郎、吏部侍郎、南京尚宝卿等。]《归田集》。后南半为元白孙宪副（允初）[姚履素（生卒不详），字允初，号充袖，上元（今南京）人。万历二十九年（1601）辛丑科殿试二甲第13名进士，授刑部主事。后以刑部员外郎恤刑湖广，全活甚众。累官海南兵备道、广东按察副使兼提督学政。致仕后，归居市隐园。]拓而大之，北半归何侍御仲雅[何淳之（生卒不详），字仲雅，号太吴，江宁（今南京）人。万历十四年（1586）丙戌科殿试三甲第16名进士，授庶吉士，累官至监察御史。擅书画，工山水，间写兰竹，最有情趣，能诗，有《足园稿》。]，改名“足园”矣。国朝乾隆间，属熊编修本[熊本（生卒不详），字艺成，号涤斋，江西南昌人，寄籍江宁。康熙四十五年（1706）丙戌科殿试二甲第16名进士，授庶吉士，官至翰林院编修。乾隆三十一年（1766），曾赴鹿鸣宴。]，改名塔影园。旁有借影园，龚文思[龚翰（生卒不详），字文思，江宁（今南京）人。康熙二十一年（1682）乡试中举，选明经，授儒学训导。所居有竹深园，擅诗，有《宝香堂集》。]诗注云：即江淹[生平见《仙鹤桥》条目下注文]宅也。又：有快园，明徐子仁[徐霖（1462—1538），字子仁，号延泽、九峰、髯仙等，长洲（今苏州）人，寄籍南京，诸生。博览群书，致力书画。工篆隶，尤精草书。所绘山水、花卉、松竹、蕉石，皆奕奕传神。能诗善文，有《快园诗文集》等。]筑也。翠篆清涟，芳林幽砌。台曰：振衣，刻名公题咏。下有丽藻堂，乔白岩[乔宇（1457—1524），字希大，号白岩，乐平（今山西昔阳）人。成化二十年（1484）甲辰科殿试二甲第35名进士，授礼部主事，历官户部左、右侍郎，拜南京礼部尚书，后改兵部尚书，终为吏部尚书。著有《乔庄简公文集》。]书；晚静阁，文衡山[文壁（1470—1559），字徵明，以字行；号衡山居士，世称"文衡山"，长洲（今苏州）人。诸生，屡试不中，嘉靖二年（1523），以贡生被荐进京，授翰林院待诏。三年后，辞职南归，痴心诗文书画，卓有成就，声誉斐然。]书。武宗[朱厚照（1491—1521），明代第10位皇帝，在位16年。正德十五年（1520）南巡，归京后，即病逝，庙号：武宗。]南巡时，曾幸晚静阁钓鱼，得金鲤，又失足落池中。后园中有宸幸堂、浴龙池，纪其实也，今并废。

许毂《市隐园十八咏》：◇玉林：檀栾千挺竹，色比青琅玕。散发坐林下，清风生昼寒。◇茶泉：瑶林泻神泉，芳香淡无色。汲来煮云芽，一饮蠲众慝。◇中林堂：陪京胜名园，岂不恣延赏。何如此堂中，开帘见泱漭。◇思元室：焚香开密馆，独坐自含灵。闻道张平子，思元赋已成。◇春雨畦：春雨满平畦，蔬甲总抽绿。登盘有余清，早厌庙堂肉。◇观生处：大化日夕流，生生满寰宇。静坐观有生，因之究无始。◇容与台：落日幽兴发，登台独徘徊。拂衣空翠落，散睇夕岚开。◇海月楼：片月生东海，照此池上楼。呼酒坐良夜，清光摇素秋。◇鹅群阁：书成换白鹅，昔贤亦高蹈。今日阁中游，仿佛山阴道。◇鸥波：晴波绿堪染，白鸥自来去。想见中林人，年来绝机事。◇洗砚矶：临池有清况，灌砚台矶傍。朝来拾鱼藻，独带墨华香。◇柳浪堤：长堤垂弱柳，绿影照清流。莫遣通淮浦，渔郎来系舟。◇秋影亭：凉月散梧阴，空亭人复静。伫立候携琴，乍觉衣裳冷。◇浮玉桥：花开银汉落，水面玉虹浮。此日观鱼处，应同庄叟游。◇芙蓉馆：虚馆秋风起，红芳偏照人。不将摇落意，惆怅艳阳辰。◇鹤径：幽径调孤鹤，飞鸣时近人。未须怀缑岭，即此可藏真。◇萃止居：开轩聚三盆，解带探群书。不道深巷中，而有长者车。◇偕眠庵：中岁偶闻道，颇亦压尘俗。辟地倘同襟，为偕青林宿。

朱兰《快园雅集诗》：◇古人不可见，胜地足徘徊。怪石环廊立，奇花拥阁开。帘疏秋乍入，窗暗雨将来。斯会良非偶，谁为旷世才。◇老树留残照，深溪落断云。炉烟穿户出，琴韵隔花闻。高下灯初上，交酬酒渐醺。江城明日听，应诵鲍参军。［注：朱兰（1799—1873），字久香，号耐庵，浙江余姚人。道光九年（1829）己丑科殿试一甲第3名进士（探花），授翰林院编修。散馆大考第一，以记名御史候补。历官广东乡试主考、提督湖北学政、国子监司业、詹事府少詹事、会试同考、工部左侍郎、太仆寺卿、内阁大学士等。著有《补读室诗文钞》《群籍摭闻》等。］

《金陵世纪》卷三：◇翔鸾坊，在武定桥东南，德庆巷之左。◇德庆巷，在武定桥东南，一名油坊巷。◇灯（堆）草巷，油坊巷内。◇市隐园，在武定桥东，小径屈曲而入，鸿胪姚君淛所置。池可数亩，而园地倍之，面竹为“中林堂”，临池为“鹅群阁”。其他各具题名者，凡十有八，飞梁横槛，蜿蜒而旁达焉。至其石壁巉岩，林木森郁，幽禽宿鹭，群呼而杂处者，真城市中山林也。◇快园，在武定桥东,隐居徐君霖所筑。中有翠筱清涟,芳林幽砌,台曰“振衣”,刻名公题咏。下有“丽藻堂”扁,乔白岩篆书;“晚静阁”扁,文衡山隶书。六角亭,标杨南峰[杨循吉(1456—1544),字君卿,号南峰,苏州吴县(今苏州)人。成化二十年(1484)甲辰科殿试二甲第15名进士,授礼部主事。未几,因病致仕南归,结庐姑苏硎山之麓,课读经史,有《松筹堂集》等著作。]《沁园春》词。隐居风流旷远、词翰大家,故一时豪贵悉礼下之,至其酣歌艳赏,可比习氏云。

《金陵待征录》:◇市隐园,有中林堂、容与台、洗砚矶、秋影楼、浮玉桥、偕眠庵,冯惟敏[冯惟敏(1511—1576),字汝行,号海浮、石门,山东临朐人。嘉靖十六年(1537)中举,历任涞水知县、镇江府学教授、保定府通判等。擅词曲,有《冯海浮集》《石门集》《海浮山堂词稿》等。]拟名“仕隐”,姚幼遐增建海月楼。◇快园,徐子仁后,蔡冈南[蔡攀(生卒不详),字冈南,江宁(今南京)人。明嘉靖时诸生,以富藏金石碑贴著。]居之,今不知几易姓矣。

《东城志略》:◇翔鸾坊,南唐卢绛尝居此,有庙祀卢大王,重其忠节也。皇甫继勋与之为邻,有愧色矣。庙侧有溥泉,咸淳年(1265—1275)井阑,已失。对街为长乐渡,旧有桥,今圮。古丹阳郡城在长乐桥东一里,晋太康(280—289)中所筑也,至隋始犁平之。◇大油坊巷,一曰德庆巷,从庵名也。有明姚典客淛市隐园,其子之裔[姚幼遐(生卒不详),字之裔,上元(今南京)人,姚淛之子。以书法著,真、行学赵孟頫。]建海月楼于中,孙履素拓南面而大之。以北半归何侍御淳之,命曰“足园”。鼎革后,龚尚书鼎孳[龚鼎孳(1616—1673),字孝升,号芝麓,安徽合肥人。崇祯七年(1634)甲戌科殿试三甲第98名进士,授湖北蕲春县令,迁兵部给事中。降清后,历任吏科给事中、太常寺少卿、刑部右侍郎、左都御史,及刑、兵、礼等部尚书。]挈顾眉娘[顾眉(1619—1664),字眉生,号横波,上元(今南京)人。秦淮名妓,崇祯十四年(1641)嫁龚鼎孳,洗尽铅华,改名“徐善持”。工诗善画,尤擅绘兰,懂音律,所作《海月楼夜坐》等诗词,收入《柳花阁集》。]寓此。值其初度,张灯宴客,而园名益振。乾隆间,属熊编修本,易名“塔影”。与其旁借影园,龚文思以为江文通宅者,今皆荡为瓦砾场矣。◇徐髯仙霖“快园”,前明武宗南巡时幸其家,于晚静阁下钓鱼,失足落水中,园内有宸幸堂、浴龙池,皆纪实也。后园数易主,至国朝为凌州判霄[凌霄(1772-1827),字芝泉,号一飞、快园居士,江宁(今南京)人。诸生,早工小学,善书画,旁通测算。乾隆五十七年(1792),入毕沅(1730-1797,字秋帆,江苏太仓人。乾隆二十五年状元,累官至河南巡抚)幕,议叙州判。能诗,有《快园诗话》《芝泉集》。]所得。今虽废为丘墟,而春水鸭栏,夹以桃柳,土人犹呼小西湖焉。自大油坊巷转东,为宰猪巷,为小油坊巷,巷北有官立清节堂,以养嫠妇,惠政也。

汤濂《金陵百咏》:借影楼(园),在小西湖,相传为江文通别业。高卧南楼上,文通梦有无。昔时借谁影,应在小西湖。[注:汤濂(1793-1874),字蠹仙,号诗疯子、贩云翁、石居士等,江宁(今南京)白鹤村人。清道光、咸丰时金陵名士,一介布衣,博览嗜读,豪饮能诗,有《小隐园诗钞》《消夏杂记》等。]

《金陵园墅志》:◇市隐园,在油坊巷,江宁姚元白典客澥园。◇快园,在箍桶巷(西),江宁徐子仁茂才霖园。◇足园,在油坊巷,江宁何仲雅侍御淳之购市隐园北半拓之,改曰:足园。

《金陵杂志》:◇街道志。第三区第三段街巷地址名称:翔鸾庙、小西湖、宰猪巷、小油坊巷、大油坊巷。◇庙宇志。翔鸾庙,在大油坊巷翔鸾坊。◇慈善事业志。清节堂,在小油坊巷。

《秦淮感逝》:◇陆长劭,住秦淮之东,油坊巷。◇朱竹溪,住秦淮之东,堆草巷。

《新南京(民国)》:◇小西湖小学,地址:小西湖,源于清末之义学。◇国医。徐宾如，开业地址：大油坊巷；徐绍如，开业地址：大油坊巷39号；陈培卿，开业地址：大油坊巷；吴林溪，开业地址：堆草巷10号。◇同仁医药所，营业地点：大油坊巷44号。

《旅京必携》：◇首都通讯社，地址：小油坊巷38号。◇恒昌号煤炭，地址：大油坊巷。

《金陵五记》：快园，就是"小西湖"了。走了过去，满巷全是污泥，尽头一片菜园，有一湾臭水，旁边就是粪坑，有几位正在那里方便。鸭子固然没有，柳树也不见，只是在那一湾浊水中，似乎还看到了废亭的遗址。

《首都志》卷二：大油坊巷，原名堆金桥；小油坊巷，有妇女教养一分所，有清节堂；宰猪巷，原名何家苑；堆草巷，原名翔鸾庙；小西湖，有小西湖小学。

《金陵十记》：德庆巷，今大油坊巷。

《民国会社党派大辞典》：南京市中医师公会，1946年5月26日在南京成立，会址设在南京大油坊巷39号。

《秦淮古今大观》：我国著名的老报人张友鸾，自1927年起就住在小西湖10号一所四进的深宅大院里，以这里为基地，办起了《南京早报》。

《秦淮区志》：◇大油坊巷，南起马道街，北至长乐路。明末，以王姓开办的大油坊得名。曾名德庆巷。◇堆草巷，东起小西湖，西至大油坊巷。相传：此巷是明代沈万三[沈富(1306—1394)，字仲荣，号万三，祖籍浙江湖州南浔，迁居江苏苏州周庄。元末明初江南第一富商，其发家致富的传奇故事，至今仍然广泛流传。]的堆草场，故名。曾名翔鸾庙。◇小西湖，东起箍桶巷，西至大油坊巷。古时，此处有大水塘，环境优美，犹如杭州西湖，故名。1994年，小油坊巷、宰猪巷并入。◇小油坊巷，东起小西湖，西至大油坊巷。此巷为大油坊巷支巷，故名。1994年，并入小西湖居民区。◇宰猪巷，南起小油坊巷，北至长乐路。相传：此巷是明代富民沈万三的宰猪场，故名。曾名何家苑，1994年旧城改造，并入小西湖居民区。◇1949年4月23日前，小油坊巷清节堂，专门收养老年寡居妇女，共100多名，年龄最大的90多岁，最年轻的也有58岁。1958年11月7日，清节堂改建成幸福院。◇小西湖小学，校址：堆草巷29号。◇翔鸾禅林，地址：堆草巷17号；负责人（住持）：真性。◇傅尧成（臣）住宅，在大油坊巷71号，清代建筑。同治二年（1863），傅尧成（臣）购此为宅。太平天国时，初为天王牧马，后任伍百夫长、天王侍卫。建筑分两个院落，东院二进，面积400平方米；西院三进，第三进为楼房，面积721.5平方米。1984年9月，列为区文物保护单位。1997年尚存，已为民居。◇南京市医师公会，地址：大油坊巷14号。◇点春园茶社，地址：大油坊巷3号。

《秦淮地名概览》：◇大油坊巷，位于中华门城堡东北，内秦淮东（左）岸，北起长乐路武定桥，南至马道街朱雀桥，迤南接膺福街，长330米，宽4.5米。其南段曾名堆金桥，相传：明朝末年，此巷内有四大商行，分别是王姓油坊行、吕姓鞭炮行、马姓香烛行、陈姓茶叶行，其中，油坊行最大，故得名油坊巷。后因其东侧至小西湖有条支巷，称小油坊巷，为示区别称此巷为大油坊巷。巷内55号，曾是西藏活佛诺那呼图克图[诺那（1865—1936），西康金塘人，西藏昌都著名活佛。3岁被确证为金塘十四世活佛转生的呼图克图，7岁从黄教学经，9岁从白教学戒，精修13年，尽得真传。复研习红教，淹贯诸经，睿勇精进，宿慧天成。24岁继承红教主位，光绪十四年（1888），受敕封为西康大总管。民国时期，历任国民政府立法院立法委员、蒙藏委员会委员、中国佛学会名誉会长、西康宣慰使等。1936年5月在四川甘孜圆寂。]住宅，人称“诺那精舍”。◇小油坊巷，位于箍桶巷西侧，东起小西湖，西至大油坊巷，长263

米，宽2.3米，清《同治上江两县志》即有此巷。因是大油坊巷的支巷，故名小油坊巷。1994年，建小西湖住宅区时，向东移至箍桶巷，2001年拆迁不存。◇小西湖，位于长乐路小油坊巷南，马道街北，长约100米。清咸丰（1851—1861）年间，园毁湖干，遂成街巷名。小西湖10号曾是著名作家张友鸾［张友鸾（1904—1990），字悠然，笔名悠悠、牛布衣等，安徽安庆人。北京平民大学新闻系毕业，先后任《世界日报》总编、《国民晚报》社长、南京《民生报》《新民报》总编、《南京人报》总经理，1953年奉调北京人民文学出版社，1986年回宁定居。著有《白门秋柳记》《秦淮粉墨图》等。］故居。1994年，拆建为居民住宅楼。◇堆草巷，位于中华门城堡东北，箍桶巷西侧，东起小西湖，西至大油坊巷，长375米，宽1.5至3米，原名翔鸾庙。明清两代地图，均称此巷为灯草巷，疑“灯”为“堆”所误。巷内10号，自1921年至1963年，是我国著名古琴家、金陵琴派鼻祖夏一峰［夏一峰（1883—1963），原名福云，江苏淮安人。12岁入道观，15岁学琴，刻苦不辍，琴技迅进。1921年迁居南京，1934年入“青溪琴社”，所奏《良宵吟》《静观吟》等曲，玄妙空灵，著称于世。1949年后，受聘中央音乐学院，任民族音乐研究所特约研究员、中国音协会员，曾任江苏省、南京市政协委员，南京市音协副主席。］居住地。◇宰猪巷，位于箍桶巷西侧，南起小油坊巷，北至长乐路，长89米，宽1.5米，《明代南京城图》即有此巷。相传：此处是明初富民沈万三的宰猪场，故名。1994年，建小西湖住宅区时融入小区。◇小油坊巷后，位于箍桶巷西侧，东西起至于小油坊巷之南，呈弯曲形。长100米，宽1.2米，1981年因地处小油坊巷之后得名。1994年建小西湖居民区时拆除，融入住宅区内。◇小西湖小区，位于中华门城堡东北，箍桶巷西侧，南至马道街，北至长乐路，东至箍桶巷，西至大油坊巷。分小西湖、宰猪巷、小油坊巷、小油坊巷后等4片区，有多层住宅楼8幢，1994年建成。◇南京市小西湖小学，位于堆草巷29号，西起大油坊巷，北至小西湖，东起西湖里，南止朱雀里。创建于1839年，始名普育堂，曾用名翔鸾庙小学、南京市小西湖小学、南京市天安门小学教育营等。1970年，恢复原校名“南京市小西湖小学”至今。江苏省实验小学。

膺福街

位于中华门城堡东北侧，内秦淮河左岸，北起朱雀桥东堍，南至镇淮东桥，长310米。六朝时期，其址为古乌衣巷，是王、谢士族府宅的集居之地，也是周处街至朱雀桥的必经之地。侯景叛乱，王谢不存。隋灭陈后，荡垦殆尽。有唐一朝，已然成斜阳野草、寻常巷陌。宋元时期，其地属武定坊、名桐林（树）湾，多为驻兵军寨。及至明朝，因英国公张辅建宅于斯，始名英府街。清代，疏浚门东小运河，其中一支由膺福街入淮。清朝后期，国衰多忌，窃祈福祉，改名膺福街。民国时期，人烟渐密，街中多商肆，其东侧有剪子巷、大井巷、张家衙等多条支巷。1949年后，街周边建工厂数家，街貌为之一新，特别是改革开放以来，膺福街及周边发生了翻天覆地的彻底变化，原街悉数拆除，凤凰涅槃，重新建成仿明清建筑群“雅居乐。长乐渡”街区，保留原街名，堪称旧地新颜。街东侧的大片古街巷，亦悉数拆除重建成“老门东”民俗街区，现已成为南京秦淮风光带上的一张旅游新名片。

《舆地志》卷一五：乌衣巷，晋王氏自立乌衣宅，当时诸谢曰：乌衣之聚，皆此巷也。

《世说新语》中卷上：有往来者云：“庾公[庾亮（289–340），字元规，颍川鄢陵（今河南鄢陵）人。东晋大臣，官至平西将军、领江荆豫三州刺史、中书令等。]有东下意。”或谓王公[王导（276–339），字茂弘，琅琊临沂（今山东临沂)人。东晋大臣,拥立司马睿为帝,官居宰辅,总揽元、明、成三帝国政,时谓之"王与马,共天下。"]:"可潜稍严,以备不虞。"王公曰:"我与元规虽俱王臣,本怀布衣之好。若其欲来,吾角巾径还乌衣,何所稍严。"

《建康实录》卷六:瞻(纪瞻,生平见《钞库街》条目下注释。)立宅于乌衣巷,屋宇崇丽,园池竹木,自足赏玩焉。

《六朝事迹编类》卷七:乌衣巷,《图经》云:在县东南四里。《晋书》:王导、纪瞻宅皆在此巷。

《景定建康志》卷一六:◇乌衣巷,在秦淮南。晋南渡,王、谢诸名族居此,时谓其子弟为乌衣诸郎。今城南长干寺北有小巷曰"乌衣",去朱雀桥不远。考证《丹阳记》曰:"乌衣之起,吴时乌衣营处所也。"其地在今城东南五里。◇武定坊,在镇淮桥东南。

《景定建康志》卷一九:桐林(树)湾,在秦淮南,南逼府城,北临淮水岸。旧植桐甚繁,故以名。东北有浮航,即长乐桥也。

《至正金陵新志》卷一二:王导宅,乌衣巷中;谢安宅,在乌衣巷口;谢万宅,长乐桥东,傍丹阳郡城,今桐树湾东;纪瞻宅,在乌衣巷。

《南史》卷八〇:侯景(生平见《仙鹤桥》条目下注释)请娶于王、谢,帝(梁武帝萧衍,生平见《来燕桥》条目下注释)曰:"王、谢门高非偶,可于朱、张以下访之。"景恚曰:"会将吴儿女以配奴。"

刘禹锡《金陵五题·乌衣巷》:朱雀桥边野草花,乌衣巷口夕阳斜。旧时王谢堂前燕,飞入寻常百姓家。[注:刘禹锡(772—842),字梦得,洛阳(今河南洛阳)人。贞元九年(793)进士,初授记室,复为监察御史。历官朗州司马,连、夔、和、汝、苏等州刺史,礼部侍郎,太子宾客,检校礼部尚书。卒赠:户部尚书。有《刘宾客集》。]

曾极《金陵百咏·乌衣巷》:乌衣巷,在秦淮南,去朱雀桥不远。晋纪瞻立宅乌衣巷,王导自卜乌衣巷,王氏别族居马粪巷。

吴兵曾住黑云都，江左夷吾此卜居。休把乌衣轻马巷，悬鹑结驷总丘墟。[注：曾极（约1168-1227），字景建，临川（今江西抚州）人。布衣诗人，著有《金陵百咏》等。宝庆（1225-1227）间，以《江湖集》事得罪，谪道州，卒。]

朱存《金陵览古诗·乌衣巷》：阀阅沦亡楼栝移，年年旧燕亦双归。茅檐苇箔无冠盖，不见乌衣见白衣。[注：朱存（生卒及字号不详），南唐时，金陵（今南京）人。《舆地纪胜》卷一七引其诗，称"本朝人诗"，则朱存入宋后仍在世。《十国春秋》卷二九："朱存，金陵人。保大（943-957）时，尝取吴大帝及六朝兴亡成败之迹，作《（金陵）览古诗》二百章，章四句，地志家多援以为证。"]

杨备《乌衣巷》：人物风流往往非，空余陋巷作乌衣。旧时帘幕无从觅，只有年年社燕归。[注：杨备（生卒不详），字修之，建平（今安徽郎溪）人。荫补入官，一说为端拱二年（989）己丑科进士，初为长溪令、改华亭令，历任恩州知州、尚书虞部员外郎、虞部郎中知广德军、大理寺丞等。有《金陵览古诗》《姑苏百题诗》。]

马之纯《乌衣巷》：依依燕子可怜生，相向于人真有情。不道华堂曾止息，如今穷巷莫经营。六朝盛事同流水，千载遗踪只旧城。白日飞忙难话此，话时须等夕阳明。[注：马之纯（1143-1228），字师文、莹夫，号茂陵、竹轩，别号野亭，婺州东阳（今浙江金华）人。隆兴元年（1163）癸未科进士及第，授福州司法参军，历任徽州知州、焕章阁待制、承议郎充江东转运司主管文字、朝散郎通判静江军府事等。卒封太师，赠越国公。有《金陵百咏》《周礼随解》《左传类编》等。]

任斯庵《乌衣巷》：羊车暇日劳挥麈，玉树春风自满庭。欲问乌衣旧时事，静无秋燕有秋萤。[注：任希夷（1156-1221），字伯起，号斯庵，祖籍眉州（今四川眉山），生于邵武（今福建邵武）。淳熙二年（1175）乙未科进士及第，授浦城簿，调萧山丞。历任太常寺主簿、宗正丞兼太子舍人、礼部尚书兼给事中、参知政事等。嘉定十四年（1221），出知福州，旋提举临安府洞霄宫，卒，谥：宣献。有《斯庵集》。]

罗必元《乌衣巷》：乌衣池馆一时新，晋宋齐梁旧主人。无处可寻王谢宅，落花啼鸟秣陵春。[注：罗必元（1175–1265），亦名罗叠，字亨父，号北谷，隆兴进贤（今江西东乡）人。嘉定十年（1217）丁丑科进士及第，授咸宁尉，历任抚州司法参军、崇仁县丞、余干县知县、赣州通判、徽州知州、福州观察推官、汀州知州等，以直宝章阁兼宗学博士致仕。善诗，多有金陵景物题咏。]

《至正金陵新志》卷四：◇乌衣巷，在秦淮南。晋南渡，王谢诸名族居此，时谓其子弟为"乌衣诸郎"。向今城南长干寺北，有小巷曰：乌衣，去朱雀桥不远。◇东口市，在城南长干桥下东，今乌衣巷口是。

《至正金陵新志》卷一〇：游奕军寨，一在桐树湾北；沿江制置司游击军寨，一在武定桥南；効用军寨，武定桥南。

《金陵杂咏》：乌衣巷，在城南，内有乌衣园，乃王谢故居。一堂扁曰"来燕"，岁久倾圮，马光祖撤而新之。今失其处，大约在剪子巷至武定桥一带。

《洪武京城图志》：织锦一坊，在聚宝门（今中华门）内，旧桐树湾街。

《金陵世纪》卷二：剪子巷，在桐树湾北。卷三：桐树湾，在长乐桥南，旧植桐树甚繁，因名。

《万历应天府志》卷一六：周处[周处（240–299），字子隐，义兴阳羡（今江苏宜兴）人。仕吴，为东观左丞、无难督；仕晋，历新平太守、广汉太守、楚内史、建威将军等。今南京剪子巷东侧有周处读书台。]街，善和坊南。

《万历上元县志》卷四：◇周处街，在织锦一坊东，今俗名剪子巷。◇善和坊，在武定桥东。

《正德江宁县志》卷五：◇马道街、周处街，并在镇淮桥东北。二街亦与上元错居，上元隶锦一坊，江宁为正西新坊。◇正西新坊，在县东南，周处街内。

《秣陵集》卷二：乌衣巷，在城南，内有乌衣园。《世说》注引《丹阳记》："乌衣之起，吴时乌衣营处也。"乃王谢故居，今剪子巷至武定桥是其遗址。

《咏怀古迹》：乌衣巷，去长干寺北不远。晋南渡，谢王族盛居此巷中。

《金陵待征录》卷三：◊乌衣巷，《至正志·图说》言：巷在马道街东(西)，今钞库街至英府(街)皆是也。◊韩襄宇园，《私乘》云：在剪子巷。

《同治上江两县志》卷五：◊大膺福街，旧名英府，以英国公[张辅(1375–1449)，字文弼，河南祥符(今河南开封)人。早年随父参加靖难之役，任指挥同知，功封信安伯，进新城侯。永乐年间(1403–1424)，四次南征交阯，任总兵官，封英国公；三次随明成祖朱棣北征，掌中军都督府事务，进太师。历仕永乐、洪熙、宣德、正统四朝，正统十四年(1449)，随英宗北征瓦剌，于土木之变中阵亡，追封：定兴郡王，谥：忠烈。]府得名。同治五年(1866)，署总督李鸿章[李鸿章(1823–1901)，字渐甫，号少荃，安徽合肥人。道光二十七年(1847)丁未科殿试二甲第13名进士，朝考改翰林院庶吉士，散馆授编修。历官东宫三师、文华殿大学士、江苏巡抚、署两江总督、北洋通商大臣、直隶总督等。]易今名。◊剪子巷，《旧志》：在善和坊南，织锦一坊东，今曰：剪子巷。旧有崇义书塾，本淮商为之，为无力读书者肄业之所，今废。又有普育堂、育婴堂。◊小英府，明英国公府在此，故名。见《南都察院志》。

《同治上江两县志》卷一一：聚宝门(今中华门)东，古舟子洲也。明留守后仓在焉。故有小运河，然地洼下，数被水，居民苦之。同治甲戌(十三年，1874)冬，里之贤者，倡议分疏其居屋闾街之沟。俾赤石矶下水道，达大膺府、马道街，武定、文德二桥，金陵闸等处，各缘所近入淮。积淤瓦砾，除去必尽。如事有成，百年之福也。

《东城志略》：◇大英府街，今改为膺福，以明英国公张辅府而名。辅以平交阯封，后死土木之难。◇自大英府南转为剪子巷，古名周处街，在善和坊南、织锦坊东者，即此。巷内有明韩通政国藩［韩国藩（生卒不详），字襄宇，江宁（今南京）人。万历二十六年（1598）戊戌科殿试三甲第207名进士，授户部主事。历官广东高明知县、福建邵武知府、通政使司左通政等，有《涉园稿》。］园，石山中峰，高可二丈，宋贤题跋甚众，从徐氏东园购得者也。旧有崇义堂，本淮商创置，以为孤贫肄业之所，今废。新设育婴、普育二堂，官所办也。

《金陵岁时记》：都天会，门东大英府豆腐巷有都天庙。

《金陵杂志》：◇街道志。第三区第三段街巷地址名称：南门里桥、贵人坊、膺福街、豆腐巷、小膺福街、剪子巷、马道街。◇桥梁志。堆金桥，在大膺府马道街口。◇学校志。第二女子小学校，小膺府。◇公所志。麸业公所，在大膺府。◇慈善事业志。育婴堂，在剪子巷；普育堂，在剪子巷；东福霖水龙局，在大膺府。◇茶馆志。清和园，在大膺府贵人坊。◇物产志。干丝，茶社小品。取百叶干片缕切之，浸以酱汁，点以生姜丝，厥味清腴。南门大膺福贵人坊内观音庵僧善制之。

《秦淮感逝》：◇潘和卿，住秦淮之东、剪子巷。◇丁鸣午，住秦淮之东、张家衙。◇陈伯治，住秦淮之东南、乱石堆。◇卢绍章，住秦淮西流之东、英府街。

《白门食谱》：贵人坊清和园干丝。南门贵人坊之清和园，系一僧庵。和尚因其地靠城多树，常有人夏日到此避暑，乃打扫树下地，布置桌凳卖茶，并售干丝。未久，清和园干丝之名，传播一城，皆以为佳制也。

卢前《柴室记》:那时我们的住宅在南京城南,已是城墙根了,那条街叫作小英府,旧名该是周处街,离着孝侯读书台甚近。[注:卢前(1905—1951),字冀野,自号饮虹、小疏,江苏南京人。东南大学国文系毕业,先后受聘于金陵大学、河南大学、四川大学、中央大学,讲授文学、戏剧。曾任民国《中央日报·泱泱副刊》主编、南京通志馆馆长等职。有《饮虹五种》《冶城话旧》《东山琐缀》《天京录》等。]

《冶城话旧》卷一:石寿山房者,乃膺府老宅之继圃,先曾祖王考云谷公[卢崟(1834—1893),字云谷,祖籍镇江,生于江宁(今南京)。同治十年(1871)辛未科殿试二甲第59名进士,授翰林院编修。光绪五年(1879),迁任云南学政。致仕归宁后,主讲尊经书院,有《石寿山房集》。]读书处也。

《冶城话旧》卷二:南京晨餐,以干丝烧饼著。干丝最著者为南门口清和园,主人为一僧人。僧死,屋圮,清和园之名久已为京人所遗忘矣。

《东山琐缀》:近五十年,南京之名缎号有杨裕隆(门东小膺府)……杨裕隆有缎行之称。

《金陵十记》:◊南京名塾师。丁鸣午,外号丁剥皮,住南京门东张家衙。以管教学生严厉,同于剥皮著名。◊陈曜西,家住门东膺府,系南京三山街恒兴布店司账。喜画墨笔山水,并不着色,得力于《芥子园画谱》,自学成才。

《首都志》卷二:◊膺福街,原名积玉桥,旧名英府,以英国公张辅府得名。同治五年(1866),署总督李鸿章易今名。◊剪子巷,原名藏金桥,现有南京市救济院、妇女教养总所、妇女教养二分所孤儿院、育婴所、游民习艺所、养老总所。

《新南京(民国)》:◊国医。黄寿人,开业地址:南门剪子巷;龙颐庭,开业地址:膺府街李养真药号;娄与九,开业地址:小英府11号。◊李养真中药铺,营业地点:膺福大街。

《旅京必携》:◇中华通讯社,地址:剪子巷22号。◇性善堂,清光绪年间成立,地址:张家衙4号。◇金记老泰山茶社,地址:膺府街76号。◇同兴泰纸业,地址:大膺府街。◇第五警察局第三分驻所,地址:张家衙;电话号码:21015。◇救济院,地址:剪子巷;电话号码:23395。◇杨启兴煤炭锅业,地址:膺府大街。

《南京游览指南(民国)》:江宁普育堂,城内小膺府,电话1180;育婴堂,城内剪子巷;清节堂,城内剪子巷;老人堂,城内剪子巷。

《秦淮区志》:◇膺福街,南起中华门,北至马道街。据《南京文献》载,原名英府街,因明代英国公张辅府第在此得名。清同治五年(1866),李鸿章改称膺福街,含"膺祥得福"之意。◇剪子巷,东起小心桥东街,西至膺福街。明清时期,在此设武器库,有弓箭等,故名箭子巷。1950年,由箭子巷、藏金桥、小膺府街、仓门口等合并,改称现名。◇1958年8月,组建公私合营秦淮豆制品厂,厂址在膺福街107号。◇1952年,民政部门在剪子巷,新建南京市救济分会织布厂;1956年,成立公私合营南京织布厂(今南京色织厂)。◇南京金属回收分部,地址:剪子巷159号。◇南京纺织集团,地址:剪子巷46号。◇。膺福街古建筑,清代,区文保单位,所在地:膺福街107、109号。◇余庆堂药店,开设年份:1939;地址:膺福街58号。◇地藏庵,地址:新民坊(即贵人坊)1号。◇百岁宫,地址:剪子巷187号。◇寿福庵,地址:剪子巷122号。◇新新茶社,地址:膺福街57号。◇金春茶社,地址:膺福街39号。◇马义顺茶社,地址:膺福街43号。◇李宝兴茶社,地址:膺福街94号。◇明新楼茶社,地址:膺福街16号。◇绿雨茶社,地址:膺福街74号。◇首都律师公会,地址:膺福街33号。

《秦淮地名概览》:◇膺福街,位于中华门东北侧,内秦淮东岸,北起朱雀桥东埆，南至镇淮桥东，长307米，宽4米。清《同治上江两县志》称原名“英府街”，因明代英国公张辅府第在此得名。清同治五年（1866），两江总督李鸿章认为，张辅虽为明代永乐、洪熙、宣德、正统四朝重臣，却死于正统时的“土木之难”，结局不祥。因此，另择“膺祥得福”之意，将英府街谐音易名为膺福街。《首都志》：“膺福街，曾名积玉桥。”现拆迁建“雅居乐。长乐渡”小区，膺福街仍在。◇剪子巷，位于中华门以东，东起小心桥东街，西至膺福街，长900米，宽3.6米。明初，此处是兵器仓库，仓内多储箭镞，被称为“箭子巷”，后谐音成“剪子巷”。清《同治上江两县志》：“《旧志》称：周处街，在善和坊南，织锦一坊东，今曰：剪子巷。”相传，东吴东观左丞、西晋御史中丞周处，曾住此处，故名周处街。今巷东段原为藏金桥、小膺府，1950年，与西段剪子巷合并，统称剪子巷。◇雅居乐·长乐渡，位于中华门城堡东侧，“老门东”以西，东至上江考棚，西至内秦淮河，南至新民坊，北至马道街，仿明清式建筑群。南京雅建置业有限公司开发，2015年建成。新建的仿古建筑院落共36个区块，造型各异，风格清新。区块内原有的膺福街、大井巷、大荷花巷、小荷花巷、豆腐巷等古巷，实行“原巷复原名”，重展新颜，再现秦淮古民居清幽深邃的历史风貌。长乐渡，即今朱雀桥处的古渡口名。◇老门东历史文化街区，位于夫子庙核心区域的南部，箍桶巷100号，东至江宁路，西至内秦淮河，南抵明城墙，北至马道街，总占地面积约70万平方米。为南京传统文化、民俗文化积淀最为深厚的地区之一。街区在保留大量历史建筑和文物保护修复的基础上，将老厂（原南京色织厂）房改建成南京书画院、金陵美术馆、老城南记忆馆等“一院两馆”，建设民居式精品酒店和时尚活力街区，引入名店、百年老店、文化娱乐会所等，成为集历史文化、休闲娱乐、旅游景观于一体的历史文化街区。

钓鱼台

位于中华门城堡西北侧，东南起镇淮西桥南堍，迤西北越中山南路，至集庆路新桥西堍，长680米，宽4至6米。六朝时期，其地属横塘，名小长干，人烟辏辐，屋宇行列，十分繁华。隋唐因之，属永安坊，多有题咏。南唐筑城，圈入城内，始名沙湾。宋元以降，该址属崇胜坊，地名沙窝，多为官仓据之。明清时期，士庶杂居，渐成市廛，地属杂役一坊，名沙河街。清末民初，居民日众，街之东南段为沙湾，西北段为钓鱼台，是城南市民的集居区域之一。1949年以后，沙湾并入钓鱼台，街西侧有饮马巷、甘露巷、磨盘街等多条支巷。改革开放以来，整条街道发生巨大变化，道路出新，秦淮沿岸之河房得以保护修复，为秦淮风光带西五里景观的起点。

《吴都赋》：横塘查下，邑屋隆夸；长干延属，飞甍舛互。

《建康实录》卷二：建康南五里有山冈，其间平地，民庶杂居，有大长干、小长干、东长干，并是地里名。小长干，在瓦官南，巷西头出江也。

《建康实录》卷四：横塘，今在淮水南，近陶家渚，俗谓回军毋洑。

崔灏《长干曲》诗句：◇君家在何处，妾住在横塘。◇同是长干人，自小不相识。［注：崔灏（?—754），汴州（今河南开封）人。开元十一年（723）进士及第，官至太仆寺丞、司勋员外郎。诗风，初浮艳，后豪迈，有《崔灏集》。］

李白《长干行》诗句：◇郎骑竹马来，绕床弄青梅。同居长干里，两小无嫌猜。◇忆妾深闺里，烟尘不曾识。嫁与长干人，沙头候风色。［注：李白（701—760），字太白，号青莲，祖籍陇西成纪（今甘肃天水），生于碎叶城（今吉尔吉斯斯理北部托克马克附近），幼时，随父迁居绵州昌隆（今四川江油），24岁出蜀，壮游天下，题诗千首。才气纵横，豪迈奔放，以“诗仙”名著于史，有《李太白文集》。]

《六朝事迹编类》卷五：横塘，吴大帝时，自江口沿淮筑堤，谓之横塘。杨修之有诗云：“早潮才过晚潮来，一一轩窗照水开。鉴面无尘风不动，分明倒影见楼台。”

《景定建康志》卷一六：崇胜坊，在镇淮桥西南；长干里，在秦淮南。

罗必元《长干里》：山垅中间号曰干，此干长里盛衣冠。想应王谢朝回后，日日行人看衣冠。

《景定建康志》卷二三：制置司仓，附本府广济仓内。又有小仓三所，曰东仓、曰西仓、曰中仓，并在南门里沙窝一带

《至正金陵新志》卷四：◇崇胜坊，在镇淮桥西南。《庆元志》载：六朝及唐里名，有翔鸾、滨江、舜泽、嘉瑞，凡四，与《乾道》坊名同，盖坊故里也。《乾道》所载四厢二十坊曰：左（东）南坊四，曰嘉瑞、长乐、翔鸾、武定；右（西）南坊九，曰承贤、舜泽、建业、兴政、雅政、凤台、滨江、永安、敦教；左（东）北坊二，曰钟山、招贤；右（西）北坊五，曰玄德、修文、来苏、金陵、清化。◇侍其巷，《庆元志》：旧为侍其氏所居，多闻人。[按：侍其氏闻人有侍其瑀、侍其云叟等，皆宋时江宁（今南京）人。详情请参阅《凤麓小志》卷二。]今正南隅永安坊内有雉鸡巷，即此而讹。

《至正金陵新志》卷一一：◇禹王庙，在保宁坊磨盘街口，其地有沟，名建业沟。又封崇寺街亦有庙，俗呼平水大王。◇崇胜戒坛院，即古瓦官寺，又为升元寺，在城西南隅。今寺西北有寺街及石经幢，尚存。

《洪武京城图志》：杂役一坊，在聚宝门内，镇淮桥南，沙河街。

《金陵世纪》卷二：◇饮马巷，沙河街内。◇斗鸡巷，杂役一坊西。

《万历应天府志》卷一六：沙河街，秦淮南，即古永安坊。

《正德江宁县志》卷五：◊沙河街，俗呼沙窝，在秦淮南岸，对竹街，即古永安坊。◊饮马巷，在聚宝门内，沙河街南小巷。◊磨盘街，在保宁街东南，饮马巷口。◊侍其巷，在磨盘街南，旧为侍其氏所居，多闻人。《金陵志》云：永安坊内有雉鸡巷，即此而讹。今又呼为斗鸡巷，则愈讹矣。

《正德江宁县志》卷六：禹王庙，在饮马巷磨盘街口。《旧志》云：其地有沟，名建业沟。又（封崇）寺街亦有庙，为平水大王。

《客座赘语》卷五：同春园，齐王孙[朱可涅（生卒不详），字泉亭，朱元璋庶七子朱榑五世孙。永乐（1403—1425）中，榑以疑忌暴卒。幼子贤爀，废为庶人。景泰（1450—1456）中，复赦贤爀，赐居南京三山街。可涅乃贤爀之曾孙，读书通大义，积勤丰财，辟同春园于永安坊，以延宾客。]所创，在南门内沙窝小巷，今为他人分据。

《嘉庆新修江宁府志》卷九：同春园，在南门沙窝小巷，故齐王孙园也，后为吴氏有。

《白下琐言》卷二：作假山石，阳湖戈姓最擅长。孙伯渊师极奖助之，五松、五亩二园暨冶城山馆，皆出其手。予家小园及西辕门口李氏继园、沙湾卢氏园、清溪里章氏园亦其所为。

《同治上江两县志》卷五：◊沙湾，《袁志》：沙河街，俗呼沙窝，在秦淮南岸，对竹街，即古永安坊。小巷内有同春园，齐宗园也。见《客座赘语》。今名沙湾，窝音转也。又有诗人刘然[刘然（生卒不详），字简斋，江宁（今南京）人。清康熙时布衣诗人，有《西涧初集》。]宅，有玉毂堂、友声阁，名流争集。钓鱼台，有湖南会馆。◊甘露巷、饮马巷、磨盘街，《袁志》：磨盘街，在保宁街东南，饮马巷西。◊侍其巷，《金陵新志》载《庆元志》：旧为侍其氏所居，多善（闻）人。今正南隅永安坊有雉鸡巷，恐即此而讹。今聚宝门内西南隅有闸门，刻砖曰：

古侍其巷。

《凤麓小志》:◇钓鱼台,有圆通庵,有湖南会馆。馆为明孔阁部贞运[孔贞运(1574-1644),字开仲,号玉横,池州建德(今安徽东至)人,客籍句容。万历四十七年(1619)己未科殿试一甲第2名进士(榜眼),授翰林院编修。历任会试考试官、经筵展书官、左春坊左谕德、国子监祭酒、詹事府少詹、南京礼部侍郎、北京吏部侍郎、文渊阁大学士等。崇祯十七年(1644),闻崇祯帝哀诏,恸绝卒,谥:文忠。有别宅在钓鱼台。]宅,俗呼孔天官家环碧园,至今未圮也。又东为沙湾,古之永安坊也,俗呼沙窝曰沙湾者,音以近而转也。有诗人刘然之宅,所谓玉谷堂、友声阁者,皆在其中。◇饮马巷转北,为侍其巷,宋有侍其氏居此,多闻人。巷尽为磨盘街,街南有禹王庙。◇宋·侍其瑀,字服之,江宁人,居永安坊,即今之侍其巷,曾讹为雉鸡者也。崇宁二年(1103)进士,经行为乡里所推。工诗,有《横塘曲》。贺铸[贺铸(1052-1125),字方回,号庆湖遗老,祖籍山阴(今浙江绍兴),生于卫州共城(今河南辉县)。以荫荐授右班殿直,历任临城酒监、滏阳都作院、徐州宝丰监、和州巡检、江夏宝泉监、太平州通判等。以诗词著名,有《贺方回诗集》《庆湖遗老诗集》。]尝舣舟秦淮,雪中访之。后又有侍其云叟,工琴。◇机业之兴,百货萃焉。丝行,则在沙湾,所以收南乡之土丝也。◇鱼市,自镇淮桥口至沙湾饮马巷口,半里而近,夹道皆鱼盆也。

《天京录》卷二:沙湾"傅义和烟庄",创者傅尧臣(生平见《大油坊巷》条目下引文),丘平之王(祖)父也。父达斋,七十。丘平[傅丘平(生卒不详),南京人,民国时期,南京市参议员。《南京概况(秘密)》:伪南京市参议会第四区参议员,傅丘平,地方派。]求序于予,因言其王(祖)父故太平朝之天将。天京危急,隶忠王麾下,统三千人。天京陷,匿民间,得免。既而设烟肆于此,曰:傅义和。居平未尝一言及天国。

《炳烛里谈》:湖南会馆,新桥钓鱼台旧有大宅,相传为孔天官故第。粤贼据城时，伪英王陈玉成[陈玉成(1837-1862)，广西藤县人，14岁参加金田起义，屡立战功，22岁晋封英王，25岁被俘英勇就义。]居之。屋宇宏敞，亭榭回环。故克复金陵日，曾忠襄[曾国荃(1824-1890)，字沅甫，湖南湘乡人，贡生。领湘军"吉字营"，功擢知府。历官湖北、陕西、山西省巡抚，署两广总督，两江总督等。卒于任，谥：忠襄。]即驻节于此。凯撤后，湘军诸将购得之，遂修葺以为湖南会馆云。

《金陵杂志》：◇街道志。第三区第二段街巷地址名称：磨盘街、侍其巷、钓鱼台、甘露巷、饮马巷、沙湾。◇庙宇志。圆通庵，在钓鱼台；禹王庵，在磨盘街。◇会馆志。湖南会馆，在钓鱼台。◇慈善事业志。兴善堂，在钓鱼台；宝霖水龙局，在沙湾。◇中西菜馆志。连兴楼，纯素，在沙湾。◇社会志。第一舞台，在钓鱼台。正座四角，边座二角，楼厢六角。

《冶城话旧》卷一：沙湾濮恒兴、黑廊韩复兴，与武定桥刘天兴，皆名鸭子铺。

《秦淮感逝》：◇聂典勋，住秦淮西流之南岸、钓鱼台。◇梅少臣，住秦淮西流新桥下、梧桐树南口。◇胡培之，住秦淮西流新桥下南岸。

《首都志》卷二：磨盘街、侍其巷、沙湾、饮马巷、甘露巷，属四局四所；钓鱼台，有第四警察局钓鱼台分驻所、第四区公所。

《首都志》卷八：◇第四民众学校，校址：钓鱼台。◇救国日报，地址：磨盘街。

《首都志》卷一二：业缎最久者有数家：德义长号，在钓鱼台，道光十七年(1837)成立；于启泰，在钓鱼台，同治八年(1869)开设。

《金陵五记》：库司坊，老百姓叫作裤子裆与小门口，《白下琐言》："阮大铖宅在库司坊，即今小门口处，世人秽其名曰：裤子裆。”阮大铖的故宅有花园,即石巢园。清朝为孝廉陶湘所得,称陶氏花园。现在这陶氏花园也已经荒芜了。

《新南京(民国)》:◇钓鱼台义务小学,校址:钓鱼台湖南会馆。◇赵士法医师,开业地点:磨盘街2号。◇国医。张栋梁,开业地址:磨盘街4号;方靖夫,开业地址:钓鱼台;王铭甫,开业地址:钓鱼台;朱锡五,开业地址:磨盘街2号;彭光卿,开业地址:钓鱼台50号[按:1949年后,彭光卿先生应聘入南京中医学院工作,1962年退休,仍居钓鱼台老宅。古道热肠,义诊不辍。1965年下半年,笔者父亲卧疾不起,住院治疗,无经济来源,有心乏力。后经人指点得知钓鱼台彭先生义诊善举,遂贸然径至彭宅,叙述家父病症及拮据窘况,彭先生恻然应允,据述处方,毛笔书写,工整清晰。至今记忆犹新。];邹寿庵,开业地址:沙湾街21号;米鸿年,开业地址:磨盘街2号;王幼甫,开业地址:饮马巷口6号。◇中药铺。广仁堂,营业地点:沙湾19号;益寿堂,营业地点:钓鱼台131号。◇纺织业。民生工厂,地址:钓鱼台。◇厚康钱庄,地址:沙湾;电话号码:23965。◇复兴池浴堂,地址:沙湾;电话号码:21580。◇第四区公所,地址:钓鱼台。

《旅京必携》:◇新中华日报社,地址:钓鱼台侍其巷5号。◇湖南会馆,地址:钓鱼台。◇东升茶叶号,地址:钓鱼台。◇慎泰恒火腿店,地址:钓鱼台。◇庚兴火腿店,地址:钓鱼台。◇原(厚)康钱庄,地址:南门沙湾;电话号码:23965。◇缎业。于启泰,地址:钓鱼台,电话号码:21237;王庆丰,地址:侍其巷;张茂丰,地址:磨盘街;德义长,地址:钓鱼台;裕大裕记,地址:钓鱼台。◇洗染业。德新,地址:钓鱼台;协记,地址:钓鱼台。◇同茂永五金洋货号,地址:沙湾;电话号码:22991。◇方德裕煤号,地址:沙湾;电话号码:22510。◇律师。刘昌威,住址:饮马巷;张文坛,住址:磨盘街;刘守伦,住址:沙湾。

《新都游览指南(民国)》:复新池浴室,地址:沙湾;电话:625。

《金陵十记》:◇大抵买卖南京缎子的账房,多设于钓鱼台附近,家家款待客人,供应食宿,甚至自设河岸码头,陪客冶游。◇钓鱼台的德义昶,今为大杂院。德义昶因在新桥河南有自备码头,游船能从夫子庙经文德桥、武定桥、南门桥,而到该栈自建的码头停泊,故住在该栈的客人,可以彻夜遨游秦淮河。◇因店铺自行选料加工,独具风格,传名全市的有:沙湾口濮恒兴鸭子店的板鸭。

《民国会社党派大辞典》:南京市理发业职业工会,1946年3月7日在南京成立,会址设在南京钓鱼台13号。

《南京市街巷名册》:沙湾,隶属秦淮区,1950年并入钓鱼台。

《秦淮区志》:◇钓鱼台,东南起镇淮西桥,西北至新桥,旧名沙湾,又名沙窝。相传:明代朱元璋害怕俞通江、俞通海(生平见《玉带巷·彩霞街》条目下注释。)入海造反,故设钓鱼台以捕鱼(俞)。◇饮马巷,东起钓鱼台,西至磨盘街,相传:康王赵构路过此地,马在此处饮水,故名。1950年,库司坊(中段),小门口(西段),饮马巷(东段)合并,统称现名。◇磨盘街,南起饮马巷,北至般高巷,相传:清代街上铺有很多磨盘,故名。◇甘露巷,东起钓鱼台,西至磨盘街,中段有一支巷,南达饮马巷,合称甘露巷。此巷附近有圆通庵,以佛降甘露之意得名。◇钓鱼台七巷,南起六角井,北至钓鱼台,曾名响铃巷。1954年,因地处钓鱼台7号命现名。◇钓鱼台一二三巷,东起钓鱼台,西至磨盘街,曾名侍其巷。1954年,因地处钓鱼台123号改称现名。◇钓鱼台九十三巷,南起甘露巷,北至钓鱼台,曾名欧阳巷。1950年,因地处钓鱼台93号改称现名。◇市级文保单位。钓鱼台河房,清代,所在地:钓鱼台192号;钓鱼台196号河房,清代,所在地:钓鱼台196号。◇区级文保单位。白果古树,明代,所在地:钓鱼台97号;白果古树,明代,所在地:钓鱼台119

号。◇湖南会馆,地址:钓鱼台。◇私塾。效梅私塾,饮马巷117号;焦氏私塾,磨盘街;求实学塾,殷高巷39号。◇南京塑料厂, 1953年,位于钓鱼台的胶木制品厂利用外地原料,加工电话听筒、灯座、插头和线罩等产品。1954年,改名南京电工厂;1956年,与联业笔厂南京分厂合并,改名为南京塑胶厂;1958年,建成南京塑料厂。◇南京金笔厂,地址:钓鱼台97号。◇梅山化工助剂厂,地址:钓鱼台145号。◇钓鱼台小学,校址:钓鱼台147号。◇六角井小学,校址:饮马巷45号。◇第二十中学,校址:钓鱼台19号。◇张太和药社, 1920年开设,地址:饮马巷131号。◇古财神庙,地址:饮马巷46号。◇永兴园茶社,地址:钓鱼台2号。◇湖南旅京同乡会,地址:钓鱼台。

《秦淮地名概览》:◇钓鱼台,位于中华门城堡西北侧,东南起镇淮西桥南堍,西北至集庆路新桥西堍,长680米,宽4至6米。《首都志》载有此巷,相传:明初朱元璋因忌俞通海家有王气,派刘伯温在此设钓鱼台以捕鱼(俞),街因此得名。现钓鱼台192号河房,为江苏省文物保护单位;钓鱼台83、85、87号吴家账房,为南京市文物保护单位;钓鱼台196号河厅河房,为秦淮区文物保护单位。◇沙湾,位于中华门内西侧,地近内秦淮河边,今钓鱼台东口到饮马巷交界一段。此街明清时为南京最大的鱼市场,清代为南京丝绸染坊集中地。1950年,并入钓鱼台。◇钓鱼台七巷,位于中华门城堡西北侧,南起六角井,北至钓鱼台,长72米,宽1.7米,沥青路面。《首都志》称此巷为响铃巷,相传:此处旧时为卖各种铃铛的集市,故名。因该巷北口在钓鱼台7号, 1954年更名为钓鱼台七巷。◇钓鱼台九十三巷,位于中华门城堡西北侧,南起甘露巷,北至钓鱼台,中段呈弯曲状,长120米,宽2米,道板路面。《首都志》称此巷为欧阳巷,相传;旧时有一欧阳姓氏族居于此,故名。1950年，因该巷北口在钓鱼台93号，更名钓鱼台九十三巷。◇钓鱼台一二三巷，位于中华门城堡西北侧，东起钓鱼台，西至磨盘街，长95米，宽2米，沥青路面。此巷原名侍其巷，为著名古巷。宋崇宁二年(1103)进士侍其瑀一族居于此，故名。因巷口在钓鱼台123号，1954年更名为钓鱼台一二三巷。◇饮马巷，位于中华门西北侧，东起钓鱼台，迤西过中山南路，至谢公祠，长245米，宽3米。《首都志》载有此巷，相传：南宋康王赵构从金营逃归，路过此地，因马渴在此饮马，故名。原饮马巷在今巷东段，中段为库司坊，俗名裤子裆，西段为小门口。《首都志》载有库司坊、小门口巷名。《白下琐言》："阮大铖[阮大铖(1587-1646)，字集之，号圆海、石巢、百子山樵，安庆府桐城县(今安徽枞阳)人。万历四十四年(1616)丙辰科殿试三甲第10名进士，授行人，擢给事中。崇祯时，任太常寺少卿、光禄寺卿，后因附逆罢官。南明小朝廷中，官至兵部尚书、东阁大学士。善词曲，有《石巢传奇四种》。]宅在城南库司坊，即今小门口处，俗曰：裤子裆。后陶孝廉湘[陶湘(生卒不详)，字衡川，号秋水、楚渔，江宁(今南京)人。乾隆三十六年(1771)江南乡试中举，喜藏书，精鉴赏。汉唐碑拓，宋元法书，直辨真赝。购得金陵城南"石巢园"，改名"冰雪窝"，悠然其间。]居此，小园老树，饶有古趣。相传即石巢园故址，今废。"1950年，三巷合并，统称饮马巷。现巷内67、69、71、90号古民居，为南京市文物保护单位。◇甘露巷，位于中华门城堡西北侧，东起钓鱼台，迤西过中山南路，西至磨盘街，支巷折南达饮马巷，长533米，宽1.5米，道板路面。《首都志》载有此巷，相传：此巷东端钓鱼台有圆通庵，取佛降甘露之意，故名甘露巷。该巷27号院内古井，为秦淮区不可移动文物。◇磨盘街，位于集庆路东端新桥西南侧，南起饮马巷，北至殷高巷，长360米，宽3至5米。《首都志》："磨盘街，《袁志》：磨盘街在保宁街东南，饮马巷西。"相传：古代此处有多家专售磨盘的店铺，故名。该街11号、13号古民居,为南京市秦淮区不可移动文物。10号,是金陵名医张栋梁(1877–1937)的寓所及诊所,张擅长内、外科,对温针疗法有独到之处,曾被当时的中央国医馆授以“国医泰斗”横匾。◇钓鱼台河房,位于镇淮桥西北,内秦淮(西五里)西岸钓鱼台192号,原房主为清代翰林。现存建筑两院两进,硬山顶建筑,占地面积297平方米。后进为河厅,临河有四角攒尖顶小亭1座。内院四廊的檐下挂落、门楣雕刻,细致精美。现为江苏省文物保护单位。◇磨盘街小区,位于新桥西南侧,东至钓鱼台,西至水斋庵,南至饮马巷,北至殷高巷,建有住宅楼32幢,开放式小区,1996建成,因地处磨盘街,故名。◇钓鱼台小区,位于新桥西南侧,东至钓鱼台,西至磨盘街,南至钓鱼台一二三巷,北至殷高巷,建有多层住宅楼5幢,1990年建成。因地处钓鱼台街边,故名。

船板巷

位于集庆路新桥西堍北侧,内秦淮河左岸,南起新桥,北至上浮桥,长450米。巷西侧原有王府巷、小船板巷、玉振巷、胭脂巷、窦家园、小府巷、严家井、吉祥街、皇册库等众多支巷,现仅胭脂巷尚存,余皆拆建为“仙鹤里住宅区”和“皇册家园”小区,数十幢住宅楼,整齐如矩,十分醒目。六朝时期,其地迤西为著名的瓦官寺,东侧隔秦淮河与竹格渡相望,沿淮民居集聚,间有名士建宅于斯。隋唐因之,南唐建炳灵公庙,历经宋元,香烟不绝。及至明末,庙虽势微,仍在原址,其地名正西旧二坊,南临新桥市。清代以后,庙废屋毁,空存地名。民国时期,该巷为城南市民集居区之一,人烟甚密,学校、机关、商店等,杂处其间。中华人民共和国成立以后，巷内道路，彻底整治，特别是改革开放以来，船板巷发生了脱胎换骨的变化，巷西侧所有支巷的陋宅旧屋悉数拆除，改建成现代住宅小区，崭新靓丽；巷东临淮沿岸，设置景观建筑，移步换景，怡情至极，是秦淮西五里左岸上的一条十分静雅的休闲小道。

《建康实录》卷八：兴宁二年（364），是岁，诏移陶官于淮水北，遂以南岸窑处之地施僧慧力，造瓦官寺。

《南史》卷七一：曼容［伏曼容（421—502），字公仪，平昌安丘（今山东安丘）人。多伎术，善音律，射驭、风角、医算，莫不闲了。历仕宋、齐、梁三朝，未仕前以聚徒教授自业。仕宋，任辅国长史、南海太守；仕齐，任太子率更令、中散大夫；仕梁，任司徒司马、临海太守。著有《周易集解》《毛诗集解》等。］宅，在瓦官寺东，施高坐于听事。有宾客，辄升高坐为讲说，生徒常数十百人。

《景定建康志》卷四四：文孝庙，梁昭明太子［萧统（501—531），字德施，小字维摩，南兰陵（今江苏常州）人，梁武帝之子。少时遍读群书，及长，参预朝政。善赋诗，招才学之士，集书三万卷，共研儒学，兼探佛理，辑《文选》三十卷。病卒，谥：昭明太子。］是也，在城内西南新桥之西，面临秦淮。

《景定建康志》卷四六：大悲寺，今在炳灵公庙，昔崇胜寺子院也。

《旧五代史》卷四四：长兴四年（933），秋七月己卯，东岳三郎神［按：即道教所言之泰山东岳大帝第三子］赠威雄大将军。

《事物纪原》卷七：宋大中祥符七年（1014）十月十五日，［按：《宋史·礼志》：大中祥符元年（1008），封禅毕，加封泰山三郎为炳灵公。］诏封威雄将军为炳灵公。［注：高承（生卒及字号均不详），北宋开封人，宋神宗时在世。所著《事物纪原》，自博奕嬉戏至鱼虫飞走，无不考其来源，类多排比详瞻，足资考核。］

《搜神广记》：炳灵者，圣帝第三子也。唐太（明）宗加威权

（雄）将军，至宋太（真）宗封上殿炳灵公，大中祥符元年（1008）二月二十五日封至圣炳灵王。[注：秦子晋（生卒及字号均不详），元代淮海（今江苏徐州）人。所著《搜神广记》，全名《新编连相搜神广记》，前、后两集，不分卷。该书最早版本为元至正（1341-1367）年间闽建书林刊刻。]

《能改斋漫录》卷一八：京东父老相传，东岳天齐仁圣帝有五子[按：长子：佑灵侯；次子：惠灵侯；三子：炳灵公；四子：静鉴法师；五子：宣灵侯；一女：碧霞元君。]，惟第三子后唐封威雄大将军，本朝封炳灵侯（公）。[注：吴曾（生卒不详），字虑臣，一说字虎臣，抚州崇仁（今江西崇仁）人。博闻强记，累试不第，绍兴十一年（1141）献书秦桧（1090-1155），得补右迪功郎。历官宗正寺主簿、太常丞、玉牒检讨、工部郎中、严州知府等。致仕，归里卒，年73岁。所著甚夥，《能改斋漫录》初刊于绍兴三十二年（1162），知名当时。]

《六朝事迹编类》卷一二：炳灵公庙，伪唐升元（937-942）中置。按《五代史》：后唐长兴四年（933），封东岳三郎为威雄将军。本朝大中祥符元年（1008），奉敕封炳灵公。庙在府城新桥之西。

《至正金陵新志》卷一一：◊炳灵公庙，新桥西，南唐升元中置。《五代史》：后唐长兴四年封威雄将军，至祥符元年封炳灵公。今庙中有化纸铁盆，上铸"南唐年号、众铸人、三郎君庙"。按《搜神广记》：神东岳第三子，又称东岳三郎。◊大悲寺，在炳灵公庙巷，崇胜寺子院也。本大悲院，《乾道》《景定》二志并作寺。

《洪武京城图志》：新桥市，在新桥南北，鱼菜所聚。

《正德江宁县志》卷六：炳灵公庙，在饮虹桥西，南唐升元中建。长兴四年封威雄将军，宋祥符中封炳灵公。庙久圮，正统（1436-1449）中，守备丰城侯[李贤（?-1451），凤阳定远人，袭爵丰城侯。宣德二年（1427）从出塞，还修永宁、隆庆诸城。正统初（1436），守大同，寻守备南京。景泰二年（1451）卒，赠丰国公，谥：忠宪。]重建。

《正德江宁县志》卷五：◊正西旧二坊，在县西，上浮桥河南一路。◇竹格渡，在宋县治西南二里，即竹格航，当在今下水门东南。◇新桥市，在县西，南通饮虹桥，即古鱼市。《建康志》：鱼市，在东市、西市、凤台、鹭洲四方之会。今新桥十字街口即其地。

《金陵世纪》卷二：新桥市，饮虹桥北。

《金陵世纪》卷四：炳灵公庙，《旧志》：在新桥西。

《金陵玄观志》卷四：炳灵公庙，在都城内，中城新桥地，去所领洞神宫三里。天顺七年（1463）建。《搜神（广）记》谓：炳灵公乃东岳第三子。殿堂：山门一座，炳灵殿三楹，道院一房。基址三亩：东（西）至胭脂巷，南至官街，西（东）至新桥，北至草场（上浮）桥。

《金陵待征录》卷一：来凤泉，在胭脂巷。篆书三字，“凤”字仅余其尾。又一面，市人刻“安稳大吉”四字。

《同治上江两县志》卷五：◇胭脂巷，来凤泉在胭脂巷，见《待征录》；炳灵公庙，南唐升元中建，今废，见《南都察院志》。右西南第三十四甲。◇船板巷、皇册库、堂子巷、王府巷，右西南第三十五甲。

《凤麓小志》卷一：◇胭脂巷，谌大令命年[谌命年（生卒不详），字瑞卿，上元（今南京）人。同治元年（1862）壬戌科殿试三甲第13名进士，历知武清、文安、丰南、丰润等县。在任优待文人，怜悯孤若，为老生增膏火，为贫民增留养，尝捐五千金为公车费。]之宅在焉。巷内有来凤泉，井阑上篆书三字，无年月，不知何代物也。其纵横于巷西者，为小吉祥街，为五间厅，为蔡一本巷，为窦家巷，为小李府巷，或通或塞，交错若织，非屡至者不能辨也。◇黄（皇）册库，明藏图籍之所也。北出为船板巷，有防营支应局在对河牛市，所以护卫之也。

《金陵杂志》：◇街道志。第三区第三段街巷地址名称：堂子巷、胭脂巷、王府巷、船板巷、皇册库。◇桥梁志。上浮桥，在船板巷。◇庙宇志。炳灵公庙，在胭脂巷。◇学校志。第一女子小学校，胭脂巷。

《秦淮感逝》:◇陈仲达,住秦淮西流之南、胭脂巷。◇黄惕冰,住秦淮西流之南、胭脂巷鸭子塘边。

《首都志》卷二:吉祥街、严家井、王府巷、窦家园、胭脂巷、小船板巷、船板巷,右四局五所。

《首都志》卷八:◇船板巷小学,校址:船板巷。民国成立后所创办。◇诚本小学,校址:胭脂巷。受社会局补助。◇盲哑学校,校址:船板巷。◇第十五民众夜校,校址:船板巷。

《新南京(民国)》:◇船板巷小学,地址:船板巷。民国成立后所创办。◇诚本小学,地址:胭脂巷。受南京市社会局补助。◇市立盲哑学校,该校创立于民国十六年(1927)十月,开办至今规模粗具,为全国仅有之公立盲哑学校,校址在城西船板巷。◇国医。张绍炳,地址:上浮桥;裴用舟,地址:胭脂巷;陈文煜,地址:胭脂巷4号。◇立成绸厂,地址:船板巷。◇三鑫园浴堂,地址:吉祥街;电话号码:22449。◇天乐池盆浴堂,地址:吉祥街;电话号码:21674。

《旅京必携》:◇船板巷小学,校址:船板巷。◇市立盲哑学校,校址:船板巷。现有男生二十人,女生十七人,分四级。◇典业同业公会,地址:胭脂巷。◇香烛业职业工会,会址:船板巷72号。◇华大药房,地址:吉祥街;电话号码:21250。◇春生堂药号,地址:吉祥街;电话号码:23496。◇大吉祥旅社,地址:吉祥街;电话号码:22353。◇万全斋菜馆,地址:吉祥街;电话号码:21129。◇第十师驻京通讯处,地址:船板巷;电话号码:23047。◇第六警察局第五分驻所,地址:船板巷;电话号码:21448。◇天生福号茶食店,地址:吉祥街;电话号码:23440。◇田兴记酒菜馆,地址:船板巷;电话号码:22839。◇祥泰茶庄,地址:吉祥街;电话号码:23903。◇久大缎业,地址:胭脂巷。◇永隆缎业,地址:胭脂巷。◇永祥号卷烟店,地址:吉祥街。◇天昌号卷烟店,地址:吉祥街。◇泰记煤炭号,地址:船板巷。◇张盛兴坊火腿店,地址:吉祥街口。◇同丰泰布庄,地址:吉祥街;电话号码:22621,◇恒丰绸布庄,地址:吉祥街;电话号码:22512。◇福大绸布庄,地址:吉祥街;电话号码:22053。◇瑞和祥布庄,地址:吉祥街;电话号码:22587。◇美丽洗染店,地址:吉祥街。◇申泰营造公司南京办事处,地址:新桥船板巷;电话号码:22918。◇典卖不动产经纪人洪锡荣,住址:船板巷94号。

《南京游览指南(民国)》:◇民意报馆,地址:城内胭脂巷;电话:1501。◇天祥缎号,地址:城内胭脂巷;电话:266。

《金陵十记》:◇漂丝染丝等手工作坊,也麇集于秦淮河岸西线之船板巷、柳叶街一线。◇三十年代,南京厨行享有盛名的有船板巷的田厨行。

《民国会社党派大辞典》:◇南京市典当业同业公会,1912年前为典业公所,后改为商民协会分会。1931年2月10日,组织成立市典当业同业公会。1934年4月9日改选,会址设在南京新桥胭脂巷28号。1946年4月15日在南京改组成立为典当商业公会,会址设在南京胭脂巷18号。◇南京市埠头婚丧扛业工会,1927年6月10组织成立,会址设在南京铜作坊土地祠。1946年3月24日在南京改组成立为婚丧扛业职业工会,会址设在皇册库16号。

《秦淮区志》:◇船板巷,南起新桥,北至上浮桥。相传:朱元璋害怕俞通江、俞通海,入江进海成龙,设船板堵之,故名。◇小船板巷,东起船板巷,西至胭脂巷。此巷是船板巷的支巷,曾名堂子巷。1993年,并入仙鹤里小区。◇胭脂巷,东起船板巷,西至仙鹤街。清代,王姓女子用此巷19号的井水制作胭脂,颜色鲜艳,客商争购,故名。1993年,并入仙鹤里小区。◇吉祥街,南起胭脂巷,北至五间厅,街名取吉祥之意。1993年旧城改造,并入仙鹤里小区。◇王府巷,东起船板巷,西至吉祥街。相传:太平天国时期有某王爷居此,故名。1993年,并入仙鹤里小区。◇小府巷,东起船板巷,西至六度庵,清代即沿用此名。1995年旧城改造,并入五间厅小区。◇窦家园,位于上浮桥南,王府巷与吉祥街之间。清代中期有一窦姓农民在此围地种菜,故名。1995年旧城改造,并入五间厅小区。◇皇册库,东起船板巷,西至五间厅。明洪武年间在此建库,存皇册图籍,故名。1995年旧城改造,并入五间厅小区。◇南京羽绒厂,地址:胭脂巷14号。◇南京羊毛衫厂,地址:船板巷57号。◇幸福弹簧厂,地址:胭脂巷10。◇船板福利印刷厂,地址:船板巷6号。◇船板巷小学,校址:船板巷53号。◇育才学校(即原第六十二中学),校址:船板巷71号。◇观音庵,地址:胭脂巷18号。◇奉真庵,在府城南隅文孝庙(今新桥西,临淮水)西,即"秦淮仙境"地。◇长春庵,在府城正南隅炳灵公庙(今新桥西)街,宋时建。◇元和道院,在府城正南胭脂巷,元至元二十四年(1287)杨道士建。◇上浮桥清真寺,地址:船板巷73—75号。清康熙元年(1662)创建,毁于清咸丰年间兵燹,光绪二年(1876)重修,今位于第六十二中学。◇意和茶社,地址:船板巷18号。◇春园茶社,地址:船板巷28号。◇典当商业工会,地址:胭脂巷18号。

《秦淮地名概览》:◇船板巷,位于集庆路新桥西堍北侧,内秦淮以西,南起新桥,北至上浮桥,原长439米,宽4米。《凤麓小志》:"船板巷,有防营支应局在对河牛市,所以护卫之也。"相传:明初朱元璋为破俞通海家王气,命军师刘伯温在此处以船板搭堵。防鱼(俞)入江,故名船板巷。现改造为皇册家园东侧沿河景观路,仍名。◇小船板巷,位于集庆路东段北侧,东起船板巷,迤西折北至胭脂巷,长37米,宽2.3米。《首都志》:"小船板巷,原名堂子巷。”1993年建仙鹤里住宅区时拆除,融入小区内。◇胭脂巷,位于新桥西北侧,东起船板巷,西至仙鹤街,长378米,宽4米。相传:清代该巷一王姓女子,用巷内19号宅院井水制作胭脂,颜色异常鲜艳,巷因以为名。《凤麓小志》:“胭脂巷,巷内有来凤泉,井阑上篆书三字,无年月,不知何代物也。”原井废无存,今巷穿越仙鹤里居民区。◇王府巷,位于集庆路东段北侧,东起船板巷,西至吉祥街,长158米,宽2.3米。《首都志》载有此巷,相传:清代一王爷府第设于此,故名。1993年建仙鹤里住宅区时拆除,融入小区内。◇吉祥街,位于集庆路以北,南起胭脂巷,北至五间厅,长311米,宽2米。《首都志》载有此巷,传清代即有此巷,以“吉祥”二字命名。1993年建仙鹤里住宅区时拆除,融入小区中。◇窦家园,位于集庆路北侧,东起王府巷,西至吉祥街,长134米,宽1.5米,弹石路面。相传:清代一窦姓人家在此种菜灌园为业,故名。1995年,建五间厅居民住宅区时拆除部分。2003年,建皇册家园时湮没。◇小府巷,位于集庆路北侧,东起船板巷,西至六度庵,长113米,宽2.4米。清《同治上江两县志》称小李府巷,《首都志》载有小府巷。1995年,建五间厅居民住宅区时拆除,融入小区内。2003年建皇册家园时湮没。◇皇册库,位于集庆路北侧,东起船板巷,西至五间厅,长261米,宽1.5米,弹石路面。《首都志》:“皇册库,明藏图籍之所。”1995年,建五间厅住宅区时拆除。2003年,建皇册家园,即以该巷命小区名。◇皇册路,位于集庆路东段北侧,东起船板巷,西至仙鹤街,长380米,宽12米。因位于皇册家园小区南园北园之间,故名皇册路。2005年,与皇册家园同时建成。◇仙鹤里小区,位于集庆路新桥西北侧,东至皇册家园南园,西至仙鹤街,南至胭脂巷,北至皇册路,建有多层住宅楼11幢,均为7层楼房。该小区范围为原大、小仙鹤街、玉振巷、王府巷、吉祥街等巷, 1993年

9月建成。因地处仙鹤街南端东侧,得名仙鹤里。◇胭脂巷小区,位于船板巷西侧、胭脂巷15号,东与皇册家园南园为邻,西与一品丽庭为伴,南至集庆路,北至仙鹤里,有多层住宅楼3幢,1995年建成。因地处胭脂巷南,故名。◇皇册家园,位于上浮桥西南侧,东至船板巷,西至仙鹤街,南至仙鹤里,北至双塘路。初为五间厅小区,1995年建成,有住宅楼21幢,占地约60000平方米,在原五间厅、六度庵、小府巷、窦家园、严家井、皇册库等巷基础上拓建,取五间厅为小区名。2003年,拆除五间厅小区,建皇册家园小区。2005年建成皇册家园北园,16幢小高层住宅楼。2007年,续建6幢小高层住宅楼,占地约20000平方米,为皇册家园南园。共有住宅楼22幢,皇册路横穿小区东西,为南园、北园的分界,园区因皇册库而命名。◇南京市中华路幼儿园,创建于1954年,1998年被评定为江苏省示范性实验幼儿园。2007年,皇册家园二部正式开办,形成了一园两址的园舍格局。现一部位于南京市弓箭坊42号,二部位于南京市船板巷19号,总占地面积5900平方米,建筑面积6181平方米。

柳叶街

位于上浮桥西堍北侧,南起上浮桥,迤北越仙鹤街,径西至下浮桥南堍止,长620米。街之西侧旧有铜坊苑、大胶巷、小胶巷、双塘、双乐园、地藏庵、施府桥(由老府桥与施家巷合并,改是名)、陆府巷(又名陆家巷)等多条支巷。六朝时期,淮水宽阔,其址南依凤台山,北临秦淮河,系皇家园林"建兴苑(南苑)"所在地。及至隋唐,渐有人居,南唐筑城,凤台山圈入城内,山麓街巷初成,人烟日繁,士庶杂处其间。宋灭南唐,升元阁遭焚妇孺近千,可见其时居民之众。明清时期，其地街巷纵横，属正西旧一坊，西南第三十三至三十六甲。民国时期，该街属城南平民集居区之一，社会各层杂处其间。1949年后，特别是改革开放以来，柳叶街及周边支巷发生巨大变化，西南一侧之街巷依次拆建成铜坊苑、双乐园、毛家苑、城市桃园等小区，东北一侧之沿淮屋宇则拆建成仿古濒河建筑，成为秦淮风光带西五里的绮丽景观区。

《景定建康志》卷二二：古建兴苑，梁天监四年（505），立"建兴苑"于秣陵里。侯景[生平见《仙鹤桥》条目下释文]之乱，裴之高[裴之高（480—552），字如山，河东闻喜（今山西闻喜）人。少年负气，颇喜读书。仕梁以豫州从事起家，历任梁郡太守、颍州刺史、豫州刺史、雄信将军、护军将军、金紫光禄大夫等。卒赠侍中，仪同三司，谥：恭。]迎致柳仲礼[柳仲礼（生卒不详），河东解（今山西运城）人。少有胆气，勇力过人。仕梁以著作佐郎起家，历任电威将军、阳泉县侯、司州刺史等。参与平定侯景之乱，兵败降贼。]、韦粲[韦粲（496—549），字长蒨，京兆杜陵（今陕西西安）人。好学仗气，容貌甚伟。仕梁以中兵参军起家，历任步兵校尉、散骑常侍、衡州刺史等。参与平定侯景之乱，兵死略尽，遂见害，时年五十四。诏赠护军将军，谥：忠贞。]等俱会青塘，立营，据建兴苑。其地在今府治西南秦淮南岸。

《金陵世纪》卷三：南苑，在瓦官寺东北。宋明帝末年（472），张永乞借南苑，帝曰："且给三百年，期满更请。"后帝葬于此。梁改名建兴苑，在秣陵建兴里。侯景攻台城，裴之高营于南苑，即此。

《六朝事迹编类》卷六：凤台山，宋元嘉（424—453）中，凤凰集于是山，乃筑台于山椒，以旌嘉瑞。在府城西南二里，今保宁寺是也。

《景定建康志》卷二一：升元阁，旧在升元寺，即瓦官寺也，在城西南隅。考证：《京师寺记》："瓦官寺有瓦官阁，乃梁朝所建，高二百四十尺。"李白《横江词》云："人言横江好，我言横江恶。

一风三日吹倒山，白浪高于瓦官阁。”龚颖《运历图》云：“开元九年(721)，江宁县瓦官寺阁，西南久倾，因风自正。” 伪吴顺义(921-926)中，改寺为“吴兴寺”，阁为“吴兴阁”。南唐升元初(937)，改寺为“升元寺”，阁为“升元阁”。《江南野史》：“唐仁杰[唐仁杰(生卒及字号不详)，全县(今广西全州)人。少有才名，初为僧，后返俗，好苦吟。唐僖宗光启元年(885)出仕，任溧阳主簿，官至汾阳令。]为溧阳主簿，群公休沐，宴升元阁。仁杰即席和《登阁》诗，有‘云散便凝千里望，日斜常占半城阴’之句，座客皆惊。”《南唐书》云：“升元阁因山为基，高可十丈，平旦阁影半江。”开宝(968-975)中，王师收复，士大夫暨豪民富商之家美女少妇，避难于其上，迨数千人。越兵举火焚之，哭声动天，一旦而烬。今崇胜戒坛院，近升元阁故基，建卢舍那佛阁，亦高七丈，里俗犹呼为“升元阁”。

《南唐近事》卷二：孙晟[孙晟(?-956)，初名凤，又名忌，密州(今山东诸城)人。好学，有文辞，少为道士，居庐山简寂宫。后易儒服北上，仕后唐，任著作佐郎、判官；复南归仕南唐，历中书舍人、翰林学士、中书侍郎、舒州节度使、光禄卿、左仆射等。卒赠太傅，追封鲁国公，谥：文忠。]为尚书郎，上赐一宅在凤台山西冈垅之间。

《正德江宁县志》卷五：正西旧一坊，在县西，上浮桥河北一路。

《白下琐言》卷三：明驸马赵辉，尚太祖女，输心燕王，宅在常平仓西，今为民居，犹呼赵府。

《正德江宁县志》卷四：常平仓，上浮桥西。

《光绪重刊江宁府志》卷一二：常平仓，在上浮桥西岸。

《同治上江两县志》卷五：◇柳叶街，有一苇庵，有孚泉，见《南都察院志》。大赵府，《白下琐言》：“明驸马赵辉宅在常平仓西，今为民居，犹呼赵府。”施家巷、瑞芝坊，右西南第三十三甲。◇铜坊苑、六度庵、小胶巷、大胶巷、畚子巷、双塘，右西南第三十六甲。

《金陵梵刹志》卷二一：一苇庵，在都城内上浮桥，中城地，去所领上瓦官寺二里。万历初年(1573)，创常平茶庵。今余大司成[余梦麟(1537-1620)，字伯祥，号幼峰，江宁(今南京)人。万历二年(1574)甲戌科殿试一甲第2名进士(榜眼)，授翰林院编修。历官国子监司业、翰林院侍读、南京国子监祭酒(大司成)，著有《幼峰学士集》32卷。]重修，易名一苇庵。[注：葛寅亮(1570-1646)，字水鉴，号屺瞻，钱塘(今浙江杭州)人。万历二十九年(1601)辛丑科殿试二甲第19名进士，授南京礼部仪制司主事，迁祠祭司郎中。历官江西布政使司右参议、湖广提学副使、湖广按察使司佥事、福建布政使司右参议、南京尚宝司卿、太常寺卿、大理寺卿、户部侍郎、工部尚书等。著述较多，有《金陵梵刹志》《金陵玄观志》《四书湖南讲》《葛司农遗集》等。]

《凤麓小志》：◇小交巷、大交巷，有半隐庵。◇陆家(府)巷，旧有明耿御史定向[耿定向(1524-1596)，字在伦，号楚侗，黄安(今湖北红安)人。嘉靖三十五年(1556)丙辰科殿试三甲第103名进士，授行人，擢御史，累官至户部尚书。精于理学，有《耿子庸言》《耿天台文集》等。]祠，其中依仁斋，当时筑以居陈光廷[陈光廷(1582-1651)，字尔修，号太邱，虎门北栅(今广东东莞)人。天启元年(1621)辛酉科乡试中举，历广东河源、茂名教谕，浙江湖州府教授，升南京国子监助教。]者，施愚山[施闰章(1618-1683)，字尚白、屺云，号愚山、蠖斋，江南宣城(今安徽宣城)人。顺治六年(1649)己丑科殿试二甲第26名进士，授刑部主事。历任刑部员外郎、山东提学佥事、江西布政使参议、翰林院侍讲、河南乡试正考官、翰林院侍读等。文章醇雅，尤工于诗。有《学余堂文集》《试院冰渊》等。]尝为之作记也。◇大赵府，以明赵驸马辉[赵辉(1387-1476)，字孟旸，别号存古道人，南京府军后卫人。荫袭府军前卫千户，守金川门。永乐十一年(1413)尚宝庆公主，官驸马都尉，掌南京左军都督府事。]居此而名。◇柳叶街，由下浮桥岸以达上浮桥之路也。中为渡船口，其间有孚泉。街南有一苇庵，取达摩渡江之义。稍东有常平仓故址，名实皆废。◇赵辉，府军后卫人。尚太祖女宝庆公主，累官驸马都尉，掌都督府事。历事六朝，年九十余，至成化十二年(1476)卒。有别第在柳叶街。◇染坊，则在柳叶街、船板巷左近，盖秦淮西流水，以之漂丝，其色黝而明，尤于玄缎为宜。

《金陵待征录》卷三：依仁斋，在陆家巷耿天台祠后，时贤筑以居陈光廷。见《施愚山记》。

《里乘备识》：上浮桥之西有一苇庵，旁居沈姓，世操渡舟于陡门桥河流，历数百年次。余曾询舟子，犹能道家世故事。

《金陵杂志》：◇街道志。第三区第一段街巷地址名称：柳叶街、崇恩街、施家巷、老虎(府)桥；第二段街巷地址名称：双塘、六度庵、小胶巷、大胶巷、小府巷。◇桥梁志。下浮桥，在柳叶街。◇庙宇志。一苇禅林，在下浮桥渡船口；半隐庵，在大胶巷；六度庵，在小府巷。◇学校志。培养女学校，在双塘。◇公所志。普安公所，在柳叶街；纸业公所，在柳叶街。◇慈善事业志。潮源水龙局，在老府桥。

《秦淮感逝》：徐汉生，住秦淮西流上浮桥之南、铜坊苑。

《首都志》卷二：双塘、铜坊苑、小胶巷、大胶巷、柳叶街、地藏庵、双乐园，右四局五所。陆府巷(原有街名陆家巷)、施家巷、老府桥，右四局六所。

《新南京(民国)》：◇敦穆小学，地址：大胶巷。◇益智第二小学，地址：城西双乐园。◇铜坊苑义务小学，校址：铜坊苑。◇老府桥义务小学，校址：老府桥。◇红板桥义务小学，校址：老府桥33号。◇南京市立第五诊疗所，地点：柳叶街施家巷。◇医师胡鹏，开业地点：柳叶街78号。◇国医。梁小亭，开业地址：柳叶街；徐嵩崖，开业地址：柳叶街35号；张绍炳，开业地址：上浮桥；翟云生，开业地址：柳叶街53号；张文清，开业地址：柳叶街纸业公会；程寿山，开业地址:陆家巷8号。

《旅京必携》:◊老府桥小学,校址:老府桥。◊潮源救火会,清同治四年(1865)成立,地址:老府桥。◊一六救火会,清同治(1862–1874)年间成立,地址:柳叶街。◊理发业同业公会,地址:下浮桥陆家巷。◊亭彩业同业公会,地址:大胶巷清真寺。◊纸箔业同业公会,地址:柳叶街。◊蓬彩业职业工会,会址:大胶巷清真寺。◊棉货绳线业职业工会,会址:大胶巷半隐庵。◊医师胡鹏,地址:柳叶街中。◊第七警察局第四分驻所,地址:小胶巷;电话号码:21626。◊丁云生酒栈,地址:柳叶街;电话号码:22678。◊天星煤号,地址:柳叶街;电话号码:22064。

《南京概况(秘密)》:◊华业产物保险公司办事处,地址:柳叶街铜坊苑9号。◊葛亮畴[葛亮畴(1900–?),山东菏泽人,上海大通企业银行董事长,南京兴业银行总经理。1940年投靠汪伪国民政府,历任汪伪政府政治委员会财政专门委员、南京市商会会长等职。]逆产地址:下浮桥2、4、6号,计三处;柳叶街136、138号,计二处。

《民国会社党派大辞典》:◊南京市纸箱业同业公会,原名为“纸业公所”。1927年成立为商民协会纸箱业分会,1931年2月9日组织成立市纸箱业同业公会,会址设在南京柳叶街施家巷口。1946年3月29日和4月3日,改组成立为纸商业公会和纸作商业公会,会址分别设在南京柳叶街137号和户部街59号。◊南京市棕麻绳线商业公会,1946年4月19日在南京成立,会址设在南京门西老府桥思善堂。

《南京市街巷名册》:老府桥,隶属秦淮区双塘派出所,1950年并入施府桥。

《秦淮区志》:◊柳叶街,东南起双塘路,西北至来凤街。据传:朱元璋害怕俞通江、俞通海入海成龙,在此街植柳树以柳枝穿鱼

（俞），故名。◇大胶巷，南起双塘，北至柳叶街，原名茭巷，后讹称胶巷。清初，分大、小胶巷，此为大胶巷。1995年旧城改造，并入铜坊苑小区。◇小胶巷，位于大胶巷东侧，南起双塘，北至柳叶街。1995年并入铜坊苑小区。◇施府桥，南起五福街，北至柳叶街。1950年，原老府桥和施家巷合并，于两地名中各取一字，命名施府桥。1995年并入五福街。◇地藏庵，南起双乐园，北至柳叶街，相传：以明代驸马赵辉之家庙得名。曾名永新巷，1995年旧城改造，并入双乐园小区。◇双乐园小区，位于双塘路与柳叶街之间。清光绪年间，有田姓老人在此开茶馆，名双乐园。1995年，地藏庵并入。◇铜坊苑小区，位于双塘路和仙鹤街之间，因铜芳苑得名。1995年旧城改造，大胶巷、小胶巷并入。◇毛家苑小区，位于五福街和来凤街之间，清末，毛姓农民居此以种菜为业，故名。1995年旧城改造，菱角市七巷、崇恩街、陆府巷及毛家苑三七巷、四七巷、五二巷并入。◇陆府巷，东起施府桥，西至菱角市，曾名陆家巷，1951年因重名改为陆府巷。1995年旧城改造，并入毛家苑小区。◇双塘，东起小胶巷，西至施府桥，以辖地两个大水塘得名。1995年拆迁，并入双塘路。◇双塘小学，校址：双塘12号。◇南京童装二厂（知臣服饰），地址：双乐园112号。◇半隐庵，地址：大胶巷19号。◇地藏庵，地址：柳叶街17号。◇自修庵，地址：双塘26号。◇复兴庵，地址：施府桥21号。◇教会学校。民国十年（1921），中华基督教会董文德（牧师）兴办益世小学，即双乐园小学。◇大胶巷清真寺，地址：大胶巷17号。清同治十三年（1874）四月创建，曾被工厂租用，现已拆除。◇长老会礼拜堂，地址：双塘。◇棕麻绳线商业工会，地址：门西老府桥思善堂内。◇西区第二救火会，地址：小胶巷。

《秦淮区文物保护服务手册》：柳叶街41号古民居（清代），地址:柳叶街 41 号,南京市文物保护单位。

《秦淮地名概览》:◇柳叶街,位于双塘路东端北侧,东南起上浮桥,西北至下浮桥,长 620 米,宽 4.5 米,沥青路面。相传:古时秦淮河两岸柳树成行,居民闲时捉鱼喜用柳枝穿之,因名柳叶街。另有一说,谓朱元璋称帝后,深恐功臣俞通海家有王气,鱼能化龙。遂遣军师刘伯温在此街遍植柳树,以柳穿鱼(俞),以破“王气”,故名柳叶街。该街 41 号古民居,为南京市文物保护单位。[按:20 世纪 80 — 90 年代,柳叶街 41 号为双塘办事处办公驻地。2000 年,双塘办事处迁驻中华路 302 号,柳叶街 41 号辟为老人公寓至今。]◇大胺巷,位于双塘路以北,南起双塘,北至柳叶街,长 260 米,宽 3 米,《首都志》载有此巷。清初称茭巷,因巷内水沟种茭白得名,后讹为胺巷。清末巷东又渐形成一支巷,故此处成大胺巷。1995 年,建铜坊苑住宅区时融入小区。◇小胺巷,位于大胺巷东侧,南起双塘,北至柳叶街,长 236 米,宽 2 米,《首都志》载有此巷。因在大胺巷之东的一条支巷,故名。1995 年,建铜坊苑住宅区时拆除,融入小区。◇地藏庵,位于仙鹤桥西南侧,南起双乐园,北在柳叶街,西至施府桥,长 296.5 米,宽 2 米,《首都志》载有此巷。因明朝驸马赵辉的家庙地藏庵在此巷得名。1995 年,建双乐园住宅区时拆除,融入小区。◇施府桥,位于下浮桥东南侧,南起五福街,北至柳叶街,由老府桥、施家巷两条巷子组成,长 390 米,宽 4 米。《首都志》载有施家巷、老府桥两地名。1950 年,两巷合并,改名施府桥。1995 年拓宽改建并入五福街。◇陆府巷,位于下浮桥东南侧,东起施府桥,西至菱角市,长 156 米,宽 2.5 米。1995 年,建毛家苑住宅区时拆除,融入小区。◇双乐园,位于下浮桥东南侧,南起双塘,北至柳叶街,长 250 米,宽 3 米,《首都志》载有此巷。相传:清光绪年间一田姓人家在此开茶馆,取名双乐园,后成巷,因以为名。

1995年,建双乐园住宅区时拆除。◇铜坊苑小区,位于仙鹤街北段以东,东至上浮桥西塆,西至仙鹤街,南至双塘路,北至柳叶街,有多层住宅楼9幢,水泥通道。1995年,拆除原铜坊苑、大胶巷、小胶巷,建成住宅小区,命名铜坊苑小区。《首都志》载有该巷名,相传:清代桐城派文学家方苞[方苞(1668-1749),字灵皋、凤九,号望溪、南山牧叟,祖籍安徽桐城,生于江宁(今南京)六合。康熙四十五年(1706)丙戌科入选进士,因母病回乡,未应殿试,故金榜无名。五十年(1711)因《南山集》案受牵入狱,后得释。历官武英殿修书总裁、詹事府左春坊左中允、翰林院侍讲、礼部侍郎等。文章法古,讲求义理,有《方望溪先生全集》。]居此,并建有花园,时称桐芳苑,日久讹称为铜坊苑,巷因以为名。◇双乐园小区,位于仙鹤街北段、仙鹤桥西南侧,东至仙鹤街,西至五福街,南至双塘路,北至柳叶街,建有住宅楼19幢,水泥通道。1995年10月,在原双乐园、地藏庵两条巷子基础上拓建,以双乐园命名小区。◇毛家苑小区,位于柳叶街西段南侧,东至五福街,西至来凤街,南至双塘路,北至柳叶街,建有多层住宅楼16幢。其中,7层住宅楼为9幢,5层住宅楼为5幢,4层住宅楼为2幢,水泥通道。该小区范围为原毛家苑北段及其三个支巷,即毛家苑三十七巷、四十七巷、五十二巷和陆府巷、菱角市七巷等。1995年10月,取毛家苑命名小区。毛家苑,《首都志》载有此巷,相传:清代一毛姓家族居此以种菜为业,故名。◇城市桃园,位于柳叶街西段南侧,东至施府桥,西至菱角市,南至双塘路,北至柳叶街,又名"桃园人家"。2004年建成,有小高层住宅楼10幢,其中,9幢为10层,1幢为6层。因北临内秦淮,小区内遍植桃树,每值仲春,水映花红,故名之"城市桃园"。

回龙街

位于下浮桥南埦西侧，东起来凤街（原菱角市），西至凤台路北段（即西关头小区），长272米。六朝时期，淮水宽阔，其址为秦淮入江口南岸，人烟稀少，宋侍中柳元景菜园在焉。及至南唐筑城，秦淮圈入城内，其地始渐有人居。宋代设府社坛于此，明初建水神“萧公庙”于该地南侧凤台山北麓。明清时期，西水关外属三山旧一厢，回龙街为西关水道入城之径的柴市，甚为热闹。东有菱角市，西为下水门。淮上舟楫络绎，街头商贩接踵。市井百姓，往来不绝。清末，江南造币厂建于街南土桥。民国时期，日渐萧条，成为真正的平民居住区，唯街东菱角市有数家机关单位星布。1949年以后，特别是改革开放以来，回龙街发生了巨大的变化，东边的菱角市拓宽成来凤街北段，平坦通途；南边的造币厂蜕变为南京市第二机床厂，2013年再次华丽转身变为南京国家领军人才创业园；西边的西关头改建成现代住宅小区，华美宜居；北边秦淮沿岸正在建设临水景观建筑，使之成为秦淮风光带西五里靓丽的凤凰之尾。

《南史》卷三八：元景［柳元景（406—465），字孝仁，河东解（今山西运城）人。少习弓马，骁勇寡言，仕刘宋以参军起家，历任建威将军、弘农太守、襄阳太守、侍中、左卫将军、雍州刺史、尚书令、左光禄大夫、巴东郡公、丹阳尹等。后以谋废立遇害，明帝即位，赠太尉，谥：忠烈公。］起自将率，及当朝，理务虽非所长，而有弘雅之美。时在朝勋要多事产业，惟元景独无所营。（秦淮）南岸有数十亩菜园，守园人卖菜得钱三万，送还宅。元景怒曰：“我立此园种菜，以供家中啖耳，乃复卖以取钱，夺百姓之利邪。”以钱乞守园人。

《至正金陵新志》卷一一：柳元景菜园，《宋书》：元景不营产业，秦淮南有数十亩菜园，守园人卖菜得钱三万，送还宅。景怒曰："我立此园种菜，以供家中啖尔，乃复卖以钱，夺百姓利耶。"以钱赐守园人。

《景定建康志》卷四四：府社坛，旧在城南，与江宁县社坛同处。庆元元年（1195），留守张公杓[张杓（1140-1198），字定叟，汉州绵竹（今四川绵竹）人。以荫恩授承奉郎，历任广西经略司机宜、严州通判、衢州知府、浙西安抚使、户部侍郎、兵部尚书、江东安抚使兼行宫留守知建康府、龙图阁学士知隆庆府兼江西安抚使等。]移置下水门内秦淮南岸，风伯雨师坛附。

《万历应天府志》卷二一：建康府社坛，在城西南。庆元元年（1195），留守张杓移置下水门内秦淮南。

《正德江宁县志》卷六：萧公庙，在骁骑右卫营内西隅，临城墙。

《金陵玄观志》卷四：骁骑萧公庙，在都城内，中城骁骑右卫地。去所领洞神宫三里，正统年（1436-1449）建。万历间（1573-1619），徐府重修。

《大洋洲萧侯庙志》：萧伯轩，晚有神识，殁为水府之神。[注：萧伯轩（1272-1306），江西新淦人，与其子萧叔祥、其孙萧天任，祖孙三代，世襄善事。护佑渔民船夫，施恩地方百姓，人称"萧公"，咸感其德，建庙祀之。明永乐（1403-1425）以后，全国各地均建有萧公庙。]

《正德江宁县志》卷五：三山旧一厢、三山旧二厢，在县西，西关至石城关。

《同治上江两县志》卷五：萧公庙，属西南第三十七甲；回龙街，属西南第三十八甲。菱角石（市）、土桥，属西南第四十二甲。

《金陵岁时记》：相传（正月）初八为阎罗诞，故汉西门之都城隍庙、府治前之郡城隍庙、仓顶之萧公庙，香火不绝。

《凤麓小志》:◇回龙街,有制造银元制钱局,光绪戊戌年(1898)所新创也。仿西法以鼓铸,机巧器精,其成极速。◇土桥,有礼拜寺,回民之所萃也。◇萧公庙,所祀者水神也。两庑塑有地狱变相,狰狞可畏。◇柴市,其自西水关来者为洲柴。江荻则坚而实,泡芦则粗而空,葭苇则带叶而捆,以船运入,沿河求售,至上浮桥而止。◇菱角市,存当时负贩之名也。◇局(江南铸造银元制钱总局)设于回龙街,在淮水之西南。傍倚城墉,周环以墙,规模极为宏敞。

《金陵杂志》:◇街道志。第三区第一段街巷地址名称:西水关、银元局、礼拜寺、下浮桥、菱角市、土桥;第三区街巷地址补遗:回龙街、萧公庙。◇桥梁志。土桥,在回龙街。◇局所会志。造币厂,在下浮桥。◇学校志。敦穆第三国民学校,在下浮桥。

《首都志》卷二:菱角寺(市),现有实业部中央工业试验所、实业部全国度量衡局、度量衡检定人员养成所、消防警察队西路分队。回龙街、西关头、土桥、萧公庙,右四局六所。

《民国会社党派大辞典》:◇南京市万竹区农会,1927 年组织万竹村农民协会,1928 年第一次改为万竹乡农民协会,1931 年 4 月 7 日第二次成立为万竹区农会,会址设在南京门西萧公庙。◇南京市炒货业同业公会,1927 年成立炒货业公所,1927 年 1 月改选炒货业商民协会,1930 年第二次改选为公会,1931 年 3 月 15 日正式成立。1946 年 3 月 25 日在南京改组成立炒货商业公会,会址设在南京下浮桥菱角市 15 号。◇南京市鲜汁调料商业公会,1946 年 5 月 10 日在南京成立,会址设在南京菱角市 38 号。

《秦淮区志》:◇回龙街,东起来凤街,西至凤台路,又名迴龙街。传说:朱元璋建城时亲临视察,因西水关不能通行,仍由此街折回,故名。◇西关头,南起西关闸,北至凤台路,因地处西关闸得名。1987 年,建成居民区。◇菱角市,南起来凤街,北至升州路。

明代，每到秋天此地为菱藕市场，故名。据《首都志》记，曾名菱角寺。1995年，并入来凤街。◊南京第二机床厂，前身是江南铸造银元制钱总局，始设于清光绪二十二年(1896)。民国十八年(1929)，国民政府在原址建立全国度量衡局。1949年后，定名为南京公营度量衡制造厂。1955年，与9户私营机械企业合并，组成公私合营南京机械厂。1956年，改为南京第一机械厂。1959年，改名为南京第二机床厂。地址：菱角市66号。◊炒货商业工会，地址：下浮桥菱角市15号。◊鲜汁调味商业工会，地址：菱角市38号。◊秦菱机械厂，地址：菱角市66号。◊西城小学，校址：菱角市38号。◊准提庵，地址：菱角市89号。◊下浮桥清真寺，地址：菱角寺38号。清同治年间(约1865)创建，现改为西城小学。

《秦淮地名概览》：◊回龙街，位于下浮桥南堍西侧，东起来凤街北端，西至凤台路北端，长272米，宽3米。《凤麓小志》："回龙街，有制造银元制钱局，光绪戊戌年(1898)所新创也。"相传：明初建造南京城墙时，明太祖朱元璋经常外出巡视。某次，他从聚宝门向西转到三山门，因西关头道路尚未建好，不能通行，圣驾只好在此折返回宫，故此街取名回龙街。◊菱角市，位于升州路西段南侧，南起来凤街，北至下浮桥，长350米，宽6米。《凤麓小志》："菱角市，存当时负贩之名也。"相传：明清时期各路菱藕集中贩运至此，形成集市，故名。1995年，拓宽延伸来凤街，并入来凤街北段。◊西关头小区，位于凤台路北段东侧，东南至南京第二机床厂，西北至回龙街，建有住宅楼8幢。西关头，原为西关闸南侧的一条小巷，1984年拆除原巷建居民小区，仍用原巷命名。小区建成于1986年12月，有8幢8层楼房。◊南京国家领军人才创业园，位于来凤街菱角市66号，占地面积约80000平方米。由秦淮区政府、南京第二机床厂有限公司合作共建，南京二机投资管理有限公司建设管理运营，2013年开园。园区以创意、研发、设计为主导产业，是国家科协海智计划江苏（南京）文化创业基地、市级科技企业孵化器、紫金（秦淮）科技创业特别社区先导区、南京市现代服务业集聚区、江苏省工业设计示范园、南京市工业设计示范园。驻园主要企业有：中国铁塔股份有限公司南京分公司、江苏紫金文化创新传媒股份有限公司、南京玫魂里文化传播有限公司、南京夫子庙洛可可文化发展有限公司、江苏浪潮信息科技有限公司等。

跋

《十里秦淮桥道志》，类书也。主要以地名为单元，采摭古今文籍，记述内秦淮河上之桥梁及两岸沿河街道的历史延革与现今概貌。

2015年春，笔者应邀参加《秦淮地名概览》的编撰，翻阅了相关资料，实地察看了夫子庙与双塘两地区的街巷和桥梁，发现“十里秦淮”自东水关入城，向西屈曲至西水关出城，恰好处在夫子庙、双塘两办事处辖境内，而且，沿河一线的历史遗存和古迹名胜，俯拾皆是，举不胜举。当时，蓦然产生撰写一部反映“十里秦淮”古今变迁的书籍，以彰显美丽秦淮丰厚内涵和盛世繁华的想法。随后，即开始动笔，在搜集有关史籍方志的同时，涉猎众多关于人文秦淮方面的书籍，以期能够全方位地展现“十里秦淮”的历史和现实。

历时三年，查阅援引有关史籍方志、小说笔记，近两百部。其间，山妻王安琪不时襄助，翻检籍册，裨益良多；犬子濮仕坤及时输录，整理书稿，均赖其功。2018年春，全书告竣，共记述内秦淮河上津渡桥梁15处、右岸街巷13条、左岸街巷9条，小中见大，唤醒了古往秦淮历史沧桑的千年记忆，展示了当今秦淮万象更新的华丽美好。挚友卢海鸣博士审阅初稿，所提意见与建议，中肯精准，弥足珍贵，是书缘此增色甚巨。由衷谢意，尽在不言。笔者学识浅薄，舛漏之处，尚祈方家不吝哂正。

濮小南

2018年9月

部分引用书目

1.[汉]班固.汉书.中华书局，2007.

2.[晋]陈寿.三国志.岳麓书社，1990.

3.[南朝·陈]顾野王.舆地志.上海古籍出版社，2011.

4.[唐]许嵩.建康实录.中华书局，1986.

5.[宋]张敦颐.六朝事迹编类.南京出版社，1989.

6.[宋]马令，陆游.南唐书（两种）.南京出版社，2010.

7.[宋]郑文宝.南唐近事.商务印书馆，1936.

8.[唐]房玄龄.晋书.中华书局，1974.

9.[唐]李延寿.南史.中华书局，1975.

10.[宋]周应合.景定建康志.南京出版社，2009.

11.[元]张铉.至正金陵新志.南京出版社，1991.

12.[明]王浩修，刘雨撰.正德江宁县志.南京通志馆，1947（民国三十六年）.

13.[明]程三省修，李登等撰.万历上元县志.南京通志馆，1947（民国三十六年）.

14.[明]周晖.金陵琐事·续金陵琐事·二续金陵琐事.南京出版社，2007.

15.[明]陈沂.金陵世纪.[明]孙应岳.金陵选胜.[清]余宾硕.金陵览古.南京出版社，2009.

16.[明]吴应箕.留都见闻录.[清]金鳌.金陵待征录.南京出版社，2009.

17. [明]礼部官员. 洪武京城图志.南京市通志馆，1947(民国三十六年).

18. [明]顾起元.客座赘语.南京出版社，2009.

19. [明末清初]顾炎武. 建康古今记.南京出版社，2012.

20. [清]甘熙. 白下琐言.南京出版社，2007.

21. [清]陈文述. 秣陵集.南京出版社，2009.

22. [明末清初]余怀. 板桥杂记.[清]珠泉居士. 续板桥杂记.[清末民初]金嗣芬.板桥杂记补.南京出版社，2006.

23.[宋]曾极. 金陵百咏.[宋]苏泂. 金陵杂兴.[清]王友亮.金陵杂咏.[清]汤濂. 金陵百咏(外一种).南京出版社，2012.

24. [清]莫祥芝,甘绍盘. 同治上江两县志.1874(清同治十三年).

25. [清]蒋启勋、赵佑宸修,汪士铎等撰. 光绪续纂江宁府志.1880(清光绪六年).

26. [清末民初]陈作霖. 金陵琐志九种.[民国]陈诒绂.钟南淮北区域志.石城山志.金陵园墅志.南京出版社，2008.

27. [民国]张通之. 白门食谱.南京出版社，2009.

28. [清]毛祥麟. 墨余录.上海古籍出版社，1985.

29. [民国]潘宗鼎. 金陵岁时记.[民国]夏仁虎. 岁华忆语.南京出版社，2006.

30. [民国]胡祥翰. 金陵胜迹志.南京出版社，2012.。

31. [清]涤浮道人. 金陵杂记. 刻本.1856(清咸丰六年).

32. [清末民初]徐寿卿. 金陵杂志. 金陵杂志续集.南京出版社，2013.

33. [清末民初]王孝煃. 里乘备识.南京市通志馆，1948(民国三十七年）.

34.［清末民初］夏仁虎．秦淮志．南京市通志馆，

35.［民国］卢前．天京录．刻本．征献楼，1948（民国三十七年）.

36.［民国］南京市政府秘书处．新南京．南京出版社，2013.

37.［民国］王焕镳．首都志．南京古旧书店翻印，1985.

38.［民国］雨花社．旅京必携．南京书店，1932（民国二十一年）.

39.［民国］卢前．柴室小品．冶城话旧．东山琐缀．中华书局，2006.

40.［民国］方继之．新都游览指南．大东书局，1928（民国十七年）.

41.［民国］陆衣言．南京游览指南．中华书局，1924（民国十三年）.

42.［民国］书报简讯社．南京概况（秘密）．南京出版社，2011.

43. 杨心佛．金陵十记．古吴轩出版社，2003.

44. 南京辞典编委会．南京辞典．方志出版社，2005.

45. 南京市秦淮区方志办．秦淮区志．方志出版社，2003.

46. 蔡鸿源，徐友春．民国会社党派大辞典．黄山书社，2012.

47. 南京市街巷名册．南京市公安局，1984.

48. 南京地名大全编委会．南京地名大全．南京出版社，2012.

49. 季士家，韩品峥．金陵胜迹大全．南京出版社，1993.

50.［明］葛寅亮．金陵玄观志．南京出版社，2011.

51.［明］葛寅亮．金陵梵刹志．南京出版社，2011.

52. 俞允尧．秦淮古今大观．江苏科技出版社，1990.

53.［南朝宋］刘义庆．世说新语．岳麓书社，2006.

54. 秦淮地名概览编委会．秦淮地名概览．2015.

55.［清］吕燕昭修，姚鼐纂．嘉庆新修江宁府志．刻本.1811（清嘉庆十六年）.

56.［明］程嗣功修，王一化等纂．万历应天府志．刻本.1577（明

万历五年）.

57.［梁］萧子显．南齐书．中华书局，1972.

58.［唐］姚思廉．梁书．中华书局，1973.

59.［宋］薛正居等．旧五代史．中华书局，1976.

60.［清末民初］苹梗．秦淮感旧集．上海广益书局，1919（民国八年）.

61.［清］雪樵居士．秦淮闻见录．刻本．一枝山房，1838（清道光十八年）.

62.［民国］叶承庆．乡志类稿．江苏古籍出版社，1992.

63.中国会馆志编纂委员会．中国会馆志．方志出版社，2002.

64.黄裳．金陵五记．金陵书画社，1982.

65.张友鸾．秦淮粉墨图．金陵书画社，1982.

66.［清］缪荃孙．秦淮广纪．南京出版社，2017.

67.［明］姚旅．露书．福建人民出版社，2008.

68.［清］捧花生．秦淮画舫录．画舫余谭．三十六春小谱．刻本．捧花楼，1826（清道光六年）.

69.［清］许豫．白门新柳记．刻本．扬州尹氏松竹草堂.

70.曹聚仁．秦淮感旧录．三育图书文具公司，1972.

71.［清］孔尚任．桃花扇．人民文学出版社，1959.

72.［清］蘧园．负曝闲谈．上海古籍出版社，1985.

人名索引

A

B

C

D

F

G

H

J

K

L

M

T

W

X

Y

Z